EIBISBERGER / GROSSE NAMEN – BERÜHMTE JÄGER

Bernhard Eibisberger

GROSSE
NAMEN-
..BERÜHMTE
JÄGER

2. Auflage

LEOPOLD STOCKER VERLAG
GRAZ / STUTTGART

Umschlaggestaltung: Atelier Geyer, Graz
Umschlagfotos: Associated Press GmbH, Frankfurt am Main (Hemingway, Prinz Charles, Bronson); János Zoltán, Budapest (Kaiser Franz Joseph I.)

Abbildungen: Agentur Zefa (2); Stefan Meyers (1); DPA (2); Contrast Photo GesmbH (8); Österreichische Nationalbibliothek (10); Deutsches Jagd- und Fischereimuseum München (3); Christian Jungwirth (1); Privatarchiv Fürstenhaus Dohna-Schlobitten (2); Library of Congress (1); Burgenländische Landesausstellung, Abenteuer Ostafrika, Schloß Halbturn, 1988 (2); Privatarchiv Guy de Rothschild (2); Privatarchiv Helga Zwilling (5); Capa-Pix (1); Look (1); Archiv der Makarere Universität, Uganda (3); Wisconsin Center for Film and Theater Research (2); Juan Morales, Santander (1); Staatsarchiv Preußischer Kulturbesitz Berlin-Dahlem (2); CGAOR (Centralnyi Gosudarstwennyj Archiv Oktjabrskaj Revoljuzii), Moskau (3); Union Press, London (1); Virginia Ruark (3); Königliche Bibliothek, Kopenhagen (3).

CIP-Einheitsaufnahme der Deutschen Bibliothek:

Eibisberger, Bernhard:
Grosse Namen – berühmte Jäger / Bernhard Eibisberger. –
Graz/Suttgart: Stocker, 1994
ISBN 3-7020-0690-7

ISBN 3-7020-0690-7
© Copyright by Leopold Stocker Verlag, Graz 1994; 2. Auflage 1999
Printed in Austria
Satz, Druck, Bindung: LANDESVERLAG Druckservice Linz

Inhaltsverzeichnis

Buffalo Bill: *Der größte Büffeljäger aller Zeiten*

Von weitem hörte es sich an wie Donnergrollen. Und wäre die große Ebene nicht im grellen Licht des späten Vormittags gelegen, die gelblich-braune Staubwolke, die steil zu Himmel stieg, um sich dann einem Atompilz gleich auszubreiten, hätte vermuten lassen, daß ein mit rasender Geschwindigkeit näherkommender Hurrikan das weite Land in den tiefen Abgrund entfesselter Naturgewalten zieht. Am Horizont schien der Tag zu Ende zu gehen, um plötzlich einer tiefschwarzen Nacht Platz zu machen. Jetzt begann die Erde zu zittern, leicht, kaum spürbar zunächst, dann immer heftiger werdend, und schließlich so stark, als ob ein Erdbeben die Prärie erschüttern würde. Das weiße Pferd, auf dem der junge sonnenverbrannte Mann saß, dessen wallendes, blondes Haar in der steifen Brise des Windes wehte, begann nervös mit seinen Hufen zu scharren, denn die zuckenden, hoch aufgerichteten Ohren des Tieres hatten die drohende Gefahr schon längst vernommen. Völlig ruhig, nicht die geringste Nervosität zeigend, zog der Jäger seine Sharps-Rifle aus der Satteltasche, repetierte und stützte den Schaft des Gewehres auf seinen rechten Oberschenkel ab. In dieser Stellung verharrte der junge Mann, nur ab und zu an den Zügeln ziehend, weil das zunehmend scheu werdende Pferd zu tänzeln begann, und erwartete, den Blick fast melancholisch in die Ferne gerichtet, die dunkle Masse, die sich ihm entgegenschob.
Und plötzlich war sie da, die Herde, die aus Tausenden von zottigen Leibern bestand. Der Jäger konnte jetzt schon deutlich das tiefe Brüllen der Bullen, das nervöse Blöken der Kühe und vereinzelt den durchdringenden Schrei eines Kalbes vernehmen. Als das Pferd sich hoch aufbäumte und vor Angst schrill zu wiehern begann, waren Roß und Reiter bereits von der sich mit Urgewalt vorwärts schiebenden Büffelherde gefangen. Eine Gruppe von Kühen galoppierte, Dreckklumpen hochschleudernd und einen bestialischen Gestank verbreitend, direkt auf den Reiter zu, dessen Blick vom hochgewirbelten Staub vernebelt war. Mit einer kühnen Wendung riß der Jäger sein Pferd herum, konnte so den Kühen ent-

kommen, die an ihm vorbeidonnerten. Die Szene war atemberaubend, doch romantischen Gedanken nachzugeben, konnte der junge Mann sich in dieser Situation nicht leisten. Schon stürzte ein junger Bulle auf ihn zu, das Haupt tief gesenkt, bereit, das Pferd mit voller Wucht zu rammen. Blitzschnell erhob sich der Jäger aus dem Sattel, zielte, in den Steigbügeln stehend, auf die Wirbelsäule des rasend näherkommenden Bullen und drückte ab: Das Carawong der schweren Büchse war noch nicht verhallt, als der Bison an den Vorderläufen einbrach und sich mit einer schier unvorstellbaren Wucht überschlug. Die kleinen, vor Zorn blitzenden Augen vertrübten sich, und ein letztes, dafür aber umso wilderes Zucken der Läufe zeigte an, daß der Bulle verendet war; was der Jäger aber nicht mehr sehen konnte, weil er von der rasenden Herde mitgerissen wurde.

Jetzt fuhr eine Kuh mit ihrem spitzen Horn gegen die Brust des Pferdes. Der Reiter schien aus dem Sattel zu fallen, so weit hatte er sich vornübergebeugt, um das wild zustechende Tier im richtigen Schußwinkel annehmen zu können. Der Jäger drückte seine kräftigen Schenkel gegen die schweißnassen Flanken seines Pferdes, das instinktiv gehorchte, sich auf allen vieren rutschend einbremste, so daß die Kuh ihren Stoß in das Leere gab. Diesen Moment, in dem die wilde Troika für kaum eine Sekunde wie vom Erdboden abgehoben innehielt, nützte der Jäger, um auf jene Stelle zu zielen, hinter der sich die Lunge verbarg. Ein donnernder Schuß, und die Kuh brach, wie vom Blitz getroffen, direkt vor dem an der Hinterhand eingebrochenen Pferd zusammen, das beinahe über den massigen Körper der Bisonkuh gestürzt wäre. Sich hoch aufbäumend und zugleich seitlich ausbrechend, konnte das Pferd in letzter Minute dem Hindernis ausweichen. Doch der Reiter war durch dieses Manöver vollends aus dem Gleichgewicht gebracht, drohte im hohen Bogen vom Pferd und unter die trampelnden Hufe der Bisons zu stürzen. Mit dem Mut der Verzweiflung – ein Sturz wäre sein sicherer Tod gewesen – suchte sich der Jäger mit rudernden Bewegungen seiner Arme wieder ins Lot zu bringen, bekam, einem Wunder gleich, mit der Zügelhand das Sattelhorn zu fassen und konnte sich so auf dem Rücken des Pferdes halten.

Die Herde hatte mittlerweile die Gefahr, die ihr vom Jäger drohte, instinktiv erfaßt und stob fächerförmig auseinander. Vor kurzem noch von riesigen Leibern eingekeilt, waren Pferd und Reiter jetzt völlig befreit. Immer schneller entfernten sich die urigen Tiere, suchten in wilder Flucht in alle Windrichtungen auszubrechen. Im gestreckten Galopp setzte der Jäger einer Gruppe von alten Bullen nach, die grunzend, röchelnd und schnaubend das Weite suchte. Am rechten Rand der Herde reitend, schwang sich der Jäger nun aus dem Sattel, um sich auf dem Rücken des Pferdes in stehende Position zu bringen. Was völlig unnütze Zirkus-Akrobatik zu sein schien, hatte sehr wohl einen praktischen Sinn. Als professioneller Bison-Killer wußte der Jäger nur zu gut, daß der Büffel zwar groß, die richtige Stelle, ihn zu strecken, aber verdammt klein ist. Nur ein Schuß in die Lunge oder in die Wirbelsäule vermag die Riesen zu stoppen, die anzuschweißen sich kein Jäger erlauben darf, der an einem Leben nach der Jagd noch interessiert ist. Deshalb steht der Jäger jetzt auf seinem Pferd, weil er die von ihm weg flüchtenden Büffel nur hoch über ihren wogenden Leibern stehend ins Leben treffen kann.

Jetzt ist der junge Mann ganz in seinem Element. Jeder Schuß ein Treffer, streckt er einen Bullen nach dem anderen. Dunkelroter Schweiß mischt sich mit staubiger Erde. Sengender Gestank dringt dem Jäger in die Nase. Und dann ist plötzlich alles vorbei. Schlagende Hufe verhallen in der Ferne, nur noch leises Brüllen dringt an des Jägers Ohr. Und mit der Stille, die sich über die Ebene senkt, kommen die Coyoten, ihren Anteil an der Beute fordernd. Im müden Schritt ritt der Jäger ins Camp zurück, ließ keine Strecke, sondern ein Schlachtfeld zurück. Morgen wird er der Herde wieder nachstellen, sein Tagesquantum schnell und professionell abschießen, wie er es seit nunmehr einem Jahr tagtäglich tat.

Er, der junge Jäger, hieß William Frederick Cody, aber schon damals wußten nur mehr wenige, daß das sein richtiger Name war, weil er für alle zu „Buffalo Bill" geworden war.

Bis zum Jahr 1867, in dem William Cody zu Buffalo Bill mutierte, ist die Biographie des wohl berühmtesten Büffel-Jägers aller Zeiten schnell erzählt: 1846 auf einer Prärie-Farm im US-Bundesstaat Iowa geboren, übersiedelte der siebenjährige Bill 1853 mit seiner Familie nach Kansas, wo sein Vater, Isaac Cody, bald ein ambitionierter Provinzpolitiker wird, der es immerhin schafft, ins Parlament von Topeko einzuziehen. 1855 wird auf Isaac Cody ein Messerattentat verübt, bei dem seine Lunge schwerstens verletzt wurde. Knapp zwei Jahre später ist der Vater tot, gestorben an den Langzeitfolgen des Attentats. Bill muß die Schule verlassen und heuert bei der Telegraphenfirma „Russell, Majors & Waddell" in Fort Leavenworth als Bote an. Mit dreizehn Jahren ging er nach Colorado, suchte erfolglos nach Gold und versuchte sich schließlich als Pelztierjäger. 1860 kehrt er nach Kansas zurück und wird Reiter beim legendären „Pony Express". Damals erzielte er seinen ersten Rekord: Er legte einen durchgehenden 520-Kilometer-Ritt hin, wobei er 21mal das Pferd wechseln mußte. Nachdem das Aus für den Pony Express gekommen war, zog der junge Bill zunächst mit Wagenkarawanen nach Westen, wurde aber schon bald Armeekurier und Scout. Im Alter von 18 Jahren trat er als Soldat in die Unions-Armee ein, in der er bis zum Ende des Bürgerkrieges diente. Nach Kriegsende verdingt er sich wieder als Scout und Armee-Dolmetscher für die Sprache der Comanchen, die er fließend beherrscht. Bevor er im Jahre 1866 in den Stand der Ehe tritt, kehrt er nach Fort Leavenworth zurück und wird Postkutscher. Dann führt der junge Ehemann zusammen mit seiner Frau Louisa eine kleine Pension, die aber schon im Jahr der Gründung pleite machte. Bill blieb nichts anderes übrig, als sich wieder als Armee-Scout zu verpflichten, und diente bei General George A. Custer, dem legendären Helden der US-Cavalary, der in der Schlacht am „Little Big Horn" die berühmteste Schlacht gegen die Indianer schlug, verlor und mit seinem Leben bezahlte.

Und dann kam das Jahr 1868, in dem der kleine Abenteurer faktisch über Nacht zum Star wurde. William Cody heuerte bei der „Kansas-Pacific-Railroad" als Büffeljäger an, der für die Fleischversorgung der Bauarbeiter, die den Schienenstrang in den Westen vortrieben, täglich zwölf Bisons zu erlegen hatte.

Dieser Aufgabe kam der junge Cody mit solcher Bravour nach, daß er schon bald im ganzen Westen nur noch Buffalo Bill gerufen wurde. Vom Jagdfieber gepackt, was öfter vorgekommen sein soll, schoß er oft an einem einzigen Tag ganze Herden ab, so daß er in den achtzehn Monaten, die er für die Eisenbahngesellschaft als Jäger tätig war, insgesamt 4280 Bisons erlegte. „A star was born", und der bis dahin immer unter akuter Geldnot leidende Abenteurer praktisch von einem Tag zum anderen ein wohlhabender Mann geworden. Denn die Eisenbahn zahlte dem jungen Jäger ein fürstliches Monatssalär von 500 Dollar, was nach damaliger Kaufkraft ein Vermögen war. Doch der Reichtum hielt sich nicht lange, war bald versoffen, verspielt und verhurt. Was blieb, war der Ruhm, der einige Jahre später noch größer werden sollte.

Es war, das steht fest, der Bison, der im Leben des William Cody alias Buffalo Bill gnädig Schicksal spielte, der aus einem kleinen, unbekannten Armee-Scout den berühmten Jäger machte, der zur Symbolfigur des Wilden Westens wurde. Dabei hat Buffalo Bill, dies steht ebenso unzweifelhaft fest, bei weitem nicht die größte Anzahl von Bisons gestreckt: Nach ihm, in der Zeit des großen Büffelschlachtens, als die Bisons nur wegen ihrer Häute und Zungen erlegt wurden, gab es Jäger, die in wenigen Jahren mehr als 20.000 Tiere abknallten. Doch das konnte dem Ruhm des William Cody nichts mehr anhaben, er war und blieb – bis heute – der größte Büffel-Jäger.

Damals, als Buffalo Bill den Bison jagte, waren die Prärien noch von riesigen Büffelherden bevölkert: „Aus der Ferne sehen ganze Strecken der Prärie aus, als seien sie buchstäblich mit Bisons bedeckt; vier Tage lang wanderten wir zwischen den Herden, die aus männlichen Tieren bestanden, umher und am fünften Tage erreichten wir die Herden der Weibchen", schrieb der deutsche Baron von Thielmann in seinen „Reiseerinnerungen an den Wilden Westen".

Seit Jahrtausenden lebten die urigen Wildrinder in dem Gebiet, das von Mexiko, der Sierra Nevada, dem Großen Sklavensee und der Hudsonbay eingeschlossen wird. In dieser ungeheuren Weite führten die amerikanischen Bisons ein ruhiges Leben in Gruppen von geringer Stärke. Nur einmal im Jahr vereinigten sich diese Gruppen zu Herden von Hunderten und Tausenden Tieren, um ihren großen Wanderzug zu beginnen. Dazu wurden sie von einem unerklärlichen Instinkt getrieben. Manchmal flüchteten sie vor dem Einfall der kalten Jahreszeit, manchmal vor Stürmen und manchmal einfach, um neue Weidegründe zu suchen.

Wie man im Buch „Geheimnisse der Tierwelt" nachlesen kann, „verlief der Zug einer solchen Bisonherde in einer festen Formation. Die Kühe und die sehr jungen Tiere liefen in der Mitte, davor und dahinter die schützenden Bullen. Andere Bullen dienten als

Führer. Die sonst so grüne Prärie sah wie ein braunes Meer aus, und rund um diese Flut lungerten Wölfe und Wildhunde. Sie warteten auf eine Gelegenheit, um ermüdete Tiere, die trotz der Anfeuerungen der Bewacher zurückblieben, anzuspringen."

Den Zoologen ist der Instinkt der Bisons, immer den besten Weg zu finden, noch immer ein Rätsel. Als man zwischen 1865 und 1870 die beiden Küsten Amerikas mit einer Eisenbahn verband, war die günstigste Route, die die Bahn-Ingenieure finden konnten, immer ident mit der, der die Bisons folgten. Auf dieser wurden Berghänge am leichtesten genommen und Wälder auf dem kürzesten Weg durchquert.

Waren Kälte und Stürme vorüber und die Gegend abgegrast, kehrten die Büffel auf der gleichen Strecke zurück. Nur wenn sie von heftigen Stürmen verschlagen oder von großen Wolfsrudeln angegriffen wurden, wichen sie von ihrer gewohnten Route ab.

In jener Zeit, bevor der Weiße Mann begann, sie auszurotten, wurde das ruhige Leben der Bisons nur dann und wann von den Pfeilen der Indianer gestört, die sich hauptsächlich vom Fleisch des Büffels ernährten: „Und wie er schmeckt, der Buffalo. So ein Tier, das über einem Prärie-Feuer geröstet worden ist, läßt einem Rindfleisch wie Kitt vorkommen, und wenn man noch ein paar Fettbrocken in die Glut wirft, um dem Ganzen die richtige Würze zu geben, ist die Sache perfekt. Wenn sie einmal Büffel gekostet haben, wird ihnen kein anderes Fleisch auf der Welt mehr schmecken", schreibt der amerikanische Historiker David Nevin in seinem Buch „Dream West".

Erst als die weißen Pioniere auf der Suche nach neuen Gebieten alles niedermetzelten, was ihnen den Weg verstellte – vom Bison bis zum Indianer –, gingen die amerikanischen Büffel unweigerlich ihrem Untergang entgegen. Vor allem die wie Buffalo Bill von den Eisenbahngesellschaften angeworbenen Berufsjäger veranstalteten wahre Schlachtorgien: 1867 gab es auf dem nordamerikanischen Kontinent noch einige Millionen Exemplare. Dreizehn Jahre später, 1880, zeigte eine Untersuchung, daß in den ganzen USA nur noch sechshundert Bisons lebten. Im Jahre 1902 gab es in Amerika bloß noch fünfundzwanzig Bisons…

Das ist geradezu unglaublich, vor allem wenn man berücksichtigt, daß der Bison zum wehrhaften Großwild zählt, das enorm schwierig zu bejagen ist: „Der Büffel ist das größte, schnellste und gottverdammteste Tier auf der ganzen Welt... Ich würde sagen, er ist wunderbarer als die Elefanten in Indien, und stärker als die Stiere in Spanien. Der Grizzly ist das Gemeinste und der Büffel ist das Beste. Er ist wie ein König, verstehen Sie, er ist eine Herausforderung. Nur ein echter Mann schafft es, ihn niederzureiten und zum Halten zu bringen. Natürlich ist es leicht, sie zu erlegen, wenn man sich an sie anschleicht, aber das ist, als würde man mit einer Frau schlafen und dabei die Kleider anbehalten – es macht lange nicht so viel Spaß", schrieb Nevin.

Um keine Mißverständnisse aufkommen zu lassen: Buffalo Bill hat sich nie an einen Bison angeschlichen, und er hat vor allem nie mit einer Frau geschlafen und dabei die Kleider anbehalten. Hingegen hat er – das ist historisch verbürgt – Büffelblut getrunken. Wenn Nevin von einem Büffeljäger erzählt, der eine Blechtasse von seinem Gürtel genommen und den riesigen, schweren Kopf des Bisons hochgehoben habe, ihn sich auf die Schulter gelegt und der Kuh die Kehle durchgeschnitten habe, worauf schäumendes Blut herausgesprudelt sei und der Jäger die Tasse in den Strom gehalten, und als diese voll war, einen Schluck daraus genommen habe, dann hat er mit Sicherheit bei der Schilderung dieses makabren Zeremoniells an den großen Buffalo Bill gedacht, der noch im Greisenalter über enorme Manneskraft verfügt haben soll und der stets damit prahlte, dieses Wunder der Natur sei nur auf den Konsum von Büffelblut in seinen Jugendtagen zurückzuführen.

Wie barbarisch sich Mister Cody auch immer benommen haben mochte, seinen Zeitgenossen wurde er zum Idol. Erst recht nach dem 17. Mai 1883, als der ehemalige Büffel-Jäger mit seiner „Buffalo Bill Wild West Show" in Omaha, Nebraska, die Premiere feierte. Dieses Wildwest-Spektakel, in dem Cody echte Cowboys und echte Indianer, darunter sogar den legendären Indianerhäuptling Sitting Bull, mit echten Pferden, Bisons und Bären auftreten ließ, löste in den USA selbst, aber auch in Europa eine wahre Buffalo-Bill-Hysterie aus. William F. Cody, der auf seiner Europa-Tournee auch vor Queen Victoria, der englischen Königin, und dem deutschen Kaiser Wilhelm II. gastierte, war ein Mega-Show-Star, in seiner Wirkung auf das damalige Publikum mit den Beatles, den

Rolling Stones oder mit einem Michael Jackson unserer Tage vergleichbar.

Aus dem drahtigen, sonnenverbrannten Büffel-Jäger von einst war ein weißhaariger, dafür aber Millionen Dollar schwerer Super-Star geworden, der ganz maßgeblich an der Entstehung des Mythos vom Wilden Westen beteiligt gewesen war. Doch sein Glanz sollte schon bald verblassen. Dem Alkohol immer mehr verfallen, von einem jahrelangen Scheidungsprozeß zermürbt, verspielte er seine Millionen durch Fehlspekulationen und mit dubiosen Geschäften. Er, der all die Jahrzehnte hindurch ein exzessives Leben geführt hatte, mußte im Alter dafür mit seiner Gesundheit bezahlen. Als William Frederick Cody alias Buffalo Bill am 10. Jänner 1917 in die ewigen Jagdgründe wechselte, war er ein verbitterter alter Mann, der nur noch einen Menschen auf dieser Welt hatte: seine Schwester May, in deren Haus in Denver, Colorado, er verstarb.

Später Reue mag es zuzuschreiben sein, daß Buffalo Bill sich als alter Mann sehr für die vom Aussterben bedrohten Bisons eingesetzt hat. Vor allem durch die Errichtung der Büffel-Reservate in Montana, Oklahoma, South Dakota und Nebraska, die von der im Jahre 1905 ins Leben gerufenen „Gesellschaft zum Schutze des amerikanischen Bisons" initiiert worden war, konnte die völlige Ausrottung dieser Wildart – in letzter Minute – verhindert werden. Heute ziehen in den Naturparks der USA – wie etwa dem weltberühmten Yellowstone-Nationalpark – wieder große Bison-Herden über die Prärien. Aber diese Tiere sind nur noch äußerlich Büffel, Bisons, deren Instinkte, die einst eine wichtige Funktion im Kampf ums Überleben hatten, durch die Wiederaufzucht völlig abgestumpft sind, weshalb die Rettung fraglos wohl nur als zum Teil geglückt bezeichnet werden darf.

Dieser biologischen Katastrophe, an deren Auslösung er beteiligt war, die er aber auch dadurch nicht verhindern hätte können, wenn er sein Leben lang kein Gewehr in die Hand genommen hätte, weil dann eben andere nur zu gerne an seine Stelle gerückt wären, dieser Katastrophe ist es auch zuzuschreiben, daß sich das Andenken an den großen Büffel-Jäger im Laufe der Zeit völlig gewandelt hat: Wurde er von seinen Zeitgenossen noch angehimmelt und wie vom damaligen Präsidenten der USA, Theodore „Teddy" Roosevelt, „als der verdammt größte Jäger der Welt" geradezu idealisiert, bewunderte, ein halbes Jahrhundert später, Ernest Hemingway William Cody nur noch seiner exorbitanten Reit- und Schießkünste wegen, hielt ihn aber als Büffel-Jäger für „übergeschnappt". Und James Baker, amerikanischer Außenminister unter Präsident George Bush, selbst ein passionierter Nimrod, bezeichnete ihn vor ein paar Jahren nur noch als „Massenschlächter, der für heutige Jäger mit Sicherheit kein Vorbild" mehr sein dürfe.

Als legendärer Westernheld, der zur Symbolfigur des Wilden Westens schlechthin geworden war, ist Buffalo Bill, der Träger der „Medal of Honor", der höchsten Auszeichnung, die der amerikanische Kongreß zu vergeben hat, aber auch heute noch unbestritten eine „American Institution", auf die die Nation mindestens ebenso stolz ist wie auf Coca-Cola und Mac Donald's...

Charles Bronson: Auf der Fährte des Pumas

Charles Bronson braucht nicht vorgestellt zu werden, die Welt kennt ihn. Der einsam die Mundharmonika spielende Held im Western-Klassiker „Spiel mir das Lied vom Tod" verkörpert wie kein anderer Hollywood-Star den „rauhen Mann", den einsamen Macho, der sein Pferd sattelt und in die Weiten der Prärie entschwindet.

Der muskelbepackte Körper aggressiv gedrungen, das Gesicht von Pockennarben übersät und die Schlitzaugen stets gefährlich lauernd, sieht Bronson von Natur aus genauso aus wie die Typen, die er als Schauspieler verkörpert: Er ist „Der Liquidator", einer der „Glorreichen Sieben" und vor allem ein Mann, der rot sieht, nur ein paar Beispiele, um Bronson mit einigen seiner bekanntesten Filme zu identifizieren. Ihm glaubt man es, daß er zum „Dreckigen Dutzend" gehört und wenn notwendig, jedem „Das Lied vom Tod" spielt. Das ist die eine Welt, die des Schauspielers.

Aber da gibt es noch die andere, die des Jägers Bronson, die allerdings eine gewisse Ähnlichkeit mit der des Schauspielers nicht verleugnen kann. Auch der Jäger sucht die Gefahr, liebt die Einsamkeit, folgt dem Lockruf der Wildnis nur allzu gerne und hat deshalb schon öfter als einmal sein Leben riskiert. Charles Bronson jagt so, wie man es von den Typen, die er als Schauspieler verkörpert, erwarten würde: gnadenlos!

Als Jäger interessiert er sich ausschließlich für Pumas und Grizz-

William Frederick Cody, genannt Buffalo Bill, ging als der größte Büffeljäger aller Zeiten in die Geschichte der Jagd und des Wilden Westens ein.

lys. Alles andere Wild läßt ihn völlig kalt. Er erlegt zwar ab und zu auch einen Elch und schießt hin und wieder einen Coyoten ab, wenn dieser zu nahe an sein Jagdcamp herankommt, aber seine wirkliche Jagdleidenschaft wird nur vom Puma und vom Grizzly entfacht. Dafür aber umso heftiger. Der „Cougar", wie die Amerikaner den Puma nennen, ist vor Charles Bronson nirgends sicher, außer dort, wo er geschützt ist: Mit Hunden verfolgt er den Cougar-Track, die Pumafährte, im Tiefschnee der Rocky Mountains, und mit dem Pferd hetzt er den „Silberlöwen" in den nordamerikanischen Prärien und in den Pampas Südamerikas. Am liebsten fängt er ihn aber mit dem Lasso, um die Raubkatze dann wieder freizulassen. Ein paarmal dabei schon böse zugerichtet, will Bronson diesen Nervenkitzel aber unter keinen Umständen missen, denn für den Jäger Bronson zählt nur eines: Entweder siege ich oder das von mir bejagte Wild! Bis jetzt hat immer noch er gesiegt, wenn oft auch nur um Haaresbreite dem sicheren Tod entronnen.

Die Jagd auf den Puma ist gefährlich, oft sogar für erfahrene Jäger lebensgefährlich. Und genau das ist es, was Charles Bronson so reizt, nämlich nie sicher sein zu können, ob die Raubkatze ihren Verfolger nicht in die ewigen Jagdgründe befördert.

Der Puma jagt vorwiegend in der Dämmerung und nachts. Er kann überaus gewandt klettern und ist ein guter Sprinter, der ein Jagdgebiet von durchschnittlich dreißig Quadratkilometern beansprucht. Zudem zieht er auf seinen Beutezügen im Eiltempo voran und verkriecht sich, wenn er einmal eine Ruhepause einlegt, mit Vorliebe an für Menschen völlig unzugänglichen Stellen. All das schränkt die Möglichkeiten, einen Cougar zu stellen, auf ein Minimum ein.

Links oben: Charles Bronson erlangte mit seinem Film „Spiel mir das Lied vom Tod" als Schauspieler Weltruhm.

Rechts oben: Die Jagd auf den Puma ist gefährlich, oft sogar lebensgefährlich, aber gerade das reizt Charles Bronson.

Unten: Für einen Jäger vom Format eines Charles Bronson – hart wie Stahl und zäh wie Leder – ist der Grizzly genau das richtige.

17

Wer ein erfolgreicher Puma-Jäger sein will, müsse drei Bedingungen erfüllen, sagen die alten Cougar-Hunter: er müsse laufen können wie ein Indianer, Augen haben wie ein Adler und reiten wie Buffalo Bill. Da es heute auch im „Wilden Westen" nur noch wenige richtige Männer gibt – Charles Bronson ist einer der wenigen –, ist das „cougar hunting" ein sehr exklusiver Sport geworden, den auszuüben nur noch beinharten Profis vorbehalten bleibt. Die besten Puma-Jäger sind zwar immer noch die Indianer, aber Bronson kann es diesbezüglich mit den Rothäuten aufnehmen. Seit jeher von indianischen Scouts angeführt, hatte der Schauspieler genug Gelegenheit, den Stil des indianischen Jagens perfekt zu kopieren. Auf leisen Sohlen und mit zäher Ausdauer stellt er dieser Raubkatze nach, bis er sie genauso gnadenlos wie ein Indianer zur Strecke gebracht hat.

Es gibt zwei Arten, den Puma zu jagen: mit Spürhunden oder vom Rücken eines Pferdes aus. Ersteres wird hauptsächlich bei der Jagd in den Bergen praktiziert, letzteres bei der Hatz in den Prärien und in den Pampas. Jede Art hat ihren Reiz, und Bronson kann immer noch nicht sagen, welche er bevorzugt. Bei der Jagd mit Hunden tragen diese kleine Glöckchen am Halsband, damit der Jäger, wenn die Meute die Verfolgung aufgenommen hat, zumindest akustisch ausmachen kann, wo die Hatz verläuft. Am Anfang einer solchen Jagd stehen die Chancen 1:100 für den Puma, und man muß schon ein mit allen Wassern gewaschener Profi sein, will man das Verhältnis auf 50:50 reduzieren. Eine größere Chance, behaupten die Indianer, habe der Jäger überhaupt nie. Schon der Beginn einer Puma-Jagd ist mörderisch: Ist im Schnee die Fährte erst einmal ausgemacht, muß der Jäger meilenweit, oft sogar tagelang, über vereiste Täler, tief verschneite Berghänge, zugefrorene Wasserläufe und gar nicht so selten, wie beispielsweise in den Rocky Mountains, durch eine lawinengefährdete Wildnis hinter seinen Hunden herlaufen. Diese Tortur, die nur der übersteht, der sportlich durchtrainiert ist, hält solange an, bis der Jäger auf einen „smoker", eine frische Spur stößt, was meistens dann der Fall ist, wenn der Puma seine eigene Fährte kreuzt. Jetzt beginnen für den Jäger die Erfolgsaussichten zu steigen, kann er den Hürdenlauf abkürzen und solcherart Zeit gewinnen, also der Raubkatze beträchtlich näherkommen. Was allerdings relativ ist, der Cougar ist in den meisten

Fällen immer noch meilenweit entfernt und wenn nicht, dann hat er sich mit Bestimmtheit im steilsten Felsen verkrochen.

Spannend wird es erst, wenn die Raubkatze Beute geschlagen hat. Der Puma hat nämlich die Gewohnheit, tagelang am „kill" zu verharren. Jetzt kann der Jäger gewaltig aufholen und sich gute Chancen ausrechnen, den flinken Räuber endlich zu stellen. Haben die Hunde erst einmal die Raubkatze ausgemacht, schallt der Hatzlaut schaurig durch die Wildnis, und eine Jagd auf Leben und Tod beginnt. Jetzt stehen die Chancen für den Puma schlecht, denn er kann zwar schnell, aber nicht ausdauernd laufen. Die Spürhunde, auf Dauerleistung getrimmt, sind nun klar im Vorteil. Allerdings auch nur so lange, wie der Cougar flieht. Hält er plötzlich inne und greift die Hunde, die er zwar wahnsinnig fürchtet, mit dem Mut der Verzweiflung an, dann befinden sich die „dogs" in akuter Lebensgefahr. In den meisten Fällen werden die Hunde bei diesem ungleichen Kampf schwerst verletzt, oft auch blitzartig, einer nach dem anderen, vom Puma geschlagen.

Der den Hunden nachstürmende Jäger wartet in solchen Momenten höchster Spannung nur auf eines: ob die Hunde vom Hatz- in den Standlaut wechseln. Doch zu früh freuen darf sich ein Puma-Jäger nie. Der Cougar stellt sich oft kurz seinen Verfolgern, lang genug nur, um wieder Luft in seine Lungen zu pumpen, und ergreift dann erneut die Flucht. Erst andauernder Standlaut signalisiert dem Jäger, daß die Raubkatze auf einen Baum geflüchtet ist und die Jagd sich somit ihrem Höhepunkt nähert.

Ist es einmal so weit, dann geht alles sehr schnell. Pumas werden ausschließlich mit kleinen Kaliber erlegt, weil sie sich, von einem leichten Geschoß getroffen, noch am Baum festkrallen können und erst zu Boden fallen, wenn sie verendet sind. Ein schweres Kaliber würde die Raubkatze sofort zu Boden schleudern, was für die Hunde und den Jäger sehr gefährlich werden kann. In den Rocky Mountains weiß man von zähen Katzen zu erzählen, die, nicht richtig gestreckt, mit letzter Kraft die Hunde verletzt oder sogar noch den Jäger angefallen haben.

Einmal wurden in so einem Fall Charles Bronson die Hunde gerissen. Und ein andermal sprang ihn der Puma, von den Hunden am Boden gestellt, in Todesangst an, dabei die dicke Daunenjacke des Jägers in tausend kleine Fetzen zerreißend. Hätte die Raubkatze schlußendlich nicht die Flucht ergriffen, wäre der Schauspieler wohl mit einiger Wahrscheinlichkeit in die ewigen Jagdgründe befördert worden.

Aber wer die Gefahr sucht, wie Charles Bronson es tut, der muß damit rechnen, in ihr auch umkommen zu können. Niemand weiß das besser als Bronson selbst, der den Puma auch mit der „Bola" jagt und dabei immer damit rechnen muß, daß ihm das Lied vom Tod gespielt werden könnte. Bei dieser Art zu jagen, die nur in den Pampas Argentiniens praktiziert wird, sollen, so behaupten die Gauchos, mehr Jäger als Pumas ihr Leben gelassen haben.

Die sogenannte „Bola", die aus drei am Ende eines starken, zweieinhalb Meter langen Seiles befestigten Eisenkugeln besteht, wird vom Jäger vom Rücken des Pferdes aus gegen den Puma geschleudert. Wenn die Wurfkugel ihr Ziel erreicht, wickelt sie sich um die Läufe und den Hals der Raubkatze und hindert diese so an der Flucht. Dann werden die Cougars entweder in ein Netz gewickelt und lebend gefangengenommen oder aber mit einer Kugel gestreckt. Die Bola-Jagd ist halsbrecherisch, weil der Jäger im wilden Galopp der spurtschnellen Raubkatze nachsetzen muß. Wohl deshalb sollen Puma-Jäger wie weiland Buffalo Bill reiten können. Zudem erfordert das Werfen der Wurfkugel fast schon akrobatische Geschicklichkeit. Trifft die Bola den Puma, ohne daß sie ihn einwickelt, kann es passieren, was schon öfter vorgekommen ist, daß der Puma Roß und Reiter mit dem Mut der Verzweiflung anfällt. In den fünfziger Jahren wurden in Argentinien drei Gauchos, die ein Puma-Pärchen mit der Bola hetzten, von diesem angesprungen, aus dem Sattel geworfen und am Boden durch gezielte Bisse in die Kehlen blitzartig getötet.

Bronson übt die Puma-Jagd aber nicht nur in Argentinien und in den Rocky Mountains, sondern auch im Südwesten der USA, in den Bundesstaaten New Mexico und Arizona aus, wo er, begleitet von Apachen oder Pueblo-Indianern, den Cougar mit dem Lasso jagt. Die Pueblos sind Meister mit dem Lasso, und der Schauspieler verdankt es ausschließlich ihnen, es in dieser Disziplin ebenfalls zu beachtlichem Können gebracht zu haben. „Cathy" und „Cato" hat Bronson selbst gefangen, heute lebt das Puma-Pärchen, Hauskatzen gleich, in Bronsons Villa in Beverly Hills, Kalifornien. Pumas lassen sich nämlich sehr leicht zähmen, so daß sie wie

Haustiere gehalten werden können und gleich diesen ihrem Herrn gegenüber niemals ein gefährliches Verhalten an den Tag legen. So dürfen Bronsons Pumas hin und wieder sogar bei ihm im Bett die Nacht verbringen, und der Schauspieler vertritt die Meinung, daß hochgezüchtete Rassehunde für den Menschen viel gefährlicher sein können als richtig domestizierte Pumas.

Die zweite große Leidenschaft Bronsons ist die Bärenjagd, genauer gesagt die Jagd auf den Grizzly. Der „ursus horibilis", der „fürchterliche Bär", wie der Grizzly im Zoologen-Latein beschrieben wird, ist ein wahrer Koloß von einem Bär: 2,50 bis drei Meter lang, rund eine halbe Tonne schwer und mit mächtigen, krummen Krallen, die bis zu vierzehn Zentimeter lang werden können. Der unumstrittene König der nordamerikanischen Wildnis greift, wenn es sein muß, Wapitis, Hirsche und sogar die mächtigen Bisons an. Die Indianer, die vor Master Grizzly höllischen Respekt haben, berichten von über drei Meter langen und gut neunhundert Kilogramm schweren Prachtexemplaren, deren tiefes Grollen sich anhöre wie rollender Donner.

In der amerikanischen Überlieferung ist der Grizzly, dessen Verbreitungsgebiet sich von Alaska bis zur Grenze Kaliforniens erstreckt, ein legendäres Tier. „Old Ephraim", wie die ersten Siedler ihn nannten, im Zweikampf, nur mit einem Messer bewaffnet, zu erlegen, war bei einigen Indianerstämmen des Nordens Teil des Initiationsritus für die jungen Krieger.

In die Enge getrieben oder auch nur vom Menschen überrascht – was bei der Jagd ja meist unvermeidlich ist –, kann der Grizzly ausgesprochen aggressiv werden. Wenn dann das für ihn typische heisere Grollen zu vernehmen ist, muß der Bärenjäger blitzschnell handeln und zielsicher treffen, sonst vergibt er jede Chance und riskiert, von diesem mächtigen Tier angefallen zu werden. Ein leichter Prankenhieb genügt, um einem Menschen das Genick zu brechen.

Für einen Jäger vom Format eines Charles Bronson – hart wie Stahl und zäh wie Leder – ist der Grizzly genau das richtige. Wer Jagd auf den bleigrauen Riesen macht, muß wissen, daß die erste Kugel im Leben des Bären zu sitzen hat, denn angeschweißt stürzt sich der Grizzly unverzüglich mit voller Wucht auf den Jäger, der dann nur noch eine winzige Chance hat, sein Leben zu retten, indem er mit dem Bärenmesser das kranke Tier zu strecken versucht.

Charles Bronson, dem der Ruf vorauseilt, mehr als hundert Grizzlys erlegt zu haben, soll einmal, dafür verbürgt sich sein indianischer Scout, auf diese Art und Weise den König des Nordens zur Strecke gebracht haben. Der Schauspieler befand sich gerade auf Elch-Jagd, ritt, das Packpferd am Zügel mitführend, hinter dem Indianer, der ihn anführte, her, als plötzlich ein mächtiges „beargrowling" zu vernehmen war. Vor Angst erstarrt, rief der Scout Bronson zu: „Don't loose time! Shoot him! Shoot him!" Blitzschnell, ohne einen Moment zu zögern, zog der Held unzähliger Western das Gewehr aus der Satteltasche und schoß, weil er das Packpferd an der einen Hand führte, aus der Hüfte auf den hochgehenden Grizzly. Und fehlte! Von panischer Angst erfaßt, stieg das Packpferd steil auf und riß den Schauspieler aus dem Sattel. Vom Schock wie gelähmt, mußte der Indianer mitansehen, wie sich der Bär auf den am Boden liegenden Jäger stürzte, der in allerletzter Sekunde noch versuchte, an sein Gewehr zu gelangen. Vergebens. Der Grizzly war bereits über dem Jäger, und instinktiv griff Bronson zum Messer und stach mit kräftigen Stößen zu. Einmal, zweimal, dreimal… Schweiß färbte den Schnee dunkelrot, und der Bär ließ, bereits tödlich getroffen, für einen Augenblick vom Jäger ab. Diese Gelegenheit nützte Bronson, griff nach dem Gewehr und gab – immer noch am Boden liegend – Old Ephraim den Fangschuß.

Wieder einmal war der Jäger Bronson nur knapp dem so sicher scheinenden Tod entronnen. Apropos Tod: Einer Reporterin der „Los Angeles Times" vertraute der Schauspieler an, für ihn sei der Tod viel interessanter als die Geburt: „Über die Geburt wissen wir alles, über den Tod nichts. Meiner Meinung nach ist er das größte Abenteuer des Menschen, das auch von den größten Feiglingen unter uns bestanden werden muß."

Harte Worte eines harten Mannes. Dabei ist Charles Bronson nach übereinstimmender Aussage seiner vielen Freunde ein sanfter Mensch, das typische Beispiel dafür, welch weicher Kern in einer rauhen Schale stecken kann. Nicht gerade gesellig, dafür ist ihm die Stille der Einsamkeit zu heilig, ist der Mensch Bronson von seinem Film-Klischee des schweigsamen und einsamen Killers meilenweit entfernt. Die Schauspielerin Jll Ireland, bis zu ihrem frühen Tod Ende 1992 mit Bronson verheiratet, sagte einmal über ihren Mann:

„Charles ist die Sanftmut in Person. Wenn er im Leben nur annähernd so wäre, wie die Typen, die er im Kino darstellt, ich hätte ihn nie geheiratet."

Bronson ist ein Mann, für den die unberührte Natur ein Lebenselixier ist. Und ein Jäger, der der in der Einsamkeit lauernden Gefahr mit Todesverachtung entgegentritt. Bronson hat etwas von einem urzeitlichen Jäger, der sein Revier und das von ihm gejagte Wild genauestens kennt. Der aufs Ganze geht, sein Risiko aber genau zu kalkulieren versteht. Wahrscheinlich haßt der Schauspieler deshalb „Jagdtouristen, die um die halbe Welt fliegen, nur um zu Hause mit falsch verstandener Exotik zu prahlen". Darum käme er nie auf die „perverse Idee", nach Afrika zu fliegen, um dort Großwild zu jagen: „Ich bin kein Nigger, deshalb habe ich in Afrika nichts verloren", lautet sein waidmännisches Credo. Ginge es nach Bronson, würden Jagdreisen unter Strafandrohung verboten: „Diese Boys sind ja bloß bewaffnete Touristen, die in ihrer Dekadenz den Sinn der Jagd niemals kapiert haben." Afrikaner sollen in Afrika, Europäer in Europa und Amerikaner in Amerika jagen. Der liebe Gott, so Bronson, habe schon bei der Schöpfung ganz genau überlegt, welches Wild von welchem Volk gejagt werden soll…

Als „Jagdphilosoph" befindet sich Bronson mit dieser These übrigens in bester Gesellschaft. Albrecht Fürst zu Hohenlohe-Jagstberg, ein vorbildlicher Jäger alter Schule, schrieb im Vorwort zu seinem Buch „Jagen – ein Leben lang": „Das die Welt erschließende und die Stille der Natur störende Fernverkehrsmittel wurde nicht nur zu einer Geschäftemacherei mit der Jagd, sondern fördert auch eine Rekordsucht, die dem Verwurzeltsein mit dem Wild nicht entspricht. Sicher hat es mich oft gelockt, Fauna und Flora anderer Kontinente zu sehen, aber es hat mich nie gereizt, von anderen an Wild herangeführt zu werden, um es dann zu erlegen."

Und wenn der alte Fürst Hohenlohe fortfährt und schreibt, „über jede wirklich starke Trophäe habe ich mich immer gefreut, doch war mir jedwede Rekordsucht unbekannt, die heute so unvermeidlich scheint", so gibt er damit nur ein Ideal vor, das von Charles Bronson von jeher in all seiner Radikalität gelebt wird. In Bronsons Haus findet sich nicht eine einzige Trophäe, weil der Schauspieler es für ziemlich makaber hält, „sich Totenschädel an die Wand zu nageln…"

Edouard de Rothschild: Europas reichster Jäger

Der Herzog von Windsor, der als passionierter Jäger in den schönsten Revieren auf der ganzen Welt gejagt hatte, schrieb über Baron Edouard de Rothschild: „… der alte Baron verstand es, die Jagd im Stile Ludwig XIV. zu betreiben. Wer jemals das Vergnügen gehabt hat, mit Baron Edouard jagen zu dürfen, der bekam eine sehr gute Vorstellung davon, wie zu Zeiten des Sonnenkönigs das edle Waidwerk ausgeübt worden ist". Kein Wunder, denn auf seine Art war Edouard Rothschild (1868 bis 1949) selbst ein Sonnenkönig, ein schwerreicher Mann, der reichste Jäger Europas, der sich den Luxus leisten konnte, noch im 20. Jahrhundert höfische Jagden abzuhalten.

„Mein Vater", schrieb Guy de Rothschild, der Sohn des alten Barons, „war groß, schlank, hatte feingeschnittene, markante Züge, eine Adlernase, und zeichnete sich zweifellos vor allem durch eine sehr persönliche Eleganz aus". Dieser Grandseigneur par excellence verstand es vortrefflich, seinen Jagden in Ferrières einen Glanz zu verleihen, der in alle Welt strahlte. König Edward VII. von England, der mehrmals in Ferrières als Jäger zu Gast war, meinte, an den Rothschildschen Jagden teilnehmen zu dürfen, sei ehrenvoller als von ihm zum Ritter geschlagen zu werden. Kein Wunder, denn der Bankier galt bei den Oberen Zehntausend der internationalen Jägerschaft als der ungekrönte König der Grünen Gilde. Wurde als letzter „imperialer Jäger" gefeiert, der, als Österreich schon eine kleine Republik war, das Deutsche Reich von Adolf Hitler regiert wurde und aus dem Zarenreich die Sowjetunion geworden war, noch so zu jagen verstand wie seinerzeit Kaiser Franz Joseph, Kaiser Wilhelm II. und Zar Nikolaus II.

Guy de Rothschild erinnert sich Jahrzehnte später an die Jagden seines Vaters in Ferrières noch so, „als ob all der Glanz erst gestern verloschen" sei: „Zwischen November und Januar schien sich in Ferrières alles nur noch um die Jagd zu drehen. In Wirklichkeit fanden die Jagden lediglich an einem Tag in der Woche statt, dafür aber an jedem Sonntag ohne Ausnahme", schrieb der Baron in seinen Memoiren und fügte hinzu: „Das war für uns eine solche Mischung von Empfindungen, von Erwartung, Aufregung, Freude darauf, so viele Menschen zu sehen, eine solche Festatmosphäre zu erleben, an einem zugleich strengen und farbigen Ritual teilzuhaben, daß mir noch heute so ist, als wäre die ganze übrige Woche eine einzige lange Vorbereitung auf diese Stunden gewesen, in denen so vieles geschah."

An den Wochentagen unterrichtete der Baron seine Kinder in Jagdkunde und Biologie, lehrte sie den sicheren Umgang mit Jagdwaffen und war ständig bestrebt, sie zu formvollendeten Jägern heranzubilden. Und alle Rothschild-Kinder wurden auch begeisterte Nimrode, Guy ein mindestens so begeisterter wie sein Vater, und Tochter Bethsabèe studierte Biologie, wurde eine anerkannte Wildbiologin, die in einem Interview einmal meinte, sie habe von ihrem Vater mehr gelernt als auf der Universität.

Das Zentrum der Rothschildschen Jagden war Schloß Ferrières bei Paris, ein von vierhundert Hektar Park umgebener Prunk- und Prachtbau, der, so Guy Rothschild, „dazu angetan war, die geladenen Gäste oder die Besucher in Erstaunen zu versetzen". Sogar Könige und Kaiser. Denn als im Zuge des deutsch-französischen Krieges von 1870/71 Wilhelm I., der König von Preußen und spätere erste Kaiser des in Versailles proklamierten Deutschen Kaiserreiches, nach Ferrières kam, rief er aus: „Was für ein großartiges Palais! Ein König könnte sich das nicht leisten, dazu muß man ein Rothschild sein!"

Die Große Halle, um die sich unzählige Salons gruppierten und die Mittelpunkt dieses Märchenschlosses war, hatte etwas Magisches an sich, das Guy de Rothschild in seinem Buch „Geld ist nicht alles" wie folgt beschrieb: „Ihre Ausmaße und dieses gedämpfte Licht, das durch eine Glaskuppel fiel, erinnerten an das Schiff einer Kathedrale, und ihre enorme Höhe erlaubte einen doppelten Schmuck. Die mit smaragdgrünem Samt bespannten Wände waren oben mit einer Reihe von Gobelins bedeckt. Unten, in Augenhöhe, hingen Gemälde, einige der schönsten Stücke der Sammlung meines Großvaters: etwa die „Marquise Doria" von van Dyck – später dem Louvre geschenkt – und ein reizendes Frauenportrait von Gainsborough. Büsten römischer Kaiser schienen Wache zu halten, während auf dem großen Marmorkamin eine Frau großzü-

gig ihre Brust darbot; die zwei großen Türen, die sich zum Haupt-
eingang öffneten, waren auf beiden Seiten von zwei Negern flan-
kiert, die mehrere Meter hoch waren und das ganze Gewicht der
Decke auf ihren Schultern zu tragen schienen. Da standen ein
Billard in einer Ecke, ein Piano in einer anderen, kunstvoll gearbei-
tete italienische Renaissancekabinetts mit Intarsien aus Halbedel-
steinen, Ebenholz und Elfenbein, verschiedene Sofas, Sessel,
Stühle, Kommoden und Tische mit kostbaren Gegenständen…
Deutsche Rüstungen, italienische Skupturen, flandrische Tapisse-
rien, Möbel im Second-Empire-Stil, französische Bronzen, victo-
rianische Sitzgelegenheiten, Vasen und Nippes der verschiedensten
Art, die Stile mischten sich in einer durchdachten, harmonischen
Unordnung… und die Bilder verschiedener Malschulen ermöglich-
ten die verschiedensten Variationen. Die eigenartige Atmosphäre
der Halle rührte zweifellos von diesem erstaunlichen Kontrast zwischen ihrer Übergröße und ihrer Ausstattung her, die einen warmen
und fast intimen Eindruck erweckte. Vielleicht ist es dies, was
Innenarchitekten und Antiquitätenhändler den „Rothschild-Stil"
nennen als Anspielung auf eine Geisteshaltung, die man in den
meisten jener Häuser wiederfindet, die Mitglieder meiner Familie
bewohnt haben: Eine Ausstattung im Second-Empire-Stil, ergänzt
nicht nur durch Kunstgegenstände aller Art, sondern auch und vor
allem durch einen Sinn für Komfort und Intimität, der alles umfaßt
– Pelzwerk, Blumen, Grünpflanzen, Familienfotos, kostbare Minia-
turen, bibliophile Raritäten…"
Und dabei war Ferrières nichts anderes als nur die „Jagdhütte" der
französischen Bankiers-Dynastie, die im Palais „La Rue Saint-Flo-
rentin" an der Ecke Rue de Rivoli und der Place de la Concorde im
Herzen von Paris wohnten. Aber bei den Rothschilds war eben alles
relativ. Vom Geld, das Edouard im Jahr für die Jagd ausgab, hätten
mehr als tausend französische Familien ein Jahr lang ihre Lebens-
haltungskosten bestreiten können. Und die Jagdwaffen, die Baron
Guy von seinem Vater erbte, hatten einen Wert von umgerechnet
mehr als fünfzig Millionen Schilling.
Doch die Erinnerungen an das Jagdleben in Ferrières veranschlagt
Baron Guy höher als all den materiellen Reichtum, den ihm sein
Vater hinterließ: „Schon am Samstagabend begann für mich die
Welt des Wunderbaren. Hinter einem Fenster im ersten Stock

lauerte ich auf die Ankunft der Gäste. Ab fünf Uhr setzten prächtige Wagen der verschiedensten Art ihre Herrschaften ab, die im allgemeinen von ihrer Zofe und ihrem Kammerdiener und Ladeburschen begleitet waren – dieser konnte im Falle der weniger begüterten auch gleichzeitig der Chauffeur sein. (Im Jagdbuch von Ferrières, in dem Tag für Tag, Treibjagd für Treibjagd die einzelnen Strecken vermerkt sind, finde ich zufällig eine Eintragung, die die Namen einiger der häufigsten Gäste enthält: den Duc d'Ayen, M. Bamberger, der Comte de Breteuil, M. Luzarche-d'Azay, den Marquis de Paris, den Comte de la Rochefoucauld, den Prince de Beauvau-Craon...)

Alle Gäste erschienen im Smoking zum Abendessen. Danach spielte man noch ein wenig Karten oder plauderte, aber nicht zu lange wegen des anstrengenden Tages, der auf die Jäger wartete.

Der Jagdtag begann mit einem klassischen Frühstück, das auf den Zimmern serviert wurde. Die Konditoren und die Still-Room Maid hatten sich alle möglichen Arten von Croissants, Brioches und anderem Backwerk einfallen lassen, und doch war dieses üppige Frühstück nur eine kleine Stärkung.

Um halb elf fanden sich die Jäger in den Salons zu einem Gabelfrühstück ein. Das war kein schlichter Imbiß, sondern eine richtige Mahlzeit, mit zahlreichen Vorspeisen, mit warmem und kaltem Fleisch und, wie üblich, sehr reichlich."

Ein Fürst aus Böhmen, der Jahr für Jahr vom Baron nach Ferrières zur Jagd eingeladen wurde, erzählte Kaiser Franz Joseph voll Begeisterung vom grandiosen Gesellschaftsleben auf den Rothschild-Jagden und ließ dabei auch die zahlreichen lukullischen Genüsse, mit denen der Baron die verwöhnten Gaumen seiner noblen Gäste zu erfreuen verstand, nicht unerwähnt. Der Kaiser, der ein spartanisches Leben führte und von oppulenten Tafelfreuden nichts hielt, meinte, ganz entsetzt: „Wie kann man sich nur so gehen lassen! Was hat das noch mit Jagd zu tun!? Ein Jäger kennt nur ein Mahl – und das ist der Schüsseltrieb!" Aber die Creme de la Creme, die sich bei Rothschild zur Jagd einfand, war durchaus anderer Meinung als der österreichische Kaiser.

„Solcherart gestärkt ging man in den „Jägersaal" hinunter", schrieb Baron Guy, „man", das waren Mitglieder der verbliebenen europäischen Herrscherhäuser, Prinzen, Herzöge, Fürsten und

Grafen, Politiker, Millionäre und Milliardäre, „um sich für die Jagd fertig zu machen – man wetteiferte in Eleganz –, während die Ladeburschen kamen und gingen, die Gewehre anschäftend, ihren Herren helfend, ein letztes Mal ihren Vorrat an Patronen überprüfend.

Der Augenblick des Abmarsches war gekommen. Zuerst brach eine Art großer Kremser auf, in dem dicht gedrängt die Ladeburschen und die den einzelnen Gästen zugeteilten Wildhüter saßen. Etwa eine halbe Stunde danach bestiegen die Jäger ihrerseits ein Gefährt, das man „Diligence" nannte, ein großer Kutschwagen oder vielleicht alter Pferdeomnibus, den drei prächtige „Postpferde" zogen, gelenkt von einem Kutscher in großer Livree. (Wenn mein Vater allein war und später, wenn er mich mitnahm, benutzte er eine hübsche kleine Kutsche mit gelben Vorhängen – aber wir hatten nur auf ein einziges Pferd Anspruch.)

Der Wagen setzte sich in Bewegung, die Pferde trabten auf den dunklen Wald zu, dem Treffpunkt entgegen, der manchmal recht weit vom Schloß entfernt gelegen war.

Denn der Wald war in vier Reviere eingeteilt – Hermières, Pontcarré, Le Parc und Croissy –, große Gebiete, die jeweils der Obhut eines Wildhüters anvertraut waren, der dort an Ort und Stelle wohnte und das Wild hegte, es zu Zeiten fütterte, vor Raubtieren schützte und gegen Wilderei einschritt. Von Jagd zu Jagd wechselte man das Revier, und die Organisation des Tages oblag dem jeweiligen Revierhüter, der dann die Treibjagden veranstaltete. Diese vier, die einem Oberhüter unterstanden, waren als einzige berechtigt, die blaue Kleidung mit gelben Knöpfen – die Farben der Familie – und blaue Samtmützen zu tragen. Die anderen Wildhüter trugen eine Kleidung aus grobem Wollstoff oder kastanienbraunem Samt, und jede Kleidung kennzeichnete den Stand ihrers Trägers innerhalb dieser komplizierten Hierarchie von Revierhütern, Hilfshütern, Hütergehilfen…"

Baron Edouard de Rothschild war im republikanisch gewordenen Frankreich der einzige, der es sich leisten konnte, barocke Jagden zu veranstalten. Und niemand, nicht einmal die Linke, nahm es ihm übel, denn er war die personifizierte Reminiszenz an das Ancien Regime. Und so stand er auch als Jäger für die historische Kontinuität. Baron Edouard machte seine Bankgeschäfte unter der Trikolore der Republik, aber seine Jagden standen ganz im Zeichen des Lilienbanners der Bourbonen-Könige: „Eine Jagd setzte sich aus vier Trieben zusammen. Mein Vater wies den Gästen ihre Plätze an, ehe er sich selbst an das Ende der Reihe stellte – eine ungünstige Position, weil man es dort mit „Flüchtlingen" zu tun hatte, jenem erfahreneren und klügeren Wild, das quer fliegt und viel schwerer zu treffen ist. Anfangs behielt mich mein Vater bei sich, später vertraute er mir die Riegelstellung am anderen Ende der Reihe an", erinnert sich Guy de Rothschild an die legendären Niederwildjagden in den Revieren von Ferrières: „Wenn jeder seinen Posten eingenommen hatte, seinen Ladeburschen oder einen Wildhüter mit den zwei Gewehren hinter sich, gab mein Vater dem Revierhüter ein Zeichen, und dieser stieß in sein Horn; das Echo kam zurück, die Jagd begann.

Erste Schreie, erstes Flügelschlagen, und bald tauchten die ersten Vögel vor der Reihe auf, die sie zu überfliegen suchten. Nach etwa einer halben Stunde näherten sich die Treiber, und die Jagd erreichte ihren Höhepunkt. Hunderte von Fasanen tauchten pfeilschnell und heftig flatternd in dichten Schwärmen auf; die Jäger wußten nicht mehr, wohin sie zielen sollten, die Ladeburschen konnten nicht mehr schnell genug nachladen, die Gewehrläufe brannten an den Fingern, die getroffenen Vögel schienen zu Garben von Federn zu zerplatzen, beschrieben seltsame Flugbahnen, ehe sie um die Jäger herum dumpf zu Boden klatschten. Die Luft schien widerzuhallen und zu erzittern wie Kriegsdonner mit einem Sperrfeuer von Detonationen, das den Himmel erfüllte. Bald hörte man die Rufe der Wildhüter und der Treiber ganz in der Nähe, die die letzten Vögel aufstöberten, die sich versteckt hatten, und dann war es zu Ende. Nach der Aufregung dauerte es immer einige Minuten, bis mein Puls wieder ruhiger ging.

Jetzt trat der „Hundemann" in Szene, ein Schotte, den man samt seiner Familie nach Ferrières geholt hatte, weil er ein Spezialist für Labradorhunde und die etwas größeren schwarzen Retriever war. Er machte sich mit seiner Meute und allen Wildhütern auf die Suche nach den erlegten Vögeln. Eine eigenartige Stille, fast beunruhigend nach der Schießerei, trat ein, während die Vögel eingesammelt und in langen Reihen ausgelegt wurden – jedes Treiben ergab im allgemeinen eine Strecke von zweihundert bis dreihundert

Stück. (Beim Blättern in dem erwähnten Buch sehe ich, daß wir, mein Vater und ich, an einem Jagdnachmittag im September 1933 siebenundzwanzig junge Rebhühner schossen.)

Nach dem zweiten Treiben legte man eine kleine Atempause ein – man nahm etwas zu sich, eine warme Brühe, ein Glas Wein, einen Imbiß, den ein kleines Gespann gebracht hatte. Das war gewöhnlich der Augenblick, in dem die Damen eintrafen, um dem letzten Teil der Jagd beizuwohnen, wobei sich jede ihren „Helden" auswählte, dessen Geschick sie natürlich rühmte. Als ich sieben, acht Jahre alt war, begleitete ich dabei meine Mutter. Ich trug mein Jagdkostüm: Tweedkniehosen, über den Strümpfen geschnürt, die man ihres englischen Ursprung wegen Plus-Four nannte (der Bausch dieser Hosen war genau vier Zoll). Mit zehn Jahren durfte ich bereits morgens an der Jagd teilnehmen, und mit zwölf konnte ich endlich mit einem 28er oder 24er Gewehr schießen, an der Seite meines Vaters, der mich im Auge behielt und meine Erregung – sprich Nervosität und Ungeduld – zu dämpfen suchte."

Ein Ereignis ganz besonderer Art – vor allem gesellschaftlich – waren die Rothschildschen Hasenjagden. Russische Großfürsten, amerikanische Milliardäre, englische Lords, deutsche Fürsten und Prinzen, alle haben sich darum gerissen, vom Baron Edouard eine Einladung dazu zu erhalten. Und so mancher Hochwohlgeborene verfiel in unstandesgemäße Renommage, wenn er das begehrte Billet mit dem Wappen der Rothschilds darauf in Händen hielt.

Baron Guy berichtet: „Wenn eine Hasenjagd anstand, brachte die „diligence" die Jäger… zuerst an den Rand der weiten ebenen Felder von Ferrières, dann zu den etwas kleineren Ländereien von Pontcarré. Beide Reviere waren mit Drahtzäunen umgeben, an die man bunte Lappen gehängt hatte. Die Jäger stellten sich in einer langen Reihe auf, in etwa dreißig Meter Abstand, dazwischen Treiber, und dann setzte man sich in Bewegung über die gesamte Breite der Fläche bis zum anderen Ende, wo eine weitere Reihe von Treibern eine Sperre bildete. Bevor man am Ende der Fläche angelangt war, machte man Halt, und die Treiber von drüben kamen auf die Jäger zu und trieben ihnen die Hasen und Kaninchen entgegen, die dem Massaker entgangen waren. Es gab drei Triebe hintereinander, und das war recht ermüdend, denn man stapfte über mehrere Kilometer auf schwerem Boden, und ich hatte buchstäblich „die

Stiefel voll"... Doch man wurde dafür belohnt: An einem Tag schoß man etwa sechshundert Hasen."

Und wie ging ein Jagdtag auf Ferrières zu Ende? „War die Jagd zu Ende, so konnte jeder, der meinen Vater während der Rückfahrt zum Schloß beobachtete, ermessen, ob der Tag gut gewesen war oder nicht... Man sprach dann von den Einzelheiten der Jagd, rühmte die Erfolge der guten Schützen, die so taten, als seien sie nicht gemeint, während die weniger guten die Schultern einzuziehen schienen, als fühlten sie sich schuldig.

Nach der Rückkehr ins Schloß kleidete man sich zu einem Imbiß um – wiederum waren Mengen von Speisen angerichtet, verschiedene Fleischgerichte, Käse, Backwaren aller Art, heiße Schokolade... – ehe man sich zu einem leichteren Diner traf, das gegen neun Uhr serviert wurde. Wie man an einem einzigen Tag so viele Dinge zu sich nehmen konnte, ist mir noch heute völlig rätselhaft. Unterdessen hatten alle einen Siegerblick auf die Strecke des Tages geworfen, die auf dem Rasen ausgebreitet war, erleuchtet von Fackeln, die von den vier Revierhütern gehalten wurden. Dann wurde auf den Hörnern das Halali geblasen..."

Baron Edouard de Rothschild war ein Jäger, der „die Jagd als etwas Heiliges betrachtete" und der sehr wütend werden konnte – „aber von einer nach innen gekehrten Wut –, wenn er meinte, nicht alles sei vollkommen gewesen". Und als er im Jahre 1949 starb, endete auch in Frankreich das Zeitalter der höfischen Jagd.

Und was ist aus Schloß Ferrières geworden? Baron Guy de Rothschild hat das riesige Anwesen in den siebziger Jahren der Universität von Paris vermacht. Die Erhaltung eines Schlosses, das sich nach Kaiser Wilhelm I. nicht einmal ein König, sondern nur ein Rothschild leisten konnte, war in der zweiten Hälfte des 20. Jahrhunderts selbst für einen solchen zu kostspielig geworden. Heute macht Ferrières einen überaus traurigen Eindruck: Der prächtige Park, unter Baron Edouard ein Juwel der französischen Gartenarchitektur, wird allmählich von Unkraut überwuchert und die einstmals eleganten und mit Kunstschätzen überhäuften Salons beeindrucken den vereinzelten Besucher nur noch mit ihrer gähnenden Leere, die sie noch größer – fast unheimlich groß – erscheinen läßt. Gegen Bezahlung kann man heute das Schloß für Hochzeiten und Filmaufnahmen mieten. Die Zeiten barocker Jagdvergnügungen a la Rothschild sind endgültig und unwiederbringlich vorbei. Ferriè-res hat mit dem Auszug des letzten Rothschild seine historische Funktion als „eleganteste Jagdhütte Europas" verloren und eine zeitgemäße noch nicht gefunden. Ferrières als Außenstelle der Pariser Universität? Sicher kein schöner Gedanke, vor allem für einen Jäger nicht, aber zweifelsohne immer noch besser als der langsame Verfall, der im Jagdschloß des einst reichsten Jägers Europas schon allzu deutlich seine Spuren hinterlassen hat.

Links oben: Baron Edouard de Rothschild konnte es sich leisten, noch im 20. Jahrhundert höfische Jagden im Stile Ludwigs XIV. abzuhalten.

Rechts oben: Die Jagduniformen der Rothschildschen Jäger zierte stets das Familienwappen.

Unten: Die Große Halle im Schloß Ferriéres, das Edouard de Roth-schild als „Jagdhütte" diente.

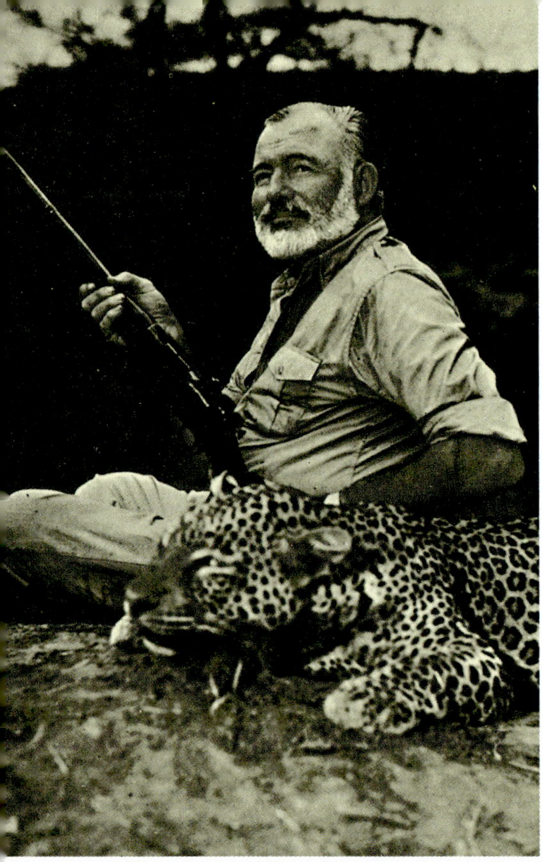
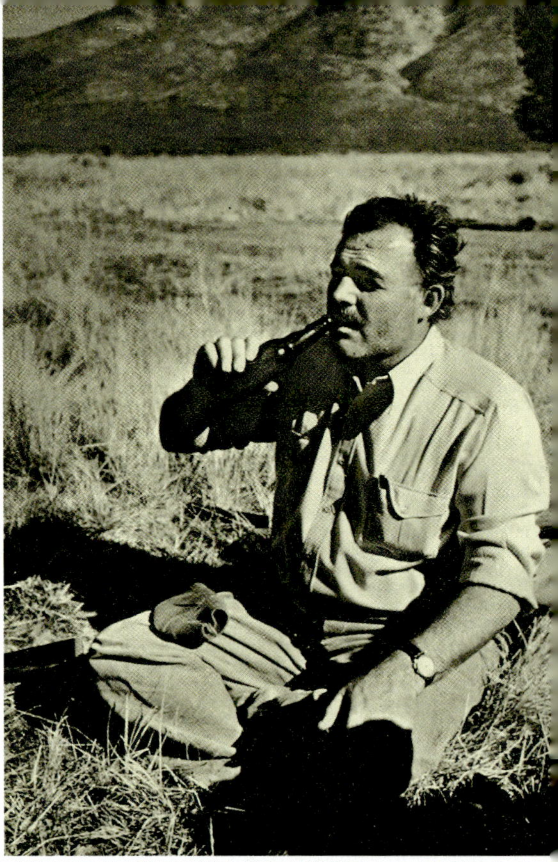
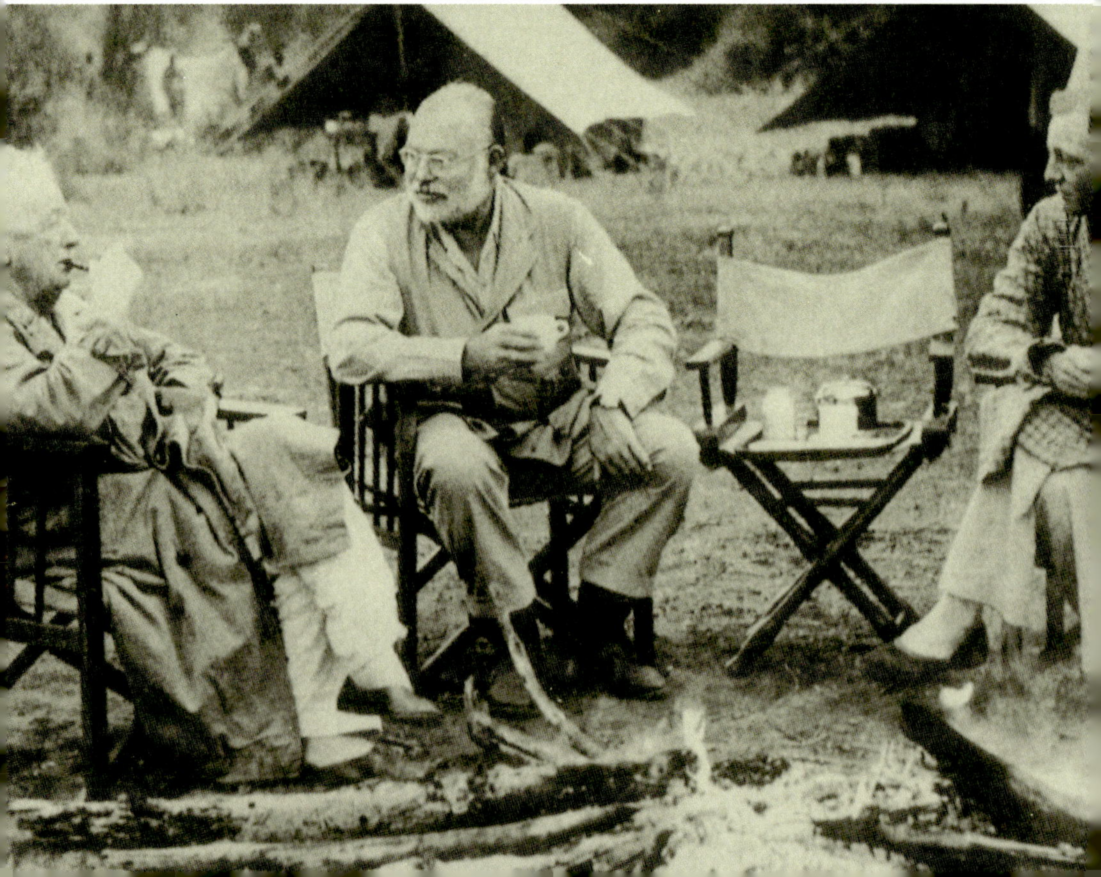

Ernest Hemingway: Im Schatten des Kilimandscharos

Sein Glanz überstrahlt alles bisher Dagewesene. Sein Ruf als großer Nimrod ist legendär. Und würde mittels Umfrage unter Jägern ein neuer Schutzpatron für die grüne Gilde gesucht, Ernest Hemingway stieße Sankt Hubertus aus der Heiligennische. Er ist das Maß aller jägerischen Dinge, ein Mythos, der die ganze Zunft verzaubert. Er gilt als der größte Großwildjäger aller Zeiten, obwohl er nur zweimal auf Safari in Afrika war. Und die großen Jagdabenteuer hat er nur selten so erlebt, wie er sie beschrieb, weil sie großteils nur in seinem Kopf stattfanden. Ernest Hemingway hat sich seinen Ruf, einer der größten Jäger aller Zeiten zu sein, zwar nicht waidwerklich erarbeitet, dafür aber umso großartiger erschrieben. Es ist sein bleibendes Verdienst, das Thema Jagd in den Olymp der Weltliteratur erhoben zu haben, wo seine Jagdromane „Schnee auf dem Kilimandscharo" und „Die grünen Hügel Afrikas" heute zu den unsterblichen Klassikern zählen. Man muß einfach zur Kenntnis nehmen, Hemingway ist eine Klasse für sich, als Literat, aber genauso auch als Jäger.

In amerikanischen Jägerkreisen, deren „Last Action Hero" unbestritten Ernest Hemingway ist, erzählt man sich folgende Anekdote, die die mythische Entrückung des berühmten Jägers verständlich macht: Kaum habe der kleine Ernest das Licht der Welt erblickt und schon habe er seinen Daddy gefragt, ob er ihn mit auf die Jagd nehme. Das ist der Stoff, aus dem Sagen entstehen, die Grundlage für Heiligenlegenden.

Links oben: Ernest Hemingway ist eine Klasse für sich, als Schriftsteller, aber genauso auch als Jäger.

Rechts oben: Es war nicht nur die Hitze Afrikas, die Hemingway auf seinen Safaris immer wieder zur Flasche greifen ließ.

Unten: Der Autor von „Die grünen Hügel Afrikas" mit dem berühmten Jagdführer Philip Perceval (li.) in seinem Camp am Fuße des Mount Kenya.

Faktum ist, daß Hemingway tatsächlich vom Kleinkindalter an von seinem Vater sehr sorgfältig in alles Jagdliche eingeführt worden ist. Clarence E. Hemingway, der als praktischer Arzt in Oak Park bei Chicago praktizierte, war ein leidenschaftlicher Jäger, der mit seinen Kindern ausgedehnte naturkundliche Wanderungen unternahm und Ernest in einem Alter das Schießen auf lebendes Wild beibrachte, in dem andere Kinder noch mit dem Schnuller werfen. „Und praktisch alles, was Dr. Hemingway seine Kinder zu töten lehrte", schreibt der Hemingway-Biograph Kennetz S. Lynn, „lehrte er sie auch zu essen. Er machte sie nicht nur mit so anerkannten kulinarischen Genüssen bekannt wie Reh, Wachtel, Rebhuhn, Taube, Ente, Schildkrötenfleisch, Froschschenkeln und allerlei Fischarten, sondern überzeugte sie auch davon, daß geschmortes Waldmurmeltier im Geschmack einem geschmorten Hühnchen sehr nahe käme und gebackenes Opossum mit Süßkartoffeln dazu eine Köstlichkeit sei".

Ernest war, wie nicht anders zu erwarten, der gelehrigste unter den Hemingway-Kindern. Mit dem für ihn typischen Draufgängertum knallte er schon bald alles ab, was ihm vor die Flinte kam, um es dann, wie vom Vater postuliert und vorexerziert, bis auf Knochen und Haare aufzufressen. Klein-Ernest schoß und fraß und entwickelte sich solcherart zu einem Jäger, der aus dem Bauch heraus zu handeln pflegte. Später sollte sich noch das Saufen hinzugesellen, das dann zu seinem Markenzeichen wurde und ihm als Großwildjäger mehrmals beinahe zum Verhängnis geworden wäre.

Relativ früh zeigte sich bei Hemingway auch sein Interesse für die afrikanische Fauna. Als Zehnjähriger besuchte er mit seinem Vater regelmäßig das Museum of Natural History in seiner Heimatstadt, wo er sich, wie Lynn schreibt, „am liebsten in dem Saal mit den afrikanischen Säugetieren aufhielt, wo in ihrer natürlichen Umgebung Familienverbände von Geparden, Löwen, Warzenschweinen, Wildebeests, Rhinozerossen, Büffeln, Kudus und Fleckenhyänen aufgestellt waren. Die Glasaugen der Tiere glommen im gedämpften Licht der Vitrinen und machten es dem kleinen Ernest leicht, sich vorzustellen – besonders, wenn er eine Khaki-Uniform trug, die der des vorigen Präsidenten ähnlich war –, daß diese Wesen lebendig wären und er selbst Theodore Roosevelt auf Safari sei".

Knapp ein Vierteljahrhundert später ging dieser Bubentraum für ihn in Erfüllung. Gemeinsam mit seiner zweiten Frau Pauline Pfeiffer und begleitet vom berühmten Jagdführer Philip Percival, der schon Teddy Roosevelt auf Safari geführt hatte, ging Ernest nach Kenia, um wehrhaftes Großwild zu jagen. Vom ersten Augenblick an von Afrika überwältigt, inspirierte ihn seine erste Safari zu seinem Roman „Schnee auf dem Kilimandscharo", der neben der Hochseefischer-Novelle „Der alte Mann und das Meer", für die Hemingway 1954 mit dem Literatur-Nobelpreis ausgezeichnet worden war, eines seiner besten Werke werden sollte.

Die literarische Ausbeute seiner ersten Großwildjagd konnte sich sehen lassen. Der damals 34 Jahre alte Schriftsteller verewigte seine afrikanischen Impressionen und Jagdabenteuer neben „Schnee auf dem Kilimandscharo" noch im Jagdbericht „Die grünen Hügel Afrikas" und in der Short-Story „Das kurze glückliche Leben des Francis Macomber". Der Schlüssel zum Verständnis des Jägers Hemingway, so wie er wirklich war, liegt ohne Zweifel in den „Grünen Hügeln Afrikas". In diesem Buch, das den ansonsten für Hemingway so typischen Machismo völlig entbehrt, ohne literarische Zuspitzung auf das wirklich selbst Erlebte reduziert, porträtiert der Schriftsteller Hemingway den Jäger Hemingway, indem der Autor die Psyche des Jägers offenlegt und dabei schonungslos aufzeigt, daß die Kraft sehr wohl in der subjektiv empfundenen Schwäche liegen kann.

Anlaß zu dieser Selbstreflexion gab ein kapitaler Rappenantilopenbock, der vom Schriftsteller waidwund geschossen worden war: „Ich richtete mich auf und ging hinüber in den Schatten eines großen Baumes. Er fühlte sich kühl wie Wasser an, und der Wind kühlte meine Haut durch das nasse Hemd hindurch. Ich dachte an den Bock und dachte: Mein Gott, hätte ich ihn doch nie getroffen! Jetzt hatte ich ihn angeschossen und verloren. Ich glaubte, er lief unentwegt weiter und wechselte aus diesem Gebiet heraus. Er hatte nie eine Neigung erkennen lassen, in einem Bogen zurückzukommen. Heute Nacht starb er wohl, und die Hyänen würden ihn fressen, oder schlimmer, sie würden ihn kriegen, ehe er tot war, ihm die Knieflechsen durchbeißen und ihm die Eingeweide herausreißen, während er noch lebte. Die erste, die diese Schweißspur fand, würde ihr folgen, bis sie ihn gefunden hatte. Dann würde sie die anderen herbeirufen. Ich fühlte mich saumäßig, weil ich ihn getroffen und nicht getötet hatte. Ich hatte kein Bedenken, irgend etwas, irgendein Tier zu töten, wenn ich es „sauber" tötete; sie mußten alle sterben, und mein Eingriff in das nächtliche und jahreszeitliche Töten, das die ganze Zeit über vor sich ging, spielte gar keine Rolle, und ich hatte überhaupt kein Schuldgefühl. Wir aßen das Fleisch und behielten die Häute und Hörner. Aber wegen dieses Rappenantilopenbocks fühlte ich mich hundeelend. Außerdem wollte ich ihn haben. Ich wollte ihn haben, verflucht noch mal. Ich wollte ihn haben, mehr als ich je zugeben würde. Nun, wir hatten das Spiel mit ihm verloren. Wir hatten unsere Chance am Anfang gehabt, als er zusammenbrach und wir ihn nicht gefunden hatten. Die hatten wir verpaßt. Nein, unsere beste Chance, die einzige Chance, die sich ein Schütze je wünschen sollte, war, als ich zu Schuß kam und auf das ganze Tier geschossen hatte, anstatt auf eine bestimmte Stelle. Es war meine eigene verdammte Schuld. Ich war ein elender Scheißkerl, ihn waidwund zu schießen. Es kam von meinem übergroßen Selbstvertrauen, etwas leisten zu können und dabei einen der Schritte auszulassen, die unerläßlich sind. Nun ja, wir hatten ihn verloren. Ich bezweifelte, daß es auf der Welt einen Hund gab, der ihn jetzt bei dieser Hitze aufspüren konnte. Dennoch war dies die einzige Chance. Ich holte das Wörterbuch heraus und fragte den alten Mann, ob es dort, wo der Römer wohnte, irgendwelche Hunde gab.

„Nein", sagte der alte Mann. „Hapana."

Wir schlugen einen sehr weiten Bogen, und ich schickte den Bruder und den Ehemann in einem zweiten Bogen aus. Wir fanden nichts, keine Spur, keine Fährten, keinen Schweiß, und ich sagte M' Cola, wir würden uns zum Lager aufmachen. Der Bruder des Römers und der Ehemann gingen das Tal hinauf, um das Fleisch von der Rappenantilopenkuh, die wir erlegt hatten, zu holen. Wir waren geschlagen.

… Ich hätte ihn töten sollen, aber es war ein freihändiger Schuß. Um ihn überhaupt zu treffen, hatte ich den ganzen Bock als Zielscheibe nehmen müssen. Jawohl, du Scheißkerl, aber wie war's mit der Kuh, die du zweimal, auf dem Bauch liegend, verfehlt hast, obwohl sie breitseit dastand? War das ein freihändiger Schuß? Nein. Wenn ich gestern abend schlafen gegangen wäre, hätte mir das nicht passieren können. Oder wenn ich den Lauf ausgewischt hätte, um das Öl zu entfernen, hätte sie nicht beim erstenmal eine hohe Flucht gemacht. Dann hätte ich nicht tiefer gehalten, und der zweite Schuß wäre nicht unter ihr gelandet. Jede verfluchte Sache ist dein eigener Fehler, falls du irgend etwas taugst. Ich hatte geglaubt, daß ich besser mit einem Schießgewehr schießen konnte, als ich konnte, und ich hatte eine Masse Geld verloren, das ich auf meine Meinung gesetzt hatte, aber ich wußte kaltblütig und objektiv, daß ich so gut wie irgendein Scheißkerl, der je gelebt hat, mit einer Büchse Wild schießen konnte. Verdammt, und wie ich das konnte! Na und? Also schoß ich einen Rappenbock waidwund und ließ ihn entkommen, konnte ich so gut schießen, wie ich glaubte, daß ich konnte? Gewiß. Und warum hatte ich dann diese Kuh verfehlt? Zum Teufel noch mal, jeder ist mal nicht ganz auf der Höhe. Verflucht noch mal, du hast keine Berechtigung, nicht auf der Höhe zu sein. Wer, in drei Teufels Namen, bist du? Mein Gewissen? Hör mal, ich steh mit meinem Gewissen sehr gut. Ich weiß ganz genau, was für ein Mistviech ich bin, und ich weiß, was ich gut mache. Wenn ich nicht abhauen und weg müßte, würde ich einen Rappenbock gekriegt haben. Du weißt ja, daß der Römer ein Jäger war. Es gab eine zweite Herde. Warum mußte ich mich auf diese Eintagsgeschichte einlassen? War das eine Art zu jagen? Teufel, nein!"

Hemingway, der Verlierer? Der geschlagene Held, der an sich selbst verzweifelt? Der selbsternannte Meisterschütze, der Antilopen waidwund schießt? Der strahlende Held ein Häufchen Elend? Ja und wieder ja! Das ist der echte Jäger Hemingway. Das unentwegt draufgängerische Rauhbein, der Mordskerl, der einen angreifenden Kaffernbüffel furchtlos annimmt und niederstreckt, so, als gelte es, einen Hasen zu erlegen, der danach einen kräftigen Schluck Gin aus der Feldflasche nimmt und sich unverzüglich mitten in eine trompetende und stapfende Elefantenherde wagt, diesen Jäger gab es nur in der Phantasie des Schriftstellers. Und da er sich seiner Schwächen sehr wohl bewußt war, flüchtete er in das Imaginäre, begann sich mit seinen Romanhelden zu identifizieren, konnte am Ende nicht mehr zwischen Wahn und Wirklichkeit unterscheiden. Und seine Leser gingen mit Begeisterung diesen Weg der Selbsttäuschung mit.

Wenn „Die grünen Hügel Afrikas" den Jäger der Wirklichkeit zeigen, so tritt in der Romanfigur des Francis Macomber jener

Typus Jäger auf, der Hemingway gerne gewesen wäre, ja, der zu sein er glaubte: „... das Auto fuhr mit toller Siebzig-Kilometer-Geschwindigkeit quer durch das freie Gelände, und während Macomber hinsah, wurden die Büffel größer und größer, bis er die graue, haarlose, räudige Erscheinung des einen Riesenbullen sehen konnte und wie sein Nacken ein Teil seiner Schultern war, und das glänzende Schwarz seiner Hörner, als er etwas hinter den anderen hergaloppierte, die in jener steten stampfenden Gangart aneinander gereiht waren, und dann, während das Auto schwankte, als ob es gerade aus der Bahn geraten wäre, kamen sie ganz nahe, und er konnte die stampfende Riesenhaftigkeit des Bullen sehen und den Staub in seinem spärlich behaarten Fell, den breiten Buckel aus Horn und seine vorgestreckte breitnüstrige Schnauze, und er hob seine Büchse, als Wilson rief: „Nicht vom Auto aus, Sie Idiot!" und er hatte keine Angst vor Wilson, nur Haß auf ihn, während die Bremsen eingriffen und das Auto schleuderte und es seitwärts pflügend fast zum Stehen kam und Wilson auf der einen Seite und er auf der anderen hinaussprangen, und er taumelte, als seine Füße die noch unter ihm wegsausende Erde berührten, und dann schoß er auf den Bullen, als der sich entfernte, hörte, wie die Kugeln in ihm einschlugen, und leerte seine Büchse auf ihn, während der Büffel sich stetig entfernte, und zum Schluß fiel es Macomber ein, seine Schüsse vor die Schulter zu placieren, und als er herumfummelte, um neu zu laden, sah er den Bullen am Boden, nieder am Boden auf den Knien und den großen Kopf hin und her werfend, und die beiden andern sah er noch galoppieren, schoß auf den Leitbüffel und traf ihn. Er feuerte noch einmal und fehlte, und er hörte das carawongige Krachen, als Wilson schoß und sah, wie der Leitbulle vornüber aufs Maul absank.

„Jetzt den anderen", sagte Wilson. „Jetzt schießen Sie."

Aber der andere Bulle entfernte sich stetig in gleichförmigem Galopp, und er verfehlte ihn und warf Erdspritzer auf, und Wilson fehlte, und der Staub hob sich in einer Wolke, und Wilson schrie: „Kommen Sie, er ist zu weit weg!" und packte ihn am Arm, und sie waren wieder im Auto; Macomber und Wilson hingen zu beiden Seiten und schleuderten schwankend über den unebenen Boden und holten mit dem gleichmäßigen, stampfenden, schwernackigen, vorwärts galoppierenden Bullen auf.

Sie waren hinter ihm, und Macomber lud sein Gewehr, ließ Patronen zu Boden fallen; sein Gewehr klemmte; er beseitigte die Ladehemmung, und dann waren sie fast auf gleicher Höhe mit dem Bullen, als Wilson „Halt!" brüllte, und das Auto schlitterte so, daß es sich beinah um sich selbst drehte, und Macomber fiel vornüber auf die Füße, spannte und hielt so viel vor, daß er gerade noch in den galoppierenden, runden, schwarzen Rücken zielen konnte, zielte und schoß noch einmal, noch einmal und noch einmal, und die Kugeln, die alle einschlugen, schienen dem Bullen anscheinend nichts anzuhaben. Dann schoß Wilson, das Krachen betäubte ihn, und er sah, wie der Bulle taumelte. Macomber schoß noch einmal; er zielte sorgfältig, und er ging nieder, in die Knie.

„Gut", sagte Wilson. „Saubere Arbeit. Das waren die drei."

Macomber fühlte eine trunkene Freude. „Wie oft haben Sie geschossen?" fragte er

„Genau dreimal", sagte Wilson. „Sie haben den ersten Bullen getötet, den größten. Ich half ihnen die beiden andern erledigen. Hatte Angst, daß sie in Deckung gelangen würden. Erledigt hatten Sie sie. Hab nur ein bißchen aufgeräumt. Sie haben verflucht gut geschossen."

„Kommen Sie zum Auto", sagte Macomber. „Ich möchte was trinken."

Rasende, schleudernde Geländewagen. Galoppierende Büffel. Krachende Schüsse und gut sitzende Kugeln. Gefährliches uriges Wild von Meisterhand gestreckt. Und der krönende Abschluß ein Schluck aus der Flasche. Das ist Hemingway pur. Solche Abenteuer hätte der Schriftsteller gerne bestanden, sie wahrhaftig erlebt zu haben, machte er seinen Lesern – und sich selbst – glauben.

Ein Gutteil der Faszination, die der Jäger Hemingway auf andere Jäger ausübt, liegt darin begründet, daß der große amerikanische Romancier es wie kein anderer Autor verstand, in seinen Erzählungen Jäger und Gejagtes im Schnittpunkt des Todes zu fixieren, so ein männliches Urerlebnis schaffend, das aus dem Archaischen des Jagens kommt. Das tragische Ende, das der Schriftsteller seinen Romanhelden Francis Macomber nehmen läßt, offenbart das ewige Drama des Todes, wird in bewährter Hemingwayscher Manier der Jäger zum Gejagten, der den Tod Bringende selbst von diesem niedergestreckt: „Das Buschwerk vor ihnen war sehr dicht, und der

Boden war trocken. Der ältliche Gewehrträger schwitzte heftig, und Wilson hatte den Helm tief über die Augen gezogen, und sein roter Nacken leuchtete dicht vor Macomber. Plötzlich sagte der Gewehrträger irgend etwas auf Suaheli zu Wilson und rannte vorwärts.

„Er ist tot da drinnen", sagte Wilson. „Gute Arbeit", und er wandte sich um und packte Macombers Hand, und während sie einander die Hände schüttelten und sich angrinsten, brüllte der Gewehrträger wie wild, und sie sahen ihn aus dem Busch herauskommen, seitwärts schnell wie eine Krabbe, und den Bullen kommen, Nase geradeaus, fest geschlossenes Maul, bluttriefend, massigen Kopf vorgestreckt, im Angriff kommen, und die kleinen Schweinsaugen blutunterlaufen, als er sie anblickte. Wilson, der zuvorderst war, kniete und schoß, und Macomber, der bei dem Krachen von Wilsons Büchse den eigenen Schuß nicht hörte, sah, als er schoß, Fragmente wie Schiefer von dem riesigen Gehörnbuckel absplittern, und der Kopf schleuderte hin und her, und er schoß noch einmal auf die offenen Nüstern und sah wieder die Hörner rütteln und Splitter umherfliegen, und er sah jetzt Wilson nicht und zielte sorgfältig und schoß noch einmal, die riesige Masse des Büffels beinah auf sich drauf und seine Büchse beinah auf gleicher Höhe mit dem näher kommenden Kopf, der vorgestreckten Nase, und er konnte die kleinen, bösartigen Augen sehen, und der Kopf begann sich zu senken, und er fühlte einen plötzlichen, weißglühenden, blendenden Blitz in seinem Kopf explodieren, und das war alles, was er noch fühlte.

Wilson hatte sich etwas zur Seite geduckt, um einen Schulterschuß anzubringen. Macomber hatte unbeirrt dagestanden und aufs Maul geschossen und immer eine Spur zu hoch geschossen und die schweren Hörner getroffen, sie zersplittert und abgebröckelt, als ob er ein Schieferdach getroffen hätte, und Mrs. Macomber im Auto hatte mit der .65 Mannlicher auf den Büffel geschossen, als er gerade Macomber zu durchbohren schien, und hatte ihren Mann ungefähr fünf Zentimeter und ein bißchen seitlich über der Schädelbasis getroffen…"

Ernest Hemingways Bücher über die Großwildjagd erzielten Millionenauflagen und zählen heute zu den Klassikern der Welt- und zu den Evergreens der Jagdliteratur. Dabei hatte kein Autor von Rang, der über die Jagd in Afrika schrieb, so wenig Erfahrung in diesem Metier wie der große Papa Hemingway. Robert Ruark, um nur ein

Beispiel anzuführen, war ein professioneller White Hunter, der mehr als ein Jahrzehnt in Ostafrika lebte, ein absoluter Profi des Waidwerks, der in einem Monat mehr Großwild erlegt hat als Hemingway in seinem ganzen Leben. Und sein Jagdbuch „Safari" liest sich mindestens ebenso spannend wie die Hemingwayschen Klassiker. Was fehlt jedoch, das ist der Mythos. Aber wahrscheinlich liegt darin der Unterschied zwischen guter Literatur und Weltliteratur.

Es kommt einem Paradoxon gleich, daß sich Hemingway mit seinen Afrikabüchern Ehre und Ruhm als Jäger erschreiben konnte, obwohl er in „Die Grünen Hügel Afrikas" sehr offen das Bekenntnis ablegte, eigentlich immer nur ein „Hühnerjäger" gewesen zu sein: „... ein bißchen weiter trippelte eine Schar Perlhühner geschwind über die Straße; sie liefen mit steifgehaltenen Köpfen in trabender Gangart. Als ich aus dem Auto sprang und ihnen nachsetzte, stoben sie mit dicht unter dem schweren Leib angezogenen Beinen senkrecht auf, um die Bäume vor uns zu überfliegen; sie trommelten mit ihren kurzen Flügeln und schnatterten. Ich erlegte zwei, die schwer aufschlugen, als sie niederfielen, und als die dalagen und mit den Flügeln schlugen, schnitt ihnen Abdullah die Köpfe ab, so daß sie legale Speise wurden. Er legte sie ins Auto, in dem M'Cola saß und sein gesundes Altmännerlachen lachte, sein nicht verspottendes Lachen, sein Hühnerjagdlachen, das von früher, von einer Strähne wutentbrannter Fehlschüsse herrührte, über die er sich amüsiert hatte. Wenn ich jetzt traf, war es ein Witz, als ob wir eine Hyäne erlegten, was der allergrößte Witz war. Er lachte immer, wenn die Vögel herunterpurzelten, und wenn ich vorbeischoß, lachte er schallend und schüttelte wieder und wieder den Kopf... Du bist der Hühnerjäger, der Hühnerjäger laut eigenem Geständnis..."

Aber auch als Hühnerjäger wollte Hemingway stets als ganzer Kerl gelten. Walter H. Nelson erzählt in seinem Buch „Ernest Hemingway – 100 Blitzlichter aus seinem Leben" folgende Episode: „... im Sommer 1920, zusammen mit Freunden in Ferien, ließ Hemingway einmal die Bemerkung fallen: „Ich könnte vor lauter Hunger ein Stinktier aufessen."

„Stinktiere gibt's hier keine", bedauerte einer, „aber eine Menge Schnepfen." „Okay, eine Schnepfe!" ereiferte sich Hemingway.

„Quatsch, du ißt doch keine rohe Schnepfe", warf einer der Knaben ein, der Hemingway endlich einmal ausstechen wollte. Hemingway spähte nach einem hübschen Mädchen, das gerade auf Besuch aus Chicago da war und ihn belustigt beobachtete.

„Sicher mach' ich das", gab er zurück. Augenblicke später flog ein Schwarm Schnepfen vorbei, und Hemingway schoß sich eine. Geschwind hob er den Vogel auf, rupfte ihn auf der Stelle und schlang ihn unter wilden Grunzen roh hinunter... die Maid aus Chicago aber starrte ihn erschreckt und bewundernd an."

Sie konnte nicht wissen, daß Ernest dieses Verhalten vom Vater seit Kindertagen eingetrichtert worden war, der, wenn es um die Jagdausbildung seines Sohnes ging, sich nicht scheute, ziemlich weit zu gehen: Ernest war noch keine zehn Jahre alt, als der Nachbarshund einmal hinter einem Stachelschwein her war, das den Spieß aber im wahrsten Sinne des Wortes umdrehte und den Hund schwer verletzte. Daraufhin beschlossen Ernest und sein Freund, das Biest zu jagen und den Hund zu rächen. Nachdem sie ihm einige Stunden erfolglos nachgespürt hatten, entdeckten sie das Schwein zufällig und knallten es sofort ab. Im Triumph zerrten sie es an der Hinterläufen heim und erhofften sich Doktor Hemingways lobende Anerkennung. Das Gegenteil jedoch passierte. Der Doktor dozierte über die ethischen Aspekte beim Töten wilder Tiere und schloß unerschütterlich mit der Aufforderung, das nun einmal erlegte Tier sei von den Jägern auch aufzuessen. Die Buben murrten und sträubten sich, mußten das Stachelschwein schließlich aber doch über einem offenen Feuer abkochen und essen. Noch während Ernest auf dem äußerst zähen Fleisch herumkaute, machte er es sich zum Grundsatz, sehr sorgfältig im voraus zu bedenken, ob er in Zukunft seinem Vater von einem Jagdglück erzählen sollte. Später prahlte Hemingway in Freundesrunde jedoch oft damit, schon in jungen Jahren mehr Wild gefressen zu haben als ein Raubtier in freier Wildbahn. Vor allem wenn er betrunken war – wann war er das nicht ? –, zeigte er auch in reiferen Jahren noch gerne dieses barbarische Verhalten und machte sich zum Gaudium seiner Zechkumpane über frisch erlegtes Wild her.

Die Mengen Alkohol, die Ernest Hemingway täglich in sich hineingoß, würden eine weniger robuste Natur, wie er es war, ohne jeden Zweifel umbringen. Er aber soff und soff, und der Schnaps schien ihm nichts anzuhaben. Auch auf der Jagd trug er ständig eine Feldflasche mit Gin oder Whisky mit sich, aus der er sich andauernd bediente: „Einmal war er so betrunken, daß er aus einem schnell fahrenden Landrover fiel, wobei er sich böse das Gesicht zerschrammte und eine Schulter verstauchte. Seine Trinkerei war auch Schuld daran, daß er beim Schießen oft danebentraf", schrieb sein Biograph Kenneth S. Lynn und fügte hinzu: „Ein peinlicher Umstand, den er auszugleichen suchte, indem er Abschüsse, die offensichtlich auf das Konto seines treffsicheren kubanischen Gefährten Mario Menocal gingen, für seine eigenen ausgab."

Und wenn er nicht gerade betrunken war, oft sogar dann, las er, auch wenn er auf Jagd war. Ständig trug er Taschenbücher und Zeitungen und Zeitschriften mit sich herum, in denen er immerzu las, fiel Denis Zaphiro auf, der neben Philip Percival den Schriftsteller 1953/54 auf dessen letzter Safari begleitete und der dies dem Hemingway-Biographen Jeffrey Meyers erzählte.

In „Die grünen Hügel Afrikas" schrieb der Autor selbst: „Der Wind frischte auf, und wir konnten ihn in den hohen Ästen hören. Im Schatten war es kühl, aber wenn man sich in die Sonne begab, oder wenn die Sonne den Schatten, während man las, verschob, so daß irgendein Teil von einem aus dem Schatten herausragte, war es glühheiß. Droopy war weiter flußabwärts gegangen, um sich umzusehen, und während wir dalagen und lasen, konnte ich die kommende Tageshitze riechen, das Auftrocknen des Taus, die Hitze auf den Blättern und das Brüten der Sonne auf dem Fluß. A.O.M. las „Spanisches Gold" von George A. Birmingham, und sie sagte, es tauge nichts. Ich hatte immer noch das Sewastopol-Buch von Tolstoj vor und las in demselben Band eine Geschichte, „Die Kosaken" betitelt, die ausgezeichnet war. In ihr waren die Sommerhitze, die Fliegen, die Stimmung des Waldes in den verschiedenen Jahreszeiten und jener Strom, den die Tataren auf ihren Raubzügen überquerten, und ich lebte wieder in jenem Rußland."

Am Abend, nach getaner Jagd, saß Hemingway meist bis spät in die Nacht am offenen Feuer, ließ sich vollaufen und erzählte die abenteuerlichsten Geschichten. Oder er machte sich einen Heidenspaß daraus, mit einem Kleinkalibergewehr seinen Jagdkameraden Zigaretten aus dem Mund zu schießen. Und da Hemingway an Blähungen litt – er rülpste auch in Gesellschaft ungeniert – „schoß er oft bis in den Morgen hinein, den er stets mit einem dreistöckigen Whisky on the rocks zu begrüßen pflegte…"

Ernst Alexander Zwilling: Dem schwarzen Kontinent verfallen

Er war der letzte Großwildjäger aus Österreich, ein echter „Bwana"
noch. Ein Berufsjäger, der dem schwarzen Kontinent mit Haut und
Haaren verfallen war. Einer der letzten großen Abenteurer, der das
alte Afrika noch erlebt hat: Ernst Alexander Zwilling, der 1904 in
Esseg, dem heutigen kroatischen Osijek, geborene Sohn eines
k.u.k. Offiziers, ein von der Republik mit dem Professorentitel gea-
delter Altösterreicher, der, als er im November 1990 starb, in ganz
Afrika doch nur als „Massa Suilling" bekannt gewesen ist.
Ernst A. Zwilling war studierter Landwirt, der, nachdem er als Verwalter preußische Rittergüter und österreichische Gutsherrschaften
geleitet hatte, im Jahre 1928 zum ersten Mal afrikanischen Boden
betrat, um als Farmassistent auf einer Tabak-Plantage in Franzö-
sisch-Kamerun zu arbeiten. Von der Atmosphäre Afrikas vom
ersten Augenblick an wie verzaubert, führte Zwilling auf der riesigen Plantage zwar ein hartes, dafür aber für einen Europäer umso
aufregenderes Leben als „Massa", der auf seinem Pferd über die
endlosen Tabakfelder ritt und die bei der Arbeit ständig monoton
singenden Schwarzen auf den Pflanzungen beaufsichtigte.
Doch die Weltwirtschaftskrise von 1929 machte dem kolonial-feu-
dalem Leben des Österreichers ein abruptes Ende. Die Plantage
ging pleite und verfiel dem Urwald; die letzten Angestellten, darunter auch Zwilling, wurden entlassen, und der Traum von Afrika
schien ausgeträumt. In seinen Memoiren „Der Wildnis verfallen"
schrieb Zwilling über diese Zeit: „Ich verzichtete auf meine
Rückreise per Schiff in der 1. Klasse. Für das Billet bekam ich kein
Geld. Mir war es gleichgültig, denn ich wollte unbedingt noch in
Kamerun bleiben. Ich hatte das Land bereits liebgewonnen. Mit
dem ersparten Geld rüstete ich eine Trägerkarawane aus. Zwanzig
Leute gingen mit. Sie trugen alles, was ich in der Wildnis brauchen
konnte, in Tropenkoffern, Kisten und Säcken auf dem Kopf. So
verließ ich Njombe... und marschierte – ohne genau zu wissen,
wohin und für wie lange – in die immergrünen Savannen und
Urwälder Kameruns." Aus dem Landwirt Zwilling war von einem

Tag auf den anderen der Großwildjäger, Afrikaforscher und Publizist Ernst. A. Zwilling geworden.

Vom ersten Tag seines neuen Lebens an war der „Bwana Suilling" der Wildnis verfallen. In seinen Lebenserinnerungen schrieb er über seine erste Expedition: „Eintöniger Gesang erscholl aus vielen Männerkehlen. Die klare Luft des kühlen Morgens ließ die Stimmen der Eingeborenen weit in das menschenleere Grashochland dringen. Eine ausgedehnte Kolonne zog im Gänsemarsch flotten Tempos den verwachsenen Eingeborenenpfad entlang... Der Trägerschar voran ging mein Leibdiener. Selbstbewußt schulterte er den Mannlicher-Schönauer im Kal. 8 x 56 und paßte auf, daß das wertvolle Gewehr nicht verschmutzt wurde. Ich marschierte hinter dem Boy, hatte meinen Feldstecher umgehängt und hielt als Stütze einen Speer, der mir später auf der Jagd auch ein guter Zielstock war. In den ersten Wochen schoß ich Frankoline, die afrikanischen Rebhühner, und Perlhühner zu unserer Verpflegung. Diese Wildvögel waren sehr vertraut, und sie zu erlegen war einfach."

In diesen Monaten, wo er über die Savannen Kameruns streifte, überfiel Zwilling „ein unbändiges Freiheitsgefühl". Doch von den Annehmlichkeiten, die er auf der Plantage wie selbstverständlich genossen hatte, war nicht der kleinste Rest verblieben: „Oft hatte ich wochenlang kein Stück Brot gegessen. Einen gewissen Ersatz bildeten dann Süßkartoffeln und Makabos. Die Hauptnahrung bestand aus Wildfleisch und Reis. Wenn ich nicht genügend Beute machen konnte, aß ich mit meinen Begleitern frisch geschossene Affen. Das Fleisch schmeckte entsetzlich, aber die Schwarzen mochten es."

Obwohl schon bald von der Malaria befallen und vom Schwarzwasserfieber bedroht, legte Zwilling Hunderte Kilometer zu Fuß zurück, um in die guten Wildgebiete von Bafia und Nanga im äußersten Norden von Kamerun zu gelangen, weil dort der gefährliche Rotbüffel lebte und die Jagd auf diesen „Jäger-Mörder" den jungen Großwildjäger aus Österreich ganz besonders reizte. Auf dem Weg dorthin mußte er aber das Sterben eines Belgiers mitansehen, „der im dritten Stadium der Schlafkrankheit, total abgemagert und übernervös, seinem sicheren Ende entgegensah". Zwilling machte nun die Erfahrung, daß „das Land nicht umsonst den Ruf hatte, „das Grab des weißen Mannes" zu sein".

Der österreichische White Hunter, der in späteren Jahren als der Büffel-Spezialist in ganz Afrika berühmt war, beschrieb seine erste Büffeljagd wie folgt: „Der Morgen war grau und regenverhangen. Ich ging mit zwei Fährtensuchern los. Den Repetierer trug ich nach Soldatenart so geschultert, daß er durch das hohe Allang-Allang-Gras und das Sisange nicht naß werden konnte. Meine Khakihose troff voller Wasser und schlotterte an den Beinen. Wir mußten nicht weit pirschen, da fielen uns schon frische Büffelfährten in die Augen. Im hohen Gras vor uns hörten wir die eigentümlichsten Geräusche, Blöken und Grunzen.

Die kleine äsende Rotbüffelherde war nicht mehr weit vom Schuß. In den Morgenstunden stand der Wind recht günstig, und wir kamen gut voran. Eine alte Rotbüffelkuh führte ihren Trupp; ihr Haarkleid war dicht und von leuchtend roter Farbe. Weitere Kühe mit Kälbern und einige jüngere Bullen folgten ihr. Ganz hinten ging ein dunkler, alter Büffel. Sein geriffeltes Gehörn hatte etwa fünfzig Zentimeter Auslage. Ein blendend weißer Kuhreiher saß auf seinem Rücken. Ich strich das Jagdgewehr an meiner Lanze an und feuerte auf den Träger, der gerade noch über das hohe Gras hinausreichte. Die 14-Gramm-Vollmantelkugel warf den Bullen auf der Stelle um. Schaurig erklang der kurze Todesschrei. Die Herde stürmte ab, machte plötzlich wieder kehrt und verhoffte nach etwaigen Verfolgern. Dann gingen die Wildrinder ab."

Von dieser „leichten Beute" übermütig geworden und von der Jagdleidenschaft nun vollends gepackt, blieb der Österreicher auf der Fährte der Büffel. Ein neuer Trupp war kurzerhand ausgemacht und von den Eingeborenen lautlos umstellt worden. Jetzt war Haito, einer der Eingeborenen, an der Reihe, der dem jungen Büffeljäger zeigen wollte, wie man mit vergifteten Speeren diese Monster zur Strecke bringt: „Auf einmal war alles still. Keiner der gelenkigen, halbnackten schwarzen Burschen mit ihren sehnigen Gestalten und muskulös glänzenden Körpern war zu sehen, nur Laubgewirr um mich herum. Haito kroch wie eine Raubkatze bei gutem Wind an einen der Büffel heran und schleuderte seinen Giftspeer. Oft hatte er so Rotbüffel erjagen können, doch dieses Mal sollte es seinen Tod bedeuten. Der waidwunde Büffel nahm Haito überraschend auf die Hörner und schlitzte ihm mit den nach innen gebogenen Waffen die Bauchdecke auf. Dem armen Kerl quollen die Gedärme heraus, und er wältzte sich in seinem Blut. Ich konnte nicht mehr helfen. Nach wenigen Minuten war der tapfere Büffeljäger verschieden." Zwilling, der eben erst seinen ersten Büffel so mühelos erlegen konnte, wurde durch diesen Unfall wie vom Blitz getroffen. Der in der Jagd auf wehrhaftes Großwild damals noch völlig unerfahrene Jäger wurde zunächst von Panik erfaßt, beruhigte sich aber bald wieder, da er zur Einsicht gelangt war, daß jetzt nur schnelles Handeln die Gefahr, die der ganzen Karawane drohte, ein Ende setzen konnte: „Wir folgten der Fluchtfährte. Nach kurzer Zeit entdeckte ein schwarzer Helfer die Vorderläufe des Rotbüffels im Dickicht. Das wehrhafte Großwild, leicht angeschweißt und somit besonders angriffslustig, lauerte darauf, mich aus nächster Nähe zu überrumpeln. Darum galt es, rasch zu handeln, ehe der Büffel auf uns losstürzte und erneut Unheil anrichtete. Bedächtig fuhr ich mit der Doppelbüchse die Vorderläufe hoch, bis ich das Gefühl hatte, auf dem Stich zu sein. Sicherheitshalber feuerte ich beide Läufe nacheinander ab. Grausiges Stöhnen. Mit schußbereitem Gewehr umging ich die Stelle und pirschte mich von hinten an den Rotbüffel heran. Vorsichtig setzte ich Schritt vor Schritt, aber der Büffel lag bereits verendet; die Schüsse saßen gut."

Beim dritten Büffel, der Zwilling vor die Büchse kam, war dem nicht mehr so. Er schweißte einen starken Bullen an und glaubte, der kranke Büffel sei bei der Herde geblieben: „Das war freilich ein Trugschluß, denn ein krankes Wild pflegt sich immer von den Gefährten abzusondern. Umgestüm folgte ich der Schweißfährte, die sich ziemlich deutlich zur Felswand hinzog. Ich war schußbereit, warf einige Steine in das fast undurchdringliche Dickicht, aber nichts rührte sich. Ich wollte weiter folgen, da brach es plötzlich im Blätterwald. Heraus kam der Büffelbulle, Schaum im Äser, ein Bild der Wut! In windender Fahrt nahm er mich an. Ich schoß aus beiden Läufen zugleich. Die schweren Kaliber zertrümmerten ihm die Schädeldecke. Der Recke verendete auf der Stelle."

Später, als sein Leben mehr als einmal durch Büffel gefährdet worden war, schrieb Zwilling: „Solange der Mensch auf Büffel jagen wird, solange wird diese Jagd ihre Opfer fordern. Der Büffel kämpft bis zum Ende. Er läßt nicht eher von seinem Feind ab, bis dieser zu einer unkenntlichen Masse zerstampft worden ist." Als er diese Sätze schrieb, dürfte Zwilling vor allem an seinen vierten

Büffel gedacht haben, eine von ihm angeschweißte Kuh, die ihn lehrte, wie ein Mensch Todesangst empfindet: „Der Morgen war grau und nebelverhangen. Ich war längst angezogen, rasiert und hatte rasch das karge Frühstück eingenommen. Sechs Schwarze standen mit ihren kurzen Widerhakenspeeren und scharfen Buschmessern zum Abmarsch in die menschenleere Baumsavanne bereit. Unserem Zug folgten vier Weiber mit großen Tragekörben auf den Rücken. Insgeheim hofften sie, daß die Büffelkuh nachts schon verendet sei und wir sie bald finden würden. Die Enttäuschung war groß – wir fanden sie nicht. Im taunassen Savannenboden konnte die Fährte leicht gehalten werden. Vereinzelte Blutstropfen führten uns zu einem neuen Wundlager. Es griff sich noch warm an. Langsam verging die Zeit. Die Spur zog sich in ein elendes Gelände: Pflanzengewirr, Sträucher und meterhohes Gras. Schußbereit hielt ich die Spitze. Irgendwie spürte ich, daß in den nächsten Minuten Gefahr auf mich zukommen würde… Da! An einer unübersichtlichen Stelle war mein nächster Begleiter wie vom Erdboden verschluckt. Mit tiefgesenktem Haupt stürzte die alte Rotbüffelkuh auf mich zu. Ich lag schon auf der Nase, als ich blitzschnell schoß, doch die Kugel saß wieder nicht im Leben. Die angreifende Büffelkuh nimmt mich auf das nach innen gebogene, kurze Gehörn und schleudert mich ins Gras. In Todesangst schreie ich auf, falle wie ein Sack zu Boden, raffe mich wieder hoch und packe das tobende Rind an seinen glatten Hörnern. Kurz kann ich mich festhalten. Die wütende Bestie versucht mich abzustreifen und stößt neuerdings auf meinen Körper ein. Jetzt entdecke ich, daß mein erster Schuß ihren Äser zerschmettert hat. Somit sind die Stöße nicht mehr von äußerster Kraft, aber die Büffelkuh läßt von mir

Links oben: Ernst Alexander Zwilling, der letzte „Bwana" aus Österreich, war Mitglied der „East African Professional Hunters Association" in Nairobi.

Rechts oben: Seine wertvollen Gewehre ließ Zwilling nie unbeaufsichtigt; der Gewehrträger hatte stets in der Nähe der Waffen zu bleiben.

Unten: Nichts konnte Ernst A. Zwilling aufhalten, wenn er wehrhaftem Großwild auf der Fährte war.

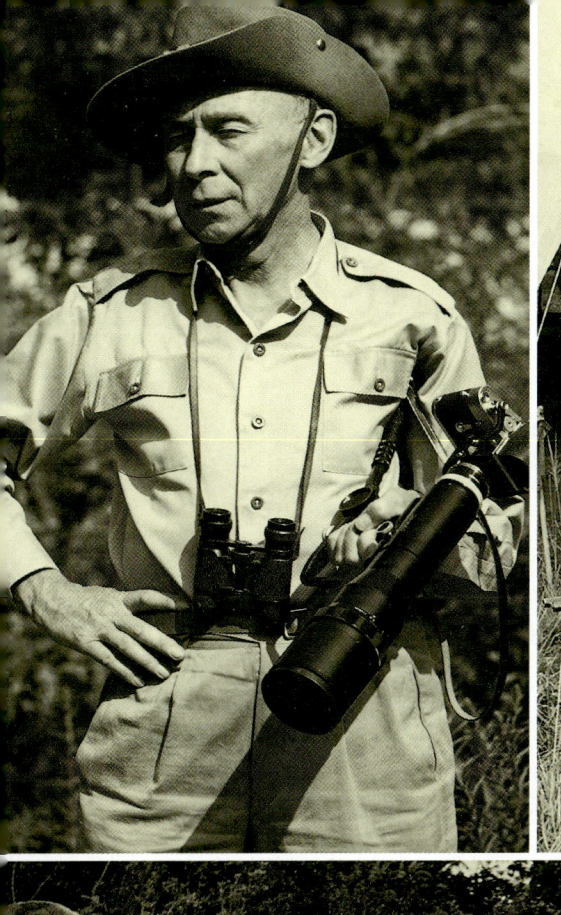

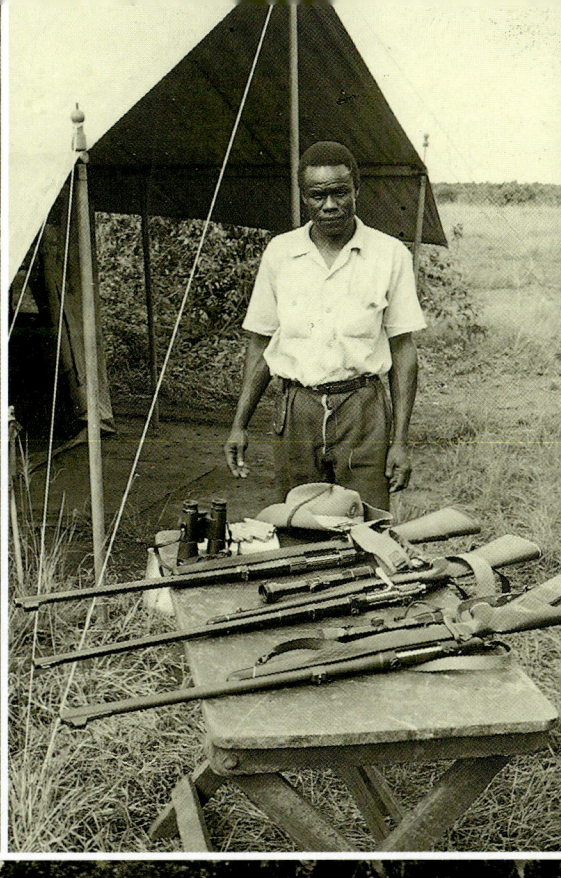

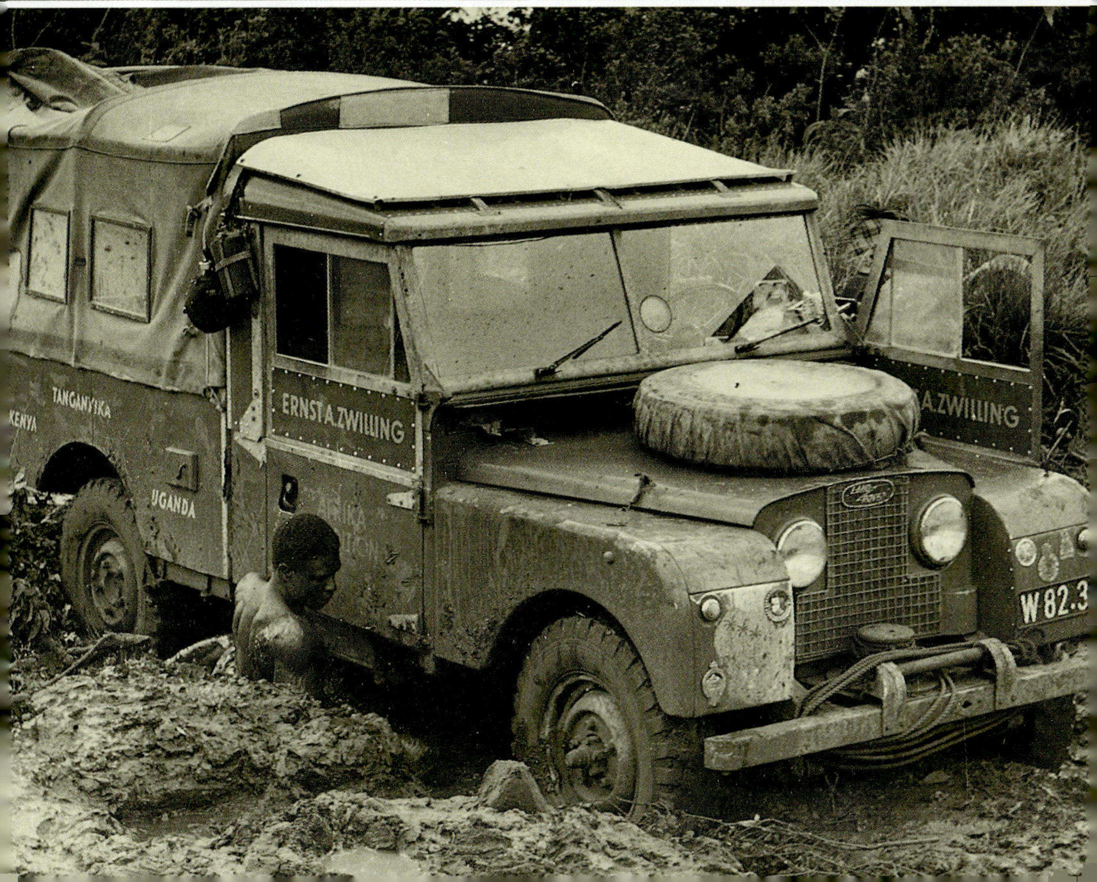
TANGANYIKA
KENYA
UGANDA
ERNST A. ZWILLING
A.ZWILLING

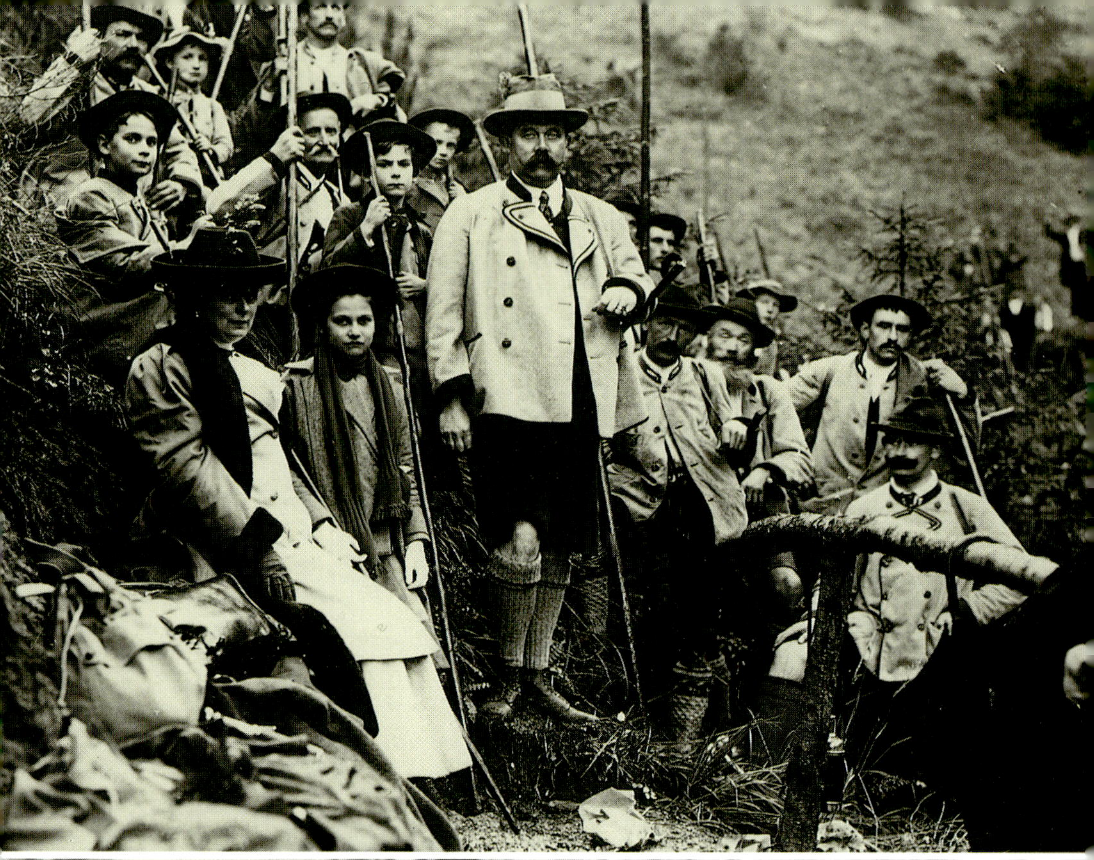

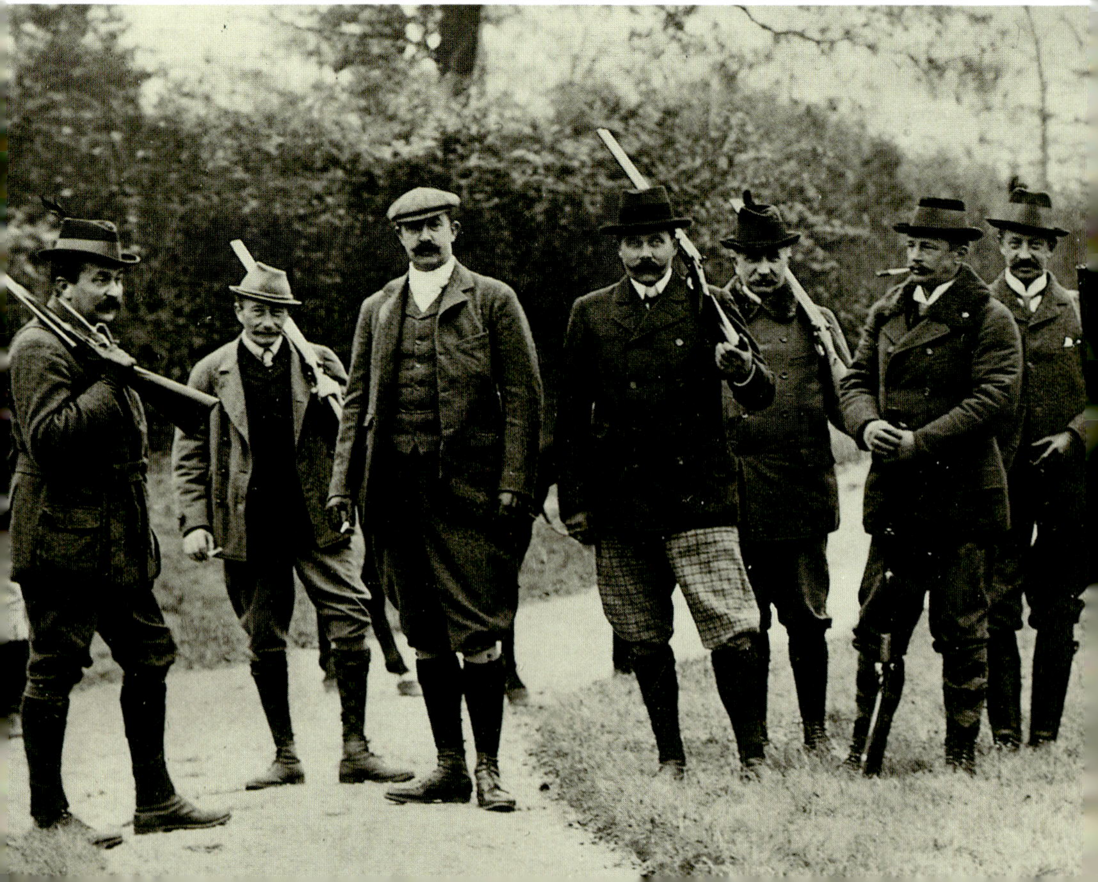

nicht ab. Unentwegt versucht sie, mich aufzuspießen. Daß sie mich nicht zu Brei zerstampft, kann in dieser Situation als Ausnahmefall, als beispielloses Glück bezeichnet werden..." Die Schwarzen waren mittlererweile auf Bäume geklettert. Zwilling ruft ihnen zu, doch endlich ihre Speere nach der Büffelkuh zu werfen: „Sechs kräftige Wurflanzen durchbohrten den Büffelrücken. Augenblicklich ließ das kranke Wildrind von mir ab und wandte sich den neuen Angreifern auf den Bäumen entgegen. Diese Sekunden nützte ich, um auf den nächstbesten Savannenbaum zu springen und an ihm hochzuklettern."

Schwerstens verletzt, aber immerhin knapp dem so sicher scheinenden Tod entronnen, stellt der österreichische Bwana fest, daß sein Gewehr auf dem Kampfplatz liegen geblieben war. Doch die Büffelkuh ging erneut zum Angriff über, donnerte wieder und wieder gegen den Stamm jenes Baumes, auf dem der verletzte Jäger – aus vielen Hornwunden blutend und von Ameisen malträtiert – saß und mit letzter Kraft krampfhaft versuchte, nicht aus dem Geäst geschüttelt zu werden. Einer der Schwarzen besaß dann so viel Mut, „vorsichtig von seinem „Rettungsbaum" herunterzusteigen und meinen Repetierer an sich zu nehmen. Von Baum zu Baum wurde mir das Gewehr gereicht. Sofort hatte ich durchgeladen und den tödlichen Fangschuß angebracht. Das tapfere Wildrind brach zusammen."

In den sechzig Jahren, die Ernst A. Zwilling jagend und forschend in Afrika verbrachte, waren stets die Elefanten sein Lieblingswild. Als er im Jahre 1933 seinen ersten Jumbo streckte, wurde der Elefantenbestand in Schwarzafrika von britischen Wildbiologen auf knapp über zwei Millionen geschätzt; als fünfzig Jahre später Zwil-

Oben: Erzherzog Franz Ferdinand, der 1914 in Sarajewo ermordete Thronfolger von Österreich-Ungarn, hat im Laufe seines Lebens 272.511 Stück Wild erlegt.

Unten: Franz Ferdinand galt zu seiner Zeit als der mit Abstand beste – und eifrigste – Schütze Europas.

lings letzter Dickhäuter fiel, zogen noch etwa 500.000 graue Riesen ihre Pfade in der Wildnis Afrikas. Ein Faktum, das die Frage zuläßt, ob es Männer wie Ernst A. Zwilling waren und sind, die diese Dezimierung zu verantworten haben. Der Bwana aus Österreich, der als einer der besten Kenner der Wildpopulation Afrikas internationales Renommee genoß, gab auf diese Frage in seinen Memoiren eine klare Antwort: „Trotz Flugzeug und Geländewagen, die Europäer und Jagdtouristen bald mitten ins Wildgebiet brachten, treffen diese am starken Rückgang der Dickhäuter die wenigste Schuld. Die Elefantenjagd war schon immer ein teures Vergnügen, das sich nur wenige leisten konnten. Außerdem wurde nie unwaidmännisch vorgegangen." Kein der Wahrheit verpflichteter Wildbiologe wird in Abrede stellen wollen, daß der Elefant erst von da an von der völligen Ausrottung bedroht war, als durch internationale Artenabkommen in den meisten afrikanischen Jagdländern die Jagd auf die Dickhäuter völlig untersagt worden ist. Dies scheint zwar wider jegliche Logik zu sein, erweist sich aber bei näherer Überprüfung als klassischer Beweis dafür, daß Gutgemeintes oft das Gegenteil von dem bewirkt, was es eigentlich hatte erzielen wollen. Das Jagdverbot und die Ächtung des – legalen – Elfenbeinhandels haben erst jene nun vollkommen außer Kontrolle geratene Wilderei ermöglicht, die den afrikanischen Elefanten in der Tat an den Rand der völligen Vernichtung gebracht hat.

Ernst A. Zwilling hat in seinen Vorträgen immer wieder darauf hingewiesen, daß es naiv sei anzunehmen, die Nachfrage nach Elfenbein würde zum Erliegen kommen, wenn am Markt wegen des Jagdverbotes nicht mehr legale Ware angeboten werden könne. Genau das Gegenteil trat ein: Die Nachfrage ging um kein Gramm zurück, nur der Preis explodierte, und kriminelle Elemente zögerten keinen Moment, die Märkte – vor allem in den ostasiatischen Staaten – mit nunmehr illegaler Ware zu versorgen. Als Kenia, das klassische Jagdland Afrikas, 1977 die Jagd auf Elefanten verboten hatte, prophezeite Zwilling eben diese Entwicklung und warnte die internationale Tierschützer-Lobby vor einem Eigentor. Aber der Bwana wurde nur milde belächelt oder als unverbesserlicher Elefantenschlächter denunziert. Heute stellt die Regierung in Nairobi – so wie in anderen schwarzafrikanischen Staaten übrigens auch – bereits wieder Überlegungen an, das Jagdverbot aufzuheben, um dadurch der ausufernden Wilderei wirksam begegnen zu können.

„Massa Suilling" brachte für die Elefantenjagd die zwei wichtigsten Voraussetzungen mit: Er verfügte bis ins hohe Alter über eine unglaubliche physische Kondition und besaß eiserne Nerven. Auf der Jagd nach den tonnenschweren Dickhäutern führte er stets eine Holland&Holland Doppelbüchse im Spezialkaliber 500/465 mit sich, mit der er selbst bei schwierigsten Schüssen niemals einen Elefanten fehlte. Seinen ersten Jumbo streckte Zwilling aber mit seinem alten Mannlicher-Schönauer 9,5, weil er sich damals die sündteure Doppelbüchse noch nicht leisten konnte, dafür aber ein kannibalisches Abenteuer erleben durfte, wie dies nur im alten, längst versunkenen Afrika möglich gewesen ist: „… mit zwei schwarzen Fährtensuchern hatte ich rasch die frischen Abdrücke eines Einzelgängers eingeholt. Die letzten Meter ging ich allein im hohen Gras vor und erlegte den Riesen auf etwa dreißig Schritt… Die Kugel traf genau zwischen Auge und Ohr ins Gehirn, der 5.000 kg schwere Koloß fiel auf der Stelle um… Der Schuß, der in der dünnen Luft weithin vernommen wurde, lockte eine Schar von Eingeborenen aus den Bergen heran. Nachdem ich die Maße abgenommen und den toten Bullen fotografiert hatte, begann eine wahre Fleischorgie. Die Schwarzen öffneten sofort die Bauchhöhle des gefallenen Riesen, krochen hinein und stritten sich um die so vitamin- und fettreichen Eingeweide, die sie zum Teil noch roh verschlangen. – Ein grauenhaftes Schauspiel, wie sich die vielen Männer und Weiber um einen Bissen Elefantenfleisch rauften!"

Es gibt kein Jagdland in Afrika, wo Ernst Alexander Zwilling nicht gewaidwerkt hätte. So auch in der damals noch portugiesischen Kolonie Angola, wo der Österreicher zum ersten Mal an einer Krokodiljagd teilnahm: „Wie ein dunkles Tuch lag die Nacht über dem ruhig dahinfließenden Gewässer. Einige Sterne schienen, aber die schwarzen Uferbänke schluckten viel von ihrem Licht. Im Heck des Bootes saß Affonso (der Sohn des portugiesischen Wildhüters, Anm.d.Autors); sein Vater selbst stand vorne im Bug, das Gewehr schußbereit in der Hand. Ich kauerte zwischen den beiden schwarzen Helfern in der Bootsmitte, neugierig, wie das Spiel nun ausgehen würde… Der starke Scheinwerfer des Motorbootes glitt das Ufer auf und ab. Bäume und Büsche leuchteten in seinem

Lichtkegel auf und versanken wieder im Dunkel der Nacht. Plötzlich ein leiser, kurzer Schrei! Ich sah ein rotes Leuchten vor uns, vom Uferrand her. Die Augen des Krokodils, die das Scheinwerferlicht reflektierten! Vollgas! Der Motor brüllte auf, und das Boot schoß auf das Ufer zu. Immer näher kamen wir der Echse, die durch unseren Lärm offensichtlich gar nicht gestört wurde. Auf einmal war es gespenstig ruhig. Senhor Ribeira stellte Motor und Scheinwerfer ab, und wir saßen in tiefer Dunkelheit im Boot. Jetzt leuchtete die Kopflaterne an seinem Stirnband auf und brachte die roten Augen vor uns wieder zum Glimmen. Lautlos trieb unser Boot auf das Krokodil zu. Dann bellte ein Schuß durch die Nacht. Auf vier Meter Entfernung drang die Kugel zwischen den beiden Augen ins Gehirn der Echse. Oder war sie im Knochenpanzer steckengeblieben? Das tödlich getroffene Krokodil tobte wie rasend. Wasser schäumte auf, und ein harter Schwanzschlag kerbte unsere Bordwand ein. Da waren auch schon unsere Schwarzen zur Stelle. Wuchtig schlugen sie ihre Bootshaken in den Rücken der Echse, zogen sie an den Bordrand und zertrümmerten ihr mit schweren Keulen den Schädel. Mit vereinten Kräften wälzten wir das Krokodil ins Boot hinein. – Dies war die erste, aber keineswegs die letzte Beute in jener Nacht."

Obwohl sich Zwilling in seinen reiferen Jahren strikt gegen die Jagd auf Gorillas ausgesprochen hatte, durfte er als junger Afrikajäger mit Erlaubnis des Pariser Kolonialministeriums einen ausgewachsenen Gorillamann zu wissenschaftlichen Zwecken erlegen. Mit den Pygmäen im Dom des Urwaldes dem „Phantom des Regenwaldes" nachzustellen, das war auch für einen so erfahrenen Jäger wie Zwilling ein ganz außergewöhnliches, nie vergessenes Erlebnis. Die Jagd im Dickicht des Urwaldes, wo der Jäger sich mit dem Haumesser Schritt für Schritt durch das dichte Unterholz bahnen muß, von der atembeklemmenden Treibhausluft behindert und bei jeder Bewegung dem tödlichen Biß einer Schlange ausgesetzt, gehört ohne jeden Zweifel zum Abenteuerlichsten, was ein Nimrod in Afrika erleben kann. Das ist auch der Grund dafür, warum nur wenige weiße Jäger den äquatorialen Urwald aufsuchen. Zwilling wagte sich als einer dieser wenigen in die immergrüne Hölle vor, um den „trommelnden Menschenaffen" zur Strecke zu bringen: „Schon auf größere Entfernung verrieten sich die Gorillas durch ihren Lärm... Katzengleich sprangen die Pygmäen aus dem Gebüsch auf mich, den Jäger, zu. Hinter ihnen brach mit unbändig kräftigen Armen ein eisgrauer, uralter Gorillamann hervor... Da, ein entsetzlicher Schrei, furchtbarer als ich je gedacht! Toben und Brüllen, Wüten! Die Äste splitterten, die Blätterwand schob sich jäh zur Seite, und hervor äugte der herausgeforderte Gorilla in seiner unbändigen Wut... Ich war durch diesen einmaligen, grauenvollen Anblick wie gebannt und zauderte mit dem Schuß, was mir beinah zum Verderben wurde. Denn der Gorilla stürzte vor, halbaufrecht uns im Auge behaltend. Es schien, als käme er auf uns zu. Nun zog meine Hand automatisch das Züngel am Repetierer ab. Donnernd brach sich der Schuß im Blätterdom. Der Gorillamann schwenkte in langen Sprüngen ab und verschwand, unartikulierte Wutschreie ausstoßend, im Lianengewirr und Unterwuchs. Das ganze erschien mir wie ein Spuk. Hatte er meine Kugel? Würde sie ihn fällen? Da! Ein dumpfer Fall, ein Poltern, ein Schrei! Mein Herz krampfte sich zusammen. Schon sah ich im Geist den gewaltigen Menschenaffen auf feuchtem, dunklem Urwaldboden verendet..."

Doch die Freude war verfrüht. Zwilling mußte das „elfte Gebot" zur Kenntnis nehmen: Du sollst dich nicht täuschen! Er hatte den Urwaldriesen nur angeschweißt, was die ohnehin schon sehr gefährliche Jagd in ein für den Jäger möglicherweise tödliches Abenteuer verwandeln konnte. Dem Jäger des Menschenaffen blieb nun nichts anderes übrig, als sich voll und ganz den „besten Jagdführern und Spurensuchern", den Pygmäen, anzuvertrauen, um die Wundfährte des Gorillas zu halten: „Die Pygmäen rannten, und auch ich sprang wie verrückt durch den dichten Urwald, soweit dies möglich war. Keine halbe Stunde vom Anschuß entfernt, saß das riesenhafte Tier auf dem Erdboden und äugte auf uns Ankömmlinge. Sofort wurde der Gorilla hoch und stürmte vorwärts, machte aber gleich wieder kehrt... Er stützte sich auf seine kräftigen Hände. Wieder kam er auf, sein böser Blick drang durch Mark und Bein. Dann sprang er ein paar Schritte ab. Ich konnte den tödlichen Fangschuß nicht geben, denn einige Pygmäen hatten den Menschenaffen umringt und wollten ihre Lanzen werfen. Endlich griff sie der Gorilla wutentbrannt an und kam in meine Richtung. Das Gewehr hochreißen und abdrücken war eins! Der Gorilla fiel aufs

Gesicht und war auf der Stelle tot. Die Kugel saß mitten im Herz."
Ernst A. Zwilling war einer der ganz wenigen Österreicher, die als
lizenzierte Großwildjäger und Jagdführer Mitglied der „East
African Professional Hunters Association" in Nairobi gewesen
sind. Diese 1920 von britischen Jagdführern gegründete Vereini-
gung von Großwildjägern – Wahlspruch: „Nec timor, nec temeri-
tas!" („Weder Furcht noch Unbesonnenheit") – wurde bald schon
von einem Mythos umweht, der in der Geschichte der Jagd seinesgleichen sucht. Die durch den Film „Jenseits von Afrika" berühmt
gewordenen Großwildjäger Denys Finch Hatton und Baron Bror
Blixen (der erste der Geliebte, der zweite der Ehemann von Tania
Blixen, der dänischen Literatin und ersten Großwildjägerin) waren
ebenso Mitglieder der „EAPHA" wie die großen Jagdführer Philip
Percival (Jagdbegleiter von Teddy Roosevelt und Ernest Heming-
way) und Harry Selby („game guide" von Robert Ruark). Die Mit-
glieder dieser Jägervereinigung rekrutierten sich hauptsächlich aus
Engländern sowie einigen wenigen wildkundigen Norwegern,
Schweden und Dänen; dennoch schaffte es der Österreicher Prinz
Alfi Auersperg nach Ende des Zweiten Weltkrieges, der als erster
Österreicher in den vornehmen Club aufgenommen wurde, für
einige Jahre sogar Präsident der „EAPHA" zu werden.
Als in den fünfziger und zu Beginn der sechziger Jahre ein wahrer
Boom auf Großwildsafaris einsetzte, war Zwilling einer der gefrag-
testen Jagdführer. Vor allem Mitglieder des deutschen und öster-
reichischen Hochadels und Zoologen aus dem deutschsprachigen
Raum bedienten sich mit Vorliebe der Dienste des Österreichers,
der in Kampala, der Hauptstadt Ugandas, ein privates Safariunter-
nehmen gegründet und äußerst erfolgreich betrieben hatte. Graf
Erbach-Erbach, selbst ein passionierter Großwildjäger, sowie der
ehemalige Direktor des Berliner Zoos, Lutz Heck, ließen sich ihre
Safaris beziehungsweise zoologischen Expeditionen stets von Zwilling ausrichten. Der großwildjagende Professor aus Österreich, ein
ebenso leidenschaftlicher Fotograf wie Jäger, war es auch, der als
erster Fotosafaris in die Wildparadiese Ostafrikas organisierte und
selbst anführte.
Über seine Zeit als „East African Professional Hunter" schrieb
Zwilling in seinen Memoiren: „Damit man in diese berühmte und
exklusive Organisation aufgenommen wurde, mußten drei honorige

Bürger Zeugnis geben. Auch eine Probezeit wurde den Aspiranten abverlangt. Die vielen Anschaffungen und die aufwendige Repräsentation machten diesen Beruf zu einem ausgesprochen kostspieligen. Ein selbständiger „Outfitter" mußte die hohen Kosten für Fahrzeuge, Lagerausrüstung, Elefantenbüchse und andere, für den Busch notwendige Dinge in Eigenregie tragen können. Die verantwortungsvolle Tätigkeit eines Professional Hunters erforderte auch eine gute Allgemeinbildung, ein überdurchschnittliches Wissen in Zoologie, Botanik, Völkerkunde und darüber hinaus einige Sprachenkenntnisse sowie Erfahrung in Erster Hilfe. Korrektheit und Selbstbeherrschung, die im Tropenklima jedem Menschen schwerfallen, gehörten zu den Selbstverständlichkeiten. Auch der Umgang mit der schwarzen Mannschaft mußte ein menschlicher sein… Noch heute sind einige Wildschutzgebiete in Innerafrika nach diesen tapferen weißen Großwildjägern benannt, die fast alle ihr Grab irgendwo in der Wildnis gefunden haben."

Unter vielen Afrikajägern hat sich die Unsitte verbreitet, nur in der Jagd auf die „Großen Fünf" das wahre afrikanische Jagdabenteuer zu erblicken. Zwilling, der bekanntlich sechs Jahrzehnte in allen Jagdgründen des schwarzen Kontinents gewaidwerkt hatte, geißelte in vielen seiner Vorträge diesen Größenwahn seiner Kollegen und Jagdgäste als „waidmännische Dekadenz". Für ihn war die Jagd auf den Kudu oder auf Elenantilopen stets genauso interessant und spannend wie der Abschuß eines Elefanten, Büffels, Nashorns, Löwen oder Leoparden. In diesem Zusammenhang darf nicht unerwähnt bleiben, daß der Österreicher, der sein ganzes Jägerleben lang dem wehrhaften Großwild erfolgreich nachgestellt hat, ausgerechnet mit einem Kudubullen Aufnahme in das berühmte Buch von Rowland Ward „Records of Big Game" (dem Guiness Buch der Rekorde für Großwildjäger) gefunden hat. Das Gehörn dieses Kudubullen, den Zwilling mit seiner Doppelbüchse 9,3 x 74R gestreckt hatte, wurde international als Rekordtrophäe anerkannt. Und ihm, dem großen Elefanten- und Büffeljäger, war es in seiner jahrzehntelangen Tätigkeit in Afrika insgesamt nur viermal vergönnt, eine Riesen-Elenantilope zur Strecke zu bringen. Womit er wohl den Nachweis erbracht hatte, daß die Jagd auf die „Großen Fünf" nur als relativ zu erachten ist. Einem Kudu auf der Fährte zu bleiben, bewertete Zwilling immer als schwieriger und waidmännisch reizvoller, als einen Löwen zu ködern und vom Stand aus abzuschießen.

Erzherzog Franz Ferdinand: Der Thronfolger streckte eine Viertelmillion Wild!

Wer zum Schwert greift, wird durch das Schwert fallen, heißt es schon in der Bibel. Erzherzog Franz Ferdiand hat sein ganzes Leben lang mit Begeisterung zur Waffe gegriffen, und er sollte am 28. Juni 1914 in Sarajewo durch eine Waffe fallen. Als Jäger streckte er mehr als eine Viertelmillion Wild, sein Tod löste den Ersten Weltkrieg aus, den Millionen Soldaten mit ihrem Leben büßten. Der stets finster dreinblickende, aggressive, unbeherrschte Thronfolger war – ohne daß es ihm je bewußt geworden wäre – die Inkarnation des Todes. Die Länge der Strecke, die er als Jäger legte, wurde nur noch von der der Soldaten übertroffen, die auf den Kriegsschauplätzen genauso schonungslos niedergemetzelt wurden, wie der Erzherzog es als Jäger mit dem Wild zu tun beliebte.

Bruno Brehm hat in seiner Romantrilogie „Die Throne stürzen" ein fürchterliches, gespenstisch anmutendes Bild von Franz Ferdinand als Jäger gezeichnet, das, weil ganz den Tatsachen entsprechend, ein Horror-Szenario ergibt: „Vier Autos bogen von Golling an der Salzach nach der Bluntau ab, sie konnten schnell fahren, denn vor jedem Gadern stand ein Gendarm, der das Türl sperrangelweit aufriß. Der Schatten des Hagengebirges verdunkelte noch das schmale Tal. Ganz unerwartet bog aus einem Waldweg ein hochgeladener Heuwagen in die schmale Jochstraße ein und der Chauffeur des erstens Wagens konnte das Auto nur knapp vor den zurückscheuenden Pferden zum Stehen bringen. Erzherzog Franz Ferdinand, in Jägertracht, erhob sich ein wenig von seinem Sitz und schrie, rot vor Zorn, der Bauer möge doch mit seiner Heufuhre in den Straßengraben ausweichen. Die Herzogin Hohenberg, gleichfalls im Jagdkostüm, legte ihrem Gemahl beschwichtigend die Hand auf den Arm.

Der alte Bauer zog langsam die Zügel an, schlang sie um die Wagenleiter, bremste ein und trat, seinen speckigen Hut rückend, an den Schlag des Autos: Auf dieser Straße, sagte der Bauer ganz ruhig, mit seinen tiefliegenden, rotgeränderten Augen den Erzherzog anblickend, könne nur immer einer fahren, die kaiserliche Hoheit fahre zur Jagd, er aber, ein armer Bauer, komme von der Arbeit; und in den Straßengraben werfen lasse er seinen Wagen schon gar nicht, in den Straßengraben geworfen gehöre etwas ganz anderes. Er sei hier schon, so lange er denken könne, daheim, sein Vater und sein Großvater auch, schon lange bevor die Soldaten da die Straße auf das Joch gebaut haben; dort drüben, hinter dem Wald, seien seine Wiesen, und das Heu müsse eingebracht werden, solang das Wetter halte.

Franz Ferdinand ballte die Fäuste und fragte heftig, wer hier Dienst habe, dem Manne wolle er lehren, was Ordnung heiße und wie ein Weg abzusperren sei, dem wollte er das zeigen. Die Herzogin versuchte ihren Gemahl zu begütigen, sie liebkoste seine geballte Faust, aber seine Zornesadern an der Stirne schwollen noch dicker an: „Weg mit dem Wagen! Aber sogleich!" Der Bauer schob sich den Hut aus der Stirn und wischte sich mit dem Ärmel den Schweiß nach der langen Rede ab, trat dann wieder zu seinen Pferden und klopfte den beiden jungen Füchsen, die mit großen Augen ängstlich nach dem ratternden Motor starrten, die glänzenden Hälse.

Die Herren der Begleitung liefen aus den hinteren Wagen nach vorne und packten die Heufuhre an. Nun keuchten auch zwei kalkweiße Gendarmen heran, die sich schon in das tiefste Galizien versetzt sahen, und griffen zu. Der Erzherzog saß mit zuckendem Gesicht im Auto, er hätte diesen Meuterer von einem Bauer am liebsten gleich in den Arrest stecken lassen. Der Bauer vorn bei seinen Pferden kümmerte sich nicht drum, was die Herren mit der Fuhre machten, er hatte die Zugstränge losgemacht und kam, die beiden Füchse am Zügel, näher zum Auto; er sah die kochende Wut des Erzherzogs, er wollte dem hohen Herrn ein wenig zureden und ihn beruhigen: Man müsse das schöne Wetter ausnützen, kommt der Regen einem zuvor, verderbe das Heu.

„Anpacken!" herrschte der Erzherzog den Alten an, „mithelfen, damit wir weiterkommen. Verdammtes Kaffeehaus!" An der Wegbiegung war allerhand Volk zusammengelaufen, Bauern und Treiber, die an den Lappenschnüren gearbeitet, und Weiber und Dirnen, die ihren Männern Essen zugetragen hatten. Alle starrten den Erzherzog mit runden Augen an, grüßten verlegen und linkisch das hohe Paar und konnten kaum ein Grinsen unterdrücken, wie sie die feinen Herren und die Gendarmen da an der hochgeladenen Fuhre zerren und rücken sahen. Gendarmen und Jäger trieben diese dummen Gaffer an, ein wenig mitzuhelfen. Nun krempelten die Treiber sich die Ärmel auf, spuckten in die Hände, faßten an, Ho – Ruck! und schon ächzte der Wagen in den Straßengraben. Der Chauffeur nahm wieder seinen Platz ein, die Herren bestiegen schimpfend ihre Wagen, sie waren alle auf ein heftiges Donnerwetter gefaßt.

Nun schoben sich die ratternden Autos langsam an den sich scheu zusammendrängenden, schnaubenden und tretenden Pferden vorbei, die Bauern und die Jäger zogen langsam die Hüte, die Gendarmen fuhren mit der Faust den Gewehrriemen herunter und schlugen krachend an den Kolben, die Herzogin nickte, lächelte und dankte freundlich nach allen Seiten, der Erzherzog schaute nicht nach rechts und nicht nach links, er nagte an der Lippe und starrte mit seinen großen, braunen Augen ins Leere.

Oben, wo sich das Tal unter dem Rorrenerjoch schließt, im Schatten der durchfurchten Kalkwände des Hohen Gölls, saßen, versteckt in den Latschen, die Dirnen, deren Brüder trieben, die Töchter der Förster und Jäger. Sie wollten heuer, wie jedes Jahr, den Este (Franz Ferdinand trug den Zunamen von Österreich-Este, Anm.d.Autors) sehen, sie wollten die Hohenberg anschauen und dahinterkommen, warum der Erzherzog diese Frau so gern hatte.

Drüben, auf der anderen Seite des Kessels, wehten auf der Geröllhalde die roten Lappen an den Schnüren, durch deren Gasse die Gemsen getrieben werden sollten.

Das Knattern der Autos verstummte, das Echo verplapperte in den Wänden. Unten, am Ende der Fahrstraße, standen, ganz klein von da oben anzusehen, zwei Maultiere. Die Herrschaften entstiegen dem Wagen, saßen auf die Muli auf und ritten, gefolgt von den Herren, über die steinige Halde hinüber zu der breitschattenden, großen Zirbe. Fernher tönte das Rufen und Klappern der Treiber. Der Wind atmete Kohlröschenduft heran und wiegte hoch oben im flimmernden Blau zwei kleine, weiße Wölkchen. Der Erzherzog war drüben bei der Zirbe angelangt, er stieg ab und half der Herzogin aus dem Sattel. Die Maultiere wurden in den Schatten geführt. Ein Leibjäger stellte vor dem Erzherzog ein Klapptischchen auf, ein Herr des Gefolges reichte eine Mappe hin, der Jochwind flatterte in den Blättern, es mußte ein Stein auf die Papiere gelegt werden. Der Erzherzog entnahm Blatt um Blatt der Mappe, er mochte wenig Erfreuliches lesen, er runzelte die Stirn und unterschrieb, wie alle Menschen mit schöner Schrift, langsam, sorgfältig und selbstgefällig.

Über der Mulde kreisten zwei Falken, ließen sich vom Jochwind über das dunkle Bluntautal tragen und kehrten, kurz und scharf schrillend, in weitem Bogen wieder zurück.

Nun konnten die Mädchen oben in den Latschen im Gelärm der näherkommenden Treiber schon einzelne Stimmen unterscheiden. „Tscha, Tscha! Geh aussa, alter Teufi, geh aussa, Latschenbock, schiacher, Tscha, Tscha – alter Teufi du, Tscha! Luder, damisches!" Die Verhaber bei den roten Lappen schatteten die Augen mit der Hand und zwinkerten gespannt in die Steilwände empor. Dort oben, in den schmalen Grasbändern zwischen den Schrofen, mußten die Gemsen stehen. Der Erzherzog reichte einem Herrn die Mappe zurück, stieß mit einem Tritt das Klapptischchen um und nahm vom Büchsenspanner sein Gewehr.

„Tscha, Tscha, Tscha!!" Geröll polterte in die Tiefe, das Echo knatterte es zurück.

Der Erzherzog kehrte sich noch einmal kurz nach der Herzogin um, die hinter ihm saß und seinen Blick mit freundlichem Lächeln erwiderte; sie mußte dabei sein, sollte er Jagdglück haben. Als er sich wieder abwandte, verdüsterte sich ihre Miene, besorgt spähte sie zur steilen Wand hinan, aus der Steine herunterrollten. Der Oberjäger bemerkte den Blick der Herzogin und schüttelte ganz wenig, so daß es der Erzherzog nicht merken konnte, den Kopf: Hier war keine Gefahr wie drüben bei der Steinwandjagd, wo die Steine dicht neben der Kaiserlichen Hoheit niedergegangen waren, diesmal sind auch nur zuverlässige Leute unter den Treibern. Die Herzogin verstand den Oberjäger, aber sie mißtraute ihm, ihr Blick haftete auch weiterhin an dem Hang, aus dem der Trieb herunterkam.

„Tscha, Tscha, Tscha!" Nun begann der ganze Kessel lebendig zu werden. In diesem Kessel, in dem tannenhohe Riesen radschlagen und unter dröhnendem Lachen Blöcke wälzen müßten, um den gewaltigen Raum mit Lärm und Leben zu füllen, krabbelten die Menschlein wie Käferchen herum, klein und leicht zwischen den geballten Felsfäusten und zerrissenen Steingesichtern unter dem von Falkenschreien durchschrillten federleichten Himmel.

Die Dirnen in den Latschen oben fuhren auf und deuteten mit den Fingern: „Da, da! Da kommen sie!"

Und da waren sie schon, die kleinen, schnellenden, braunen Pünktchen, von da, von dort sprangen sie aus dem Fels in das aufklirrende Geröll, hinter ihnen das Gelärm der Treiber, ihnen zur Seite das Wehen der roten Lappen und das Geschrei der Haberer. Da waren die Gemsen! Da waren die Gemsen! Und durch diese roten Lappen mußten sie durch.

Der Erzherzog hatte sein Gewehr über die Knie gelegt, sein Kaumuskel zuckte, seine Augen erstarrten. Der erste Schuß! Er kam zugleich mit dem nachdonnernden Hall aus den Steinwänden des Hohen Gölls zu den Mädchen hinüber, man sah das Aufblitzen seines Gewehres, Echo und Schüsse vermengten sich, der Erzherzog schoß so schnell, daß die beiden hinter ihm knienden Büchsenspanner kaum mit dem Laden fertig wurden. Hinter dem Este stand ein Oberförster und zählte:

„Guter Bock, Geiß, Kitzgeiß, Kitzgeiß! kaiserliche Hoheit, schwacher Bock, dürfte wundgeschossen sein, wunderbarer Schuß ins Blatt, kaiserliche Hoheit!" Der Oberförster hatte einen roten Kopf vor Aufregung, aber der Erzherzog kümmerte sich nicht darum, er wechselte Gewehr um Gewehr, hielt hin und schoß, hielt hin und schoß. Die kleinen braunen Punkte bogen jäh aus der Fluchtrichtung ab, machten einige große, weite Sprünge und verschwanden in den Latschen. Echo und Schüsse, zwischen der grauen Wand des Hohen Gölls und dem rötlichen Abfall des Hagengebirges hin- und widergeworfen, vereinigten sich zu einem ruhelosen Pochen, in das hinein das Schreien der Haberer gellte. Die Mädchen in den Latschen fieberten, sie packten einander bei den Händen, ihre Finger verkrampften sich, ihre Augen brannten, sie zählten hier oben auch die Schüsse mit, sie zählten die Gemsen. Eine schwarzhaarige Dirne sprang auf und schlug sich die Hände vors Gesicht:

„I ka nit mehr, i ka nit mehr! Scho wieder a Geiß zambőllert, hinter der zwoa Kitz nachkemma, i ka nit mehr, i mag nimmer schaun, wia er zuaschiaßt!"

Die anderen Dirnen wollten das Mädchen, eine Förstertochter, niederhalten, aber es riß sich los und ballte die Fäuste hinüber: „Und nit amal knicken laß er s', nit amal knicken! Sollen wohl verrecken, die Gams drinnen in den Latschen, is eahm ja gleich, kümmert eahm ja nix. Und die Hohenberg sitzt daneben, die Hohenberg haut eahm nit die Büxen aus der Pratzen, und die Hohenberg halt eahm nit die blauen, bösen Glaspatzen zu, damit er nit schauen kann. I geh, i halt's nit aus, i müaßt ja hellaus schrein, i versteh nit, wias die Buam sehn könna, i versteh's, daß die Buam bei der Stoawandjagd Stoaner abig'lassn ham, i versteh's, i siach's ein."

Das Mädchen wurde von Schluchzen geschüttelt, es rannte durch die Latschen davon. Mein Gott, Gemsen sind doch Gemsen, und auch ein Wilddieb wird nicht so drauf losschießen, Gemsen sind doch keine Karnickel oder Krähen!

Drüben schleppten die Jäger die braunen Tiere zusammen, legten sie zu zwei und zwei, immer zwei und zwei, in eine trostlos lange Reihe und blieben mit gezogenen Hüten hinter dem erlegten Wild stehen. Da lagen diese Tiere nun, die großen Augen glanzlos offen, die kräftigen, schwarzbehuften Läufe von sich gestreckt, vierundfünfzig Stück nebeneinander. Über der Talmulde wiegten sich die Falken im Hochwind und kreisten über dem walddunklen Bluntautal, und ihre scharfen Schatten huschten über die grellen Wände der Kalkberge. Der Erzherzog saß schon wieder hinter dem kleinen Tischchen über die Mappe gebeugt, in deren Papieren der Wind blätterte, und unterschrieb.

In den harzduftenden Latschen, nicht weit von der breitschattenden Zirbe, lag eine Kitzgeiß, die beim Nahen der Treiber den Kopf zu heben versuchte. Neben der schweißenden Mutter standen zwei Kitzlein, stießen nach ihrem lichten Bauch und ließen den alten, zerlumpten Mann, der sich durch das widerspenstige Latschendickicht heranarbeitete, arglos näher kommen. Die Mutter wollte auf, der Kopf mit der maskenartigen schwarzen Augenbinde ging hoch und sank gleich wieder nieder. „Tscha, Tscha, Tscha!" rief der alte Mann, der mit seiner großen Hakennase wie ein verdorrter Latschenstock aussah, „schaut's, daß weitakommts, daß er enk nit siacht, der Este, sonst is aus und g'schehn mit enk, sonst knallt er enk zam oder läßt enk fanga und schickt enk in die Karpathen, dort will er Gams einsetzen. Tscha, Tscha, Tscha, is aber dort nix rechts für a salzburgische Gams!"

Die Kitzlein kümmerten sich nicht um den alten Mann, sie stießen

62

noch immer mit ihren schwarzen Nasen nach dem Bauch der Geiß, sie suchten das Euter, sie hatten Hunger.

Ein Jäger tauchte auf: „Hias, wo ist die Geiß?" Der Treiber deutete mit seinem weißstoppeligen Kinn zwischen die Latschen: „Da geh her, Jager, und knick's, `s gehört zu dei'm G'schäft, i rühret ka Geiß nit an, i nit, Jager."

Dem Jäger war auch nicht gut zumute, als er die Kitzlein bei der toten Mutter sah, er klatschte in die Hände, die Kitzlein hoben die Köpfe, sahen ihn an, drehten sich kurz um und verschwanden in den Latschen.

Der Erzherzog unter der Zirbe blickte von seiner Mappe auf: richtig, dort brachten sie das letzte Stück, er hatte beim Schießen mitgezählt, er irrte sich nicht, er mußte, ob er wollte oder nicht, zählen, in der anschwellenden Zahl lag der Rausch. Nun klappte er die Mappe zu und ging mit leicht wiegendem Schritt langsam vom Stand hinüber zur Strecke.

Ihm zur Seite ging, mit freundlichen Lächeln nach allen Seiten grüßend, die Herzogin. Franz Ferdinand schritt die stumme Reihe der lang hingestreckten rostbraunen Tiere so ab wie eine Front starrer Soldaten, und statt nach Orden und Auszeichnungen spähte er nach dem vom schwärzlichen Blut umkränzten Schußmal. Die nach Schweiß und Armut riechenden Treiber standen sonnengebräunt abseits, sie waren drei Tage unterwegs gewesen und hatten die Gams eindrücken müssen, ihre Kleider waren zerfetzt, ihre Hände voller Schrammen, sie blickten finster, sie hörten das Schreien der Kitzlein um die tote Mutter aus den Latschen. Nur ein paar junge Burschen traten näher, als die Herzogin winkte. Die Burschen kannten den Geiz der Herzogin noch nicht und zogen, jeder mit einer dünnbelegten Schinkensemmel beschenkt, mit hängenden Köpfen wieder ab. Ein feiner Segen! Eine halbe Schinkensemmel für einen Kerl, keinen Schnaps, kein Freibier, kein Trinkgeld – deshalb waren sie über den Schlumm, den Kahlersberg und durch all die Schluchten und über die glitschigen Grasbänder gestiegen! Und der Este saß hier unten und knallte Kitz und Geiß ab, ja, er ließ sich von einem Muli bis zum Stand tragen. Hin und wieder blieb Franz Ferdinand vor einem kräftigen Bock stehen, nickte kurz und zufrieden, deutete mit dem Stock auf das rote Schußmal an der Schulter und ging wieder, Schuß um Schuß betrachtend, weiter. Als er zu den Geißen kam, steckten die Treiber die Köpfe zusammen, aber der Este schämte sich nicht, er ging und zählte, er ging und zählte. Vielleicht hatte er gar nicht die Absicht gehabt, die Geißen zu töten, aber sie waren ihm vor den Lauf gekommen, er konnte nicht anders, er mußte losdrücken, er mußte wissen, ob seine Hand noch sicher war. Da lagen nun die braunen Tiere, niedrig, hingestreckt und still, und bezeugten seine nie fehlende Fertigkeit, Stück um Stück. Die Herzogin stand hinter ihm, sie sah es, sie ahnte, daß es seine Ungeduld, sein kochender Groll war, die sich Luft machen und entladen mußten.

Der Erzherzog und die Herzogin bestiegen die Maultiere und ritten über die Halde zu den Autos hinüber. Die Jäger schwenkten die Hüte, die Bauern rückten kaum an ihren Filzen.

Nun fauchten die vier Wagen durch das stille Waldtal davon. „Rasch, rasch, meine Herren, ich habe noch eine Menge zu tun!"

Dieser Mann war kein Jäger, das war ein Schlächter! Litt der Erzherzog-Thronfolger an pathologischer Schießwut? War er ein Töter aus krankhafter Leidenschaft? Der Arzt Gerd Holler verneint in seiner Biographie über Franz Ferdinand diese Fragen ganz entschieden: „Dazu ist meiner Meinung nach zu sagen, daß die anderen hohen Herrschaften damals nicht weniger „geballert" haben. So findet sich im Nachlaß des Erzherzogs ein Brief, in dem ihm die Erzherzogin Isabella mitteilte, daß bei ihnen in Seelowitz Jagd war, wo „vorgestern 1050 und gestern 1150 Stück erlegt wurden". Erklärend fügt der Arzt noch hinzu: „Nach alter Standestradition waren diese Herrschaften eben der vollen Überzeugung, daß das Jagen und die Trophäe ihre ureigenste Domäne und ihr Privileg waren."

Links oben: Erzherzog Johann, der „steirische Prinz", hat die Jagd in den Alpenländern geprägt wie keiner vor und nach ihm.

Rechts oben: Der Erzherzog mit seinem Sohn Franz im steirischen Gebirge, wo er mit Passion dem Waidwerk frönte.

Unten: In einfachen Almhütten Rast zu machen, war für den Prinzen aus dem Hause Habsburg eine Selbstverständlichkeit.

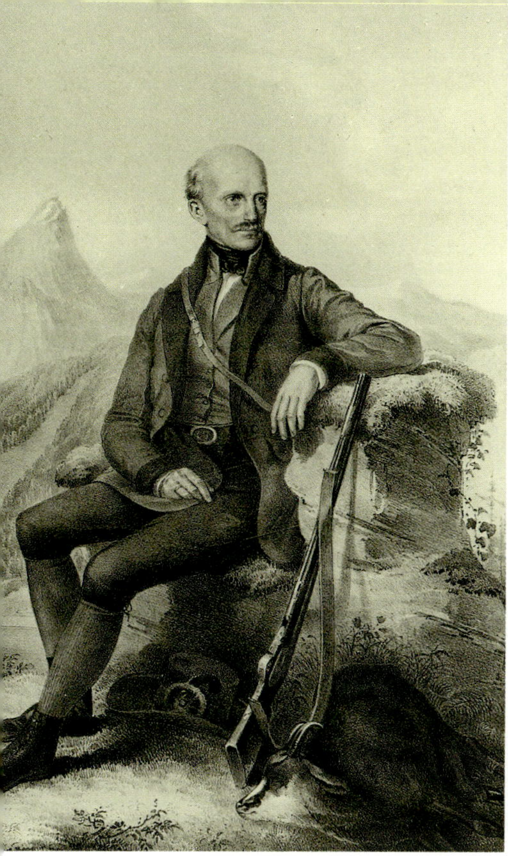
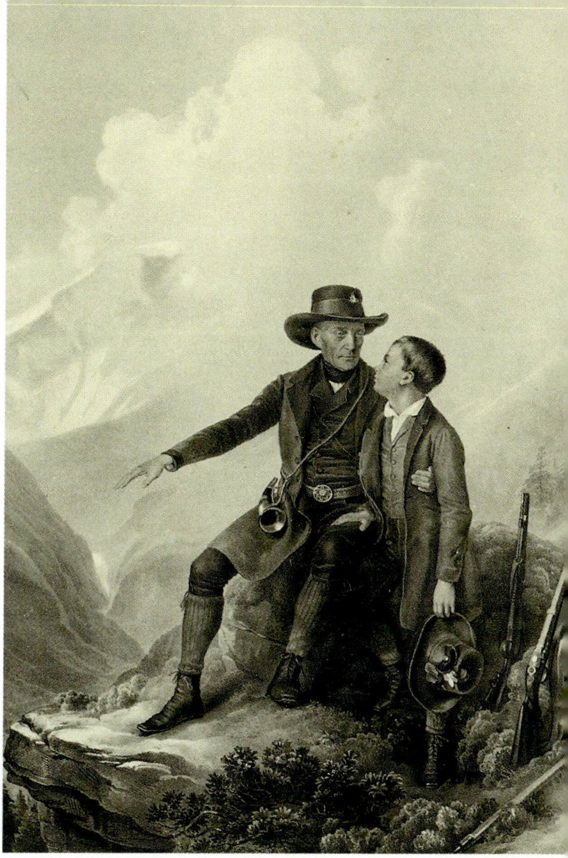
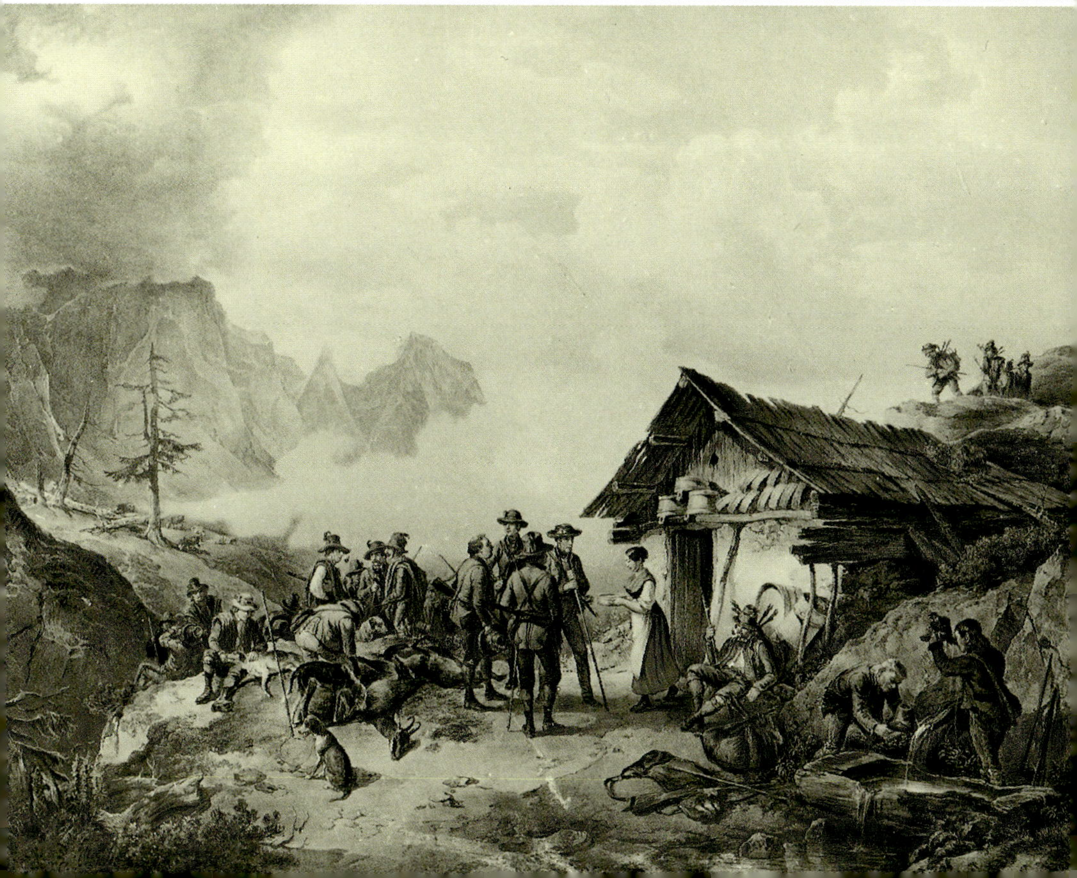

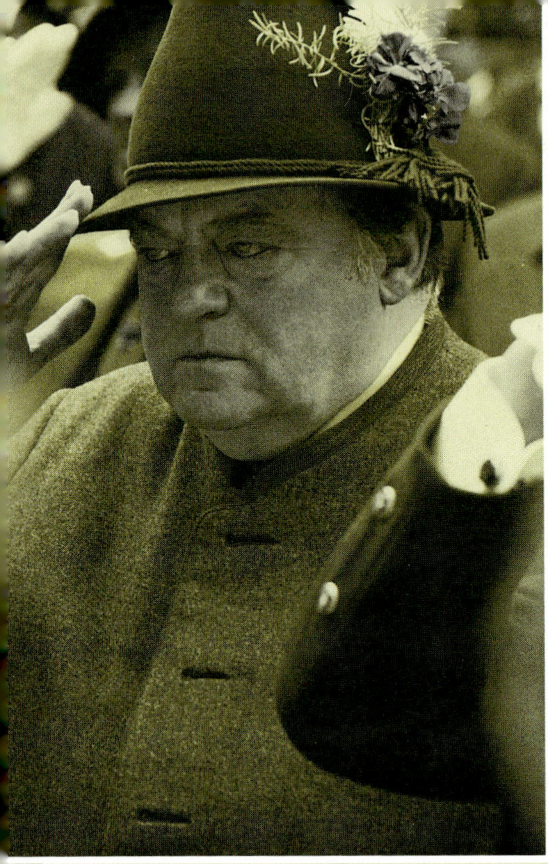
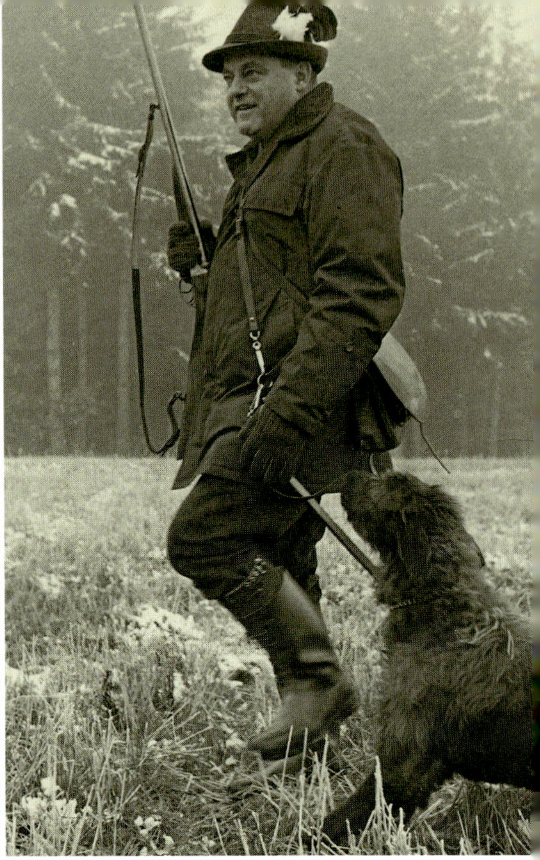
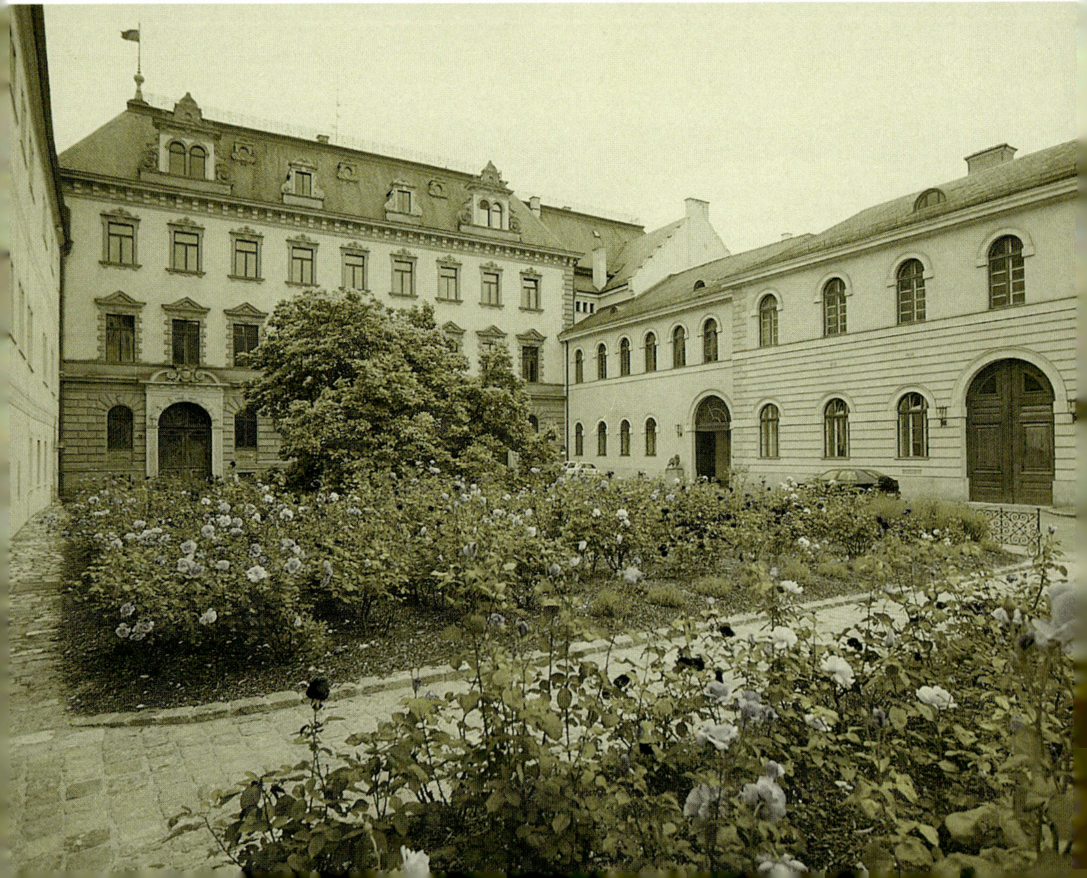

In seinem Buch: „Franz Ferdinand – Der verhinderte Herrscher"
widerspricht der Historiker Friedrich Weissensteiner dem Arzt
Holler aber auf das entschiedenste: „Mit der Jagd und der Jagdleidenschaft berühren wir eine der dunkelsten Seiten im Persönlichkeitsbild Franz Ferdinands. Wie für viele seiner habsburgischen
Verwandten und aristokratischen Standesgenossen war die Jagd für
den Thronfolger ein Kavalierssport, ein standesgemäßes Privileg.
Mit dem wesentlichen Unterschied freilich, daß dieser Sport bei
ihm zur (pathologischen) Sucht ausartete. Franz Ferdinand schoß
nieder, was ihm vor die Flinte kam. Zwei Jäger waren ununterbrochen damit beschäftigt, die eigens für ihn angefertigten Büchsen zu
laden, sie hatten alle Hände voll zu tun, seine Schießwut zu befrie-
digen…"

Wie aus den vollständig erhaltenen Schußlisten des Thronfolgers
hervorgeht, hat Franz Ferdinand im Laufe seines Lebens die sensa-
tionelle und für heutige Begriffe völlig unvorstellbare Zahl von
272.511 Stück Wild, hauptsächlich auf Treibjagden, erlegt. Allein
in seinem böhmischen Schloß Konopischt konnte er 30.000 Trophäen aufhängen.

Bei dieser Schießwut darf es wirklich nicht wundernehmen, wenn
Franz Ferdinand, der in der ganzen Monarchie als der beste
Schütze galt, sich ein Ohrenleiden zuzog, das ihm in späteren
Jahren sehr zu schaffen machte. Friedrich Weissensteiner hat Gräfin
Nostitz, die einzige Tochter des Thronfolgers, gefragt, wie sie, die
Gräfin, sich die Schießwut ihres Vaters erklären könne, und hat fol-
gende Antwort erhalten: „Die Jagd, meinte sie, sei damals große
Mode gewesen. Sie habe dem Vater soviel Spaß gemacht, weil er
ein ausgezeichneter Schütze gewesen sei." Dem Historiker war

*Links oben: Der legendäre CSU-Vorsitzende und bayerische Mini-
sterpräsident Franz Josef Strauß zählte zu den urigsten Typen der
grünen Gilde.*

*Rechts oben: Hätte nur allzu gerne Jagd auf „lahme Enten" im
Bundestag gemacht: Franz Josef Strauß, ein passionierter Nieder-
wildjäger.*

*Unten: Im Schloß des Fürsten Thurn und Taxis in Regensburg nahm
so manche „Hofjagd des letzten Bayernkönigs" ihren Anfang.*

diese Antwort der Tochter des Thronfolgers, wie er schreibt, „doch ein wenig zu vordergründig". Er erklärt sich die Jagdbesessenheit des Erzherzogs damit, daß diese „in seinem Leben eine ganz bestimmte, wichtige Funktion hatte. Sie diente seiner Selbstbestätigung, dem Abbau von Aggressionen. Sie war eines der Ventile, durch das sich sein vulkanisches Wesen entlud, entladen mußte, um innerlich nicht zu verbrennen".

Wie auch immer, für Kaiser Franz Joseph, der selbst in fünfzig Jahren nicht weniger als 48.345 Stück Hochwild erlegt hat, war die vom Thronfolger betriebene Massenschießerei schlicht ein Greuel: „Kürzlich hat der Erzherzog Franz Ferdinand im Lainzer Tiergarten einige hundert Stück abgeschossen, unbegreiflich, das sind doch Haustiere, das ist absolut unwaidmännisch", beklagte sich der alte Kaiser bei seinem Schwiegersohn, dem Prinzen Leopold von Bayern, über den Thronfolger.

Prinz Vincenz Windisch-Graetz, selbst ein begeisterter Jäger, soll nach einer Treibjagd in Böhmen, an der auch Franz Ferdinand teilnahm, voll Entsetzen ausgerufen haben: „Das hat doch mit der Jagd nichts mehr zu tun, das ist reine Massenschlächterei!" Und selbst Erzherzog Friedrich, der auch ein berüchtigter Schießwüterich war und einmal innerhalb einer Woche nicht weniger als rund 13.000 Stück Hoch- und Niederwild einfach abgeknallt hatte, anders kann man dazu ja wirklich nicht sagen, verblaßte neben dem Thronfolger.

Als sich der Erzherzog anläßlich einer Weltreise im Jahre 1892 in Indien aufhielt, wollte ihn sein Freund Prinz Miguel von Braganza, der in der britischen Kolonie auf Tigerjagd weilte, von der Bahn abholen. Doch dem Mitglied des portugiesischen Königshauses war wenig Erfolg beschieden, und so hinterließ er dem österreichischen Thronfolger folgende Nachricht: „Ich war auf der Bahn, doch dort sagte man mir, es sei ganz unmöglich zu sagen, wann Du durchkommen würdest, nachdem Du unterwegs immer die Züge anhalten liessest, um alles Lebende umzubringen…"

Franz Ferdinand, der alles Ungarische haßte, weil er den Magyaren, insbesondere den das Königreich beherrschenden Magnaten, die Schuld an den vielen Problemen, die die Doppelmonarchie zu zerreißen drohten, gab, war einmal Jagdgast beim großen Afrikajäger und Forschungsreisenden Samuel „Samu" Graf Teleki auf Schloß

Sáromberke in Siebenbürgen. Der damals schon 62 Jahre alte Graf war ein enger Freund Kronprinz Rudolfs gewesen, nach dem er den von ihm in Ostafrika entdeckten See benannte. Teleki war zwar einerseits ein Kosmopolit, andererseits aber auch ein glühender magyarischer Nationalist, für den es eine Selbstverständlichkeit war, Franz Ferdinand, der ja auch Anwärter auf die Heilige Stephanskrone war, auf ungarischem Boden in ungarischer Sprache willkommen zu heißen. Der Thronfolger, der das Ungarische nur äußerst mangelhaft erlernt hatte und sich vor allem stets trotzig weigerte, dieses Idiom zu sprechen, lief hochrot an, zitterte vor Zorn am ganzen Körper und schnauzte den alten Magnaten an: „Graf, in ihrem Alter sollte man wissen, daß man Gäste tunlichst in deren Muttersprache begrüßt!"

Teleki, ein Gentleman und Kavalier alter Schule, gab – wieder auf ungarisch – dem Erzherzog zur Antwort: „Königliche Hoheit wissen, daß ich ein treuer Untertan des Apostolischen Königs von Ungarn bin, der nicht ein einziges Mal in seinem Leben vergessen hat, daß Mitglieder jenes allerhöchsten Hauses, dessen Oberhaupt die Krone des Heiligen Stephan trägt, selbstverständlich in deren Muttersprache anzusprechen sind…"

Franz Ferdinand, für den das Benehmen des siebenbürgischen Magnaten eine typisch ungarische Unverschämtheit war, begann, ganz außer sich vor Zorn und mit überschlagender Stimme – auf deutsch! – seiner Entourage Dienstanweisungen zu geben. Graf Teleki ließ sich aber davon nicht im mindesten beirren und führte – auf ungarisch, versteht sich! – seine Begrüßungsansprache zu Ende. Später, auf der Jagd dann, aber immer noch über diesen Affront in bebender Wut, schoß sich der Thronfolger all seine Aggression heraus und erlegte nicht weniger als zweitausend Hasen und Fasane. Mit dem Jagdherrn hat der Erzherzog aber kein Wort mehr gewechselt. Ohne sich beim Grafen zu verabschieden, stieg er nach Beendigung der Treibjagd in sein Automobil und brauste mit seinem Gefolge in Richtung Wien ab.

Wenn er in Wut geriet – die kleinste Kleinigkeit genügte, um den Erzherzog vor Zorn explodieren zu lassen –, dann reagierte er sich am nächstbesten Lebewesen ab: an den Jägern nur verbal, dafür aber umso ungestümer mit der Waffe am Wild.

Erzherzog Johann:
Ein Prinz erfand die Jägertracht

Die Nachwelt hat Erzherzog Johann (1782-1859) den Titel „steirischer Prinz" verliehen. Doch genauso gut könnte man diesen Habsburger, der mit Maria Theresia und Joseph II. zu den populärsten Gestalten seines Geschlechtes zählt, auch in den Rang eines „Jäger-Prinzen" erheben. Denn kein anderer, nicht einmal Kaiser Franz Joseph, hat das Bild der alpenländischen Jagd so nachhaltig geprägt wie er. Und dieser Prinz, der dem einfachen Leben in den steirischen Bergen gegenüber dem höfischen in Wien zeitlebens den Vorzug gab, hat im Kaiserreich Österreich auch ganz maßgeblich zum Übergang von der Feudaljagd zur demokratischen Jagdverfassung beigetragen. Johann, der starke Kindheitseindrücke von der höfischen Jagd in der Toskana nach Wien migenommen hatte, lernte dort, wie Wilhelm Schlag schreibt, „in den ausgedehnten kaiserlichen Revieren rund um die Donaumetropole alle Arten der damals — wenn auch in bescheidenerem Rahmen als zur Zeit seines eifrig jagenden Großvaters Franz Stephan — gepflegten Jagdmethoden kennen". Und gerade er, der von der spätbarocken Feudaljagd besonders geprägte Erzherzog, war es, der ein halbes Jahrhundert später den Grundstein für das vom jungen Kaiser Franz Joseph am 7. März 1849 erlassene Jagdpatent, das zu Recht als Evolution des Jagdrechtes gepriesen wurde und wird, gelegt hat. Den Habsburgern, also seiner eigenen Familie, die bis dahin — von den Liberalisierungsmaßnahmen unter Maria Theresia und Josef II. allerdings schon ein wenig eingeschränkt — in den Erblanden nicht nur den Wildbann, also die Jagdhoheit, innegehabt, sondern auch das Jagdregal, das heißt das Recht zur Ausübung der Jagd, vor allem der hohen Jagd, auf fremdem Grund und Boden besessen haben, wurde durch dieses Jagdpatent das Recht zur unumschränkten Jagd genommen. Nur in den geschlossenen Tiergärten blieb die sogenannte Jagdgerechtigkeit weiterhin aufrecht. Das muß man sich einmal vorstellen: Kein Sozialrevoluzzer, kein Bauernführer war es, der das Volk von der von diesem schon lange als schwere Last empfundenen Feudaljagd befreit hat, sondern ein Angehöriger des kaiserlichen Hauses selbst. Das neue Jagdrecht, das man mit Fug und Recht als „joanneisches" bezeichnen kann, trug nicht nur zum Wiederaufbau eines gesunden Wildbestandes bei, sondern trug auch den Anliegen der Grundeigentümer ganz wesentlich Rechnung, indem es verordnete, daß fortan „jedem Besitzer eines zusammenhängenden Grundkomplexes von wenigstens 200 Joch" (rund 115 ha) die uneingeschränkte Ausübung der Jagd auf diesem gestattet ist. Besonders stark machte sich der steirische Prinz beim Kaiser in Wien dafür, daß die Jagdfronen und andere Leistungen für Jagdzwecke „ohne Entschädigungen aufgehoben" wurden.

In jenen Wäldern aber, die die geforderte Mindestgröße für eine Eigenjagd nicht aufwiesen, stand das Jagdrecht von nun an den Gemeinden zu, die die Jagden nun „ungeteilt verpachten", oder die Jagd durch eigene Jäger selbst ausüben konnten. Der Reinertrag der Gemeindejagd war jährlich unter jenen Grundeigentümern, auf deren Besitz die Jagd ausgeübt wurde, entsprechend der Größe ihres Grundbesitzes aufzuteilen. Den Bauern, die bis dahin für erlittene Wild- und Jagdschäden von den hohen Jagdherren nicht einmal einen warmen Händedruck erhalten haben, stand jetzt „das Recht auf Entschädigung gegen die Jagdberechtigten zu". Das haben die Bauern in den habsburgischen Landen „ihrem" Prinzen nie vergessen.

Erzherzog Johann, ein Intellektueller von hohen Graden, der vor allem den Naturwissenschaften ein großes Interesse entgegenbrachte, war ein hervorragender Schütze, der aber — für ein Mitglied des Hauses Habsburg — verhältnismäßig wenig Wild erlegte. In einem von ihm ein halbes Jahr vor seinem Tode für die „Hugo'sche Jagdzeitung" verfaßten Aufsatz bemerkte der Prinz, daß er in seinem Leben wohl über tausend Stück Gamswild erlegt hätte, glaubte sich dafür aber mit den Worten rechtfertigen zu müssen: „Doch geschah dies stets mit Schonung der Zucht, Gaise und Kitze, mit einem einläufigen Gewehr, meistens allein von meinem Stande mir selbst ladend… Es ist keine Kunst, auf diese armen Thiere mit vielen Treibern, mit Jagdzeug, mit zwei oder drei Doppelgewehren zu jagen, 10 bis 20 Gemsen zu erlegen, 100 bis 150 Schüsse zu machen, vieles anzuschießen, aber wenig rein auf der Decke zu haben; dieses ist keine Unterhaltung, es ist eine Metzelei, schädlich für die Jagd selbst und wird bei mir nicht geduldet. Ich bedaure nur während meiner Jagden, nicht alle Krücken

(Hörner, Anm. d. Autors) oder wenigstens nur die schönsten aufbewahrt zu haben; viele gab ich weg, viele wurden zu Innsbruck verarbeitet; aus letzterer Zeit aber sind die schönsten aufbewahrt…"

Im Jahre 1818, im Alter von 36 Jahren, erwarb der Erzherzog, schon damals seinem Bruder, Kaiser Franz I., an Popularität weit überlegen, den auf über 1000 Meter Seehöhe im Obersteirischen gelegenen „Brandhof", den der Prinz als umsichtig wirtschaftender Bauer innerhalb von zehn Jahren zu einem stattlichen Gut aufbaute. Wilhelm Schlag, der sich mit dem Jäger Johann historisch intensiv beschäftigt hatte, schrieb: „Sein besonderes Augenmerk wendete er der Hege des Gamswildes im Brandhofer Revier zu. Dieses charakteristische Wild der Alpen war im Hochschwab-Gebiet zu Beginn des 19. Jahrhunderts von der Ausrottung bedroht. Während der Napoleonischen Kriege wurden die bereits zur Zeit Maria Theresias herrschenden Zustände noch schlimmer. Das Rehwild war stark dezimiert, Rotwild gab es nur mehr ganz vereinzelt. In dem schwer kontrollierbaren Gebiet herrschte praktisch die freie Jagd, d. h. der Abschuß erfolgte wahllos und es gab nicht die geringste Hege. Man nahm bloß, so lange etwas da war."

Der „Brandhofer", wie der Erzherzog schon bald genannt wurde, vergrößerte sein Jagdgebiet durch gezielte Zukäufe und stellte vor allem „tüchtige und zuverlässige Jäger" an, die die fünf Reviere nach einer vom Prinzen am 20. August 1818 erlassenen Jagdinstruktion zu betreuen hatten. Von seinen Jägern forderte der Erzherzog unter anderem und vor allem „unverbrüchliche Treue" und „sorgsamste Obsicht" bei der Bekämpfung der Wilderer und der Raubschützen. Dafür wurden sie gut — nach den Maßstäben der damaligen Zeit sogar sehr gut — entlohnt: In natura erhielt jeder Jäger 6 Metzen (rund 370 Liter) Weizen, 6 Metzen Korn (Roggen) und für die Haltung eines Jagdhundes, der gemäß den Jagdinstruktionen nur mittelgroß sein durfte, weil ein großer Hund die Rehe „gleich einem Wolf reißt und auffrißt", 4 Metzen Hafer pro Jahr; ferner 6 Pfund (3,36 kg) Schmalz pro Monat und in barem Geld 6 Gulden und 40 Kreuzer pro Monat, das sind 80 Gulden pro Jahr. Darüber hinaus wurden laut Schlag „sehr großzügige Schußgelder festgesetzt". Da der Erzherzog „den Großteil der Hegeabschüsse, vor allem des Rotwildes, durch seine Jäger vornehmen ließ, ihnen aber auch sehr gute Trophäen gönnte… , waren die Schußgelder eine nicht unbeträchtliche Einkommensquelle". Umgelegt auf das heutige Einkommensniveau in der österreichischen Forstwirtschaft, verdiente ein Jäger des Prinzen damals im Jahr etwa soviel wie in unseren Tagen ein Oberförster.

Größten Wert legte Erzherzog Johann auf eine rigorose Einhaltung der von ihm bis ins kleinste Detail festgelegten Hegemaßnahmen: So wollte „… Seine Kaiserliche Hoheit das meiste Wild nur auf der Pirsch geschossen" und „ohne vorläufige (d. h. vorhergehende, Anm. d. Autors) Bewilligung mit Hunden nicht gejagt" haben. Und „damit die Reviere an Wild durch ordentliche Pflege zunehmen", richtete der Erzherzog in jedem Revier Reservate ein, „wo auf keinen Fall geschossen werden darf, ohne den bestimmten Befehl Seiner Kaiserlichen Hoheit". Eine schonende Bejagung der Reviere war oberstes Gebot, zuwiderhandelnde Jäger wurden beim ersten Mal „mit Strenge abgemahnt", im Wiederholungsfall sofort aus dem erzherzoglichen Jagddienst entlassen.

Dem damaligen Abt von Rein, Ludwig Crophius Edler von Kaisersieg, der ein enger Freund des Erzherzogs gewesen ist und dem die allzu große Passion einiger seiner Geistlichen für das Waidwerk sehr zu schaffen machte, riet der Habsburger, „Seine Äbtlichen Gnaden" möge jenen die Ausübung der Jagd strengstens untersagen, „… auch wenn es sich bei den solcherart Gemaßregelten um Hochwürdige Herren" handle.

Der vom Erzherzog praktizierten Wildbiologie — die als Wissenschaft erst zirka hundert Jahre nach dem Tod des Prinzen ihre bescheidenen Anfänge nahm — blieb der Erfolg nicht versagt: „Im Jahre 1832, als das Brandhofer Jagdgebiet seine größte Ausdehnung von rund 50.000 Joch (ca. 30.000 ha) erreicht hatte, betrug der Gamsbestand bereits rund 1500, der Hochwildbestand ca. 300 Stück", schrieb Wilhelm Schlag und fügte hinzu: „Diese ritterliche Haltung des Erzherzogs gegenüber dem Wild, die im Zeitalter der Romantik vielleicht mit dem Beispiel des großen Weidmanns und Vorfahren Erzherzog Johanns, Maximilian I., in Zusammenhang gebracht werden kann, hat zweifellos nicht nur Franz Joseph I. beeinflußt, sondern wirkte sich zuletzt auch wieder über diesen Herrscher auf das gesamte Weidwerk in der Donaumonarchie aus. Sie fand ihren Niederschlag in der Jagdgesetzgebung und vor allem im Geiste des Weidwerks."

Der steirische Prinz gilt aber auch als Vater der graugrünen Jägertracht, wie sie heute von den Waidmännern in den Alpenländern
überall getragen wird. Und der wiederum daraus entstandene „Stei-
reranzug" wurde zum Inbegriff österreichischer Tracht schlechthin.
Erzherzog Johann, der mit seinem schlichten „Jagagwand" dem einfachen Volk und seinen Jägern nur „ein Beyspiel der Einfachheit in
Sitte" geben wollte, konnte nicht ahnen, daß er damit als „Mode-
schöpfer" in die Kulturgeschichte eingehen würde. Maria und
Herbie Trummler schrieben darüber in ihrem „Streifzug durch die
Kleiderschränke der Jägerei": „Im Salzkammergut und in der
ganzen Steiermark wurde die Erzherzog-Johann-Tracht von allen
Teilen der Bevölkerung mit Überzeugung getragen. In der kaiserlichen Hauptstadt indes gab es noch mancherlei Bedenken gegen
diese volksnahe Kleidung, wie überhaupt gegen den Brandhofer und
seine betont eigenwillige Gesinnung. Dies sollte sich ab 1846
ändern. In diesem Jahr nämlich lud der Erzherzog seinen damals
16jährigen Großneffen Franz Joseph samt Gefolge zu einer Jagd in
die Obersteiermark. Allerdings unter der Bedingung, daß alle so
erscheinen, wie es bei einer steirischen Jagd üblich ist, nämlich in
Tracht. Dies war auch tatsächlich der Fall, und von diesem Zeit-
punkt an hat der spätere Kaiser diesen Brauch zeitlebens in Ehren
gehalten. Und mit dem Kaiser als prominenten Trendsetter wurden
Loden und Lederhose auch in Wien hoffähig. Somit konnte die steirische Tracht auch in den städtischen Bürgerkreisen Einzug halten."
Der kaiserliche Prinz, der als leidenschaftlicher „Gebirgsbär" nach
seinen eigenen Worten der Reichshaupt- und Residenzstadt Wien
ganz fremd geworden ist, blieb bis ins hohe Alter ein passionierter
Gebirgsjäger. Am 7. August 1855 trug der damals schon Dreiund-
siebzigjährige in sein Tagebuch ein: „Heute früh gingen wir auf
die Palfneralpe jagen. Eine herrliche Alpengegend. Zuerst bei
Patschg vorüber, dann auf dem Viehweg zu dem vormaligen Sankt
Johannser Lehen, dann durch Wald in den Graben zur unteren
Palfneralpe, durch den Graben über das Wasser, in Reiben hinauf
über einen steilen Hang neben der Wand des Stuhls auf die obere
Palfneralpe. Diesen läßt man links liegen und gehet über Steintrümmer… bis man einen steinigen Absatz erreichet, welcher sich
vom Zehnerkogel quer durch das Tal nach dem Feuersang ziehet.
Hier wurden die Schützen angestellet. Ich aber ging hinauf über

Steintrümmer und Platten über eine Schneelahn zu den Wänden ohnweit der Lahnkarlscharte. Vor mir lag das Kar voller Steintrümmer und Schneeflecken umgeben von Wäldern, gegenüber der Graukogel, eine großartige Wüste. Nördlich die Aussicht auf das Tal bei Hof, die Sallfeldner und Leoganger Berge, die Berge bei Fusch bis zum Wiesbachhorn. Auf meinem Stande wenig Pflanzen, die primula glutinosa blühte in Menge. Da saß ich allein im Sonnenschein, meinen Gedanken freien Lauf lassend. Mir war wohl. Ich möchte mit niemandem tauschen. Gemsen sah ich genug. Zuerst kamen bei mir vierzig vorbei, lauter Gaisen und Kitzen, die waren sicher, daß ihnen nichts geschiehet. Als diese wegzogen, trennte sich ein alter Bock, den nahm ich aufs Korn und schoß ihn. Alles was später kam, ließ ich gehen. Ich hatte genug mit meinem Schusse."

Der junge Kaiser Franz Joseph, der sich selbst als „passionierten Gemsenjäger" bezeichnete, bereitete dem alten Erzherzog, seinem Großonkel, zweimal die Freude, mit ihm in den Revieren des Brandhofes auf Gemsenjagd zu gehen. Hannes Lambauer berichtet darüber in seinem Buch „Erzherzog Johann – Sein Leben in den Bergen": „Vom 2. bis 6. September 1855 war er das erstemal im Hochschwabgebiet und schoß an einem Tag elf Gemsen. Den Kaiser überraschte der große Wildreichtum, waren doch in kurzer Zeit über 400 Gemsen auf Schußweite bei den Jägern vorbeigekommen." Da der greise Erzherzog es vermieden habe, bei der Jagd mit Seiner Majestät „über politische Dinge zu sprechen", obwohl der Prinz ein ebenso leidenschaftlicher Politiker wie passionierter Jäger war, schenkte er dem Kaiser „ein paar schöne erholsame Tage in den Bergen, so daß dieser gerne im nächsten Jahr wiederkam". Im Oktober des Jahres 1858 hielt sich Erzherzog Johann zum letzten Mal in seinem Gemsenrevier im Hochschwabgebiet auf, wo er am 16. dieses Monats am Kastenriegel seine letzte Gemse streckte. Am 11. Mai 1859 schloß der große Jäger in seinem Grazer Stadtpalais für immer die Augen. Der steirische Prinz hinterließ der steirischen Jägerschaft den von ihm gegründeten „Steirischen Jagdschutzverein". Und eines der meistverbreiteten waidmännischen Lehrbücher, „Der steirische Lehrprinz", der seit 1884 in zwölf Auflagen erschienen ist, atmet noch heute den Geist Erzherzog Johanns.

Franz Josef Strauß:
Die Hofjagden des letzten „Bayernkönigs"

Der legendäre CSU-Vorsitzende und langjährige bayerische Ministerpräsident Franz Josef Strauß war nicht nur einer der mächtig-
sten Politiker der Bundesrepublik Deutschland, sondern auch ein
passionierter Waidmann, der, wortgewaltig und schlagfertig wie er
nun einmal gewesen ist, zu den urigsten Typen der grünen Gilde
zählte. Vor allem durch sein betont jägerisches Auftreten – mit
Gamsbart und allem was sonst noch dazugehört – war er zeitlebens
für die Karikaturisten ein gefundenes Fressen.

So brachte ein deutsches Nachrichtenmagazin einmal in ganzseiti-
ger Größe die Karikatur eines wohlbeleibten Jägers, unverkennbar
Franz Josef Strauß darstellend, dem der wuchtige Gamsbart den
ganzen Kopf und das halbe Gesicht bedeckte und der deshalb
blindlings seinem an der Leine zerrenden Jagdhund über Stock und
Stein folgen mußte. Darunter stand zu lesen: „Wo hat der Jagdhund
seinen A… ?" Die Antwort darauf war verkehrt gedruckt und
lautete: „An der Leine…"

Aber auch der Ministerpräsident verstand es vortrefflich, hart aus-
zuteilen. Wobei er es oft auf Journalisten abgesehen hatte. So
erzählte FJS im Freundeskreis gerne folgende Anekdote: „Kürzlich
habe ich auf der Pirsch mitten im Wald einen sogenannten bedeu-
tenden Journalisten getroffen, der gerade Pilze gesammelt hat. Ich
grüß' ihn ganz besonders freundlich, weil ich mir denke, Gott sei
Dank, jetzt, da, mitten im Wald, kann der bestimmt nichts anstellen.
Und vielleicht kennt er sich bei den Schwammerln doch nicht so
aus..? Jedenfalls konnte ich diesen verlockenden Gedanken nicht zu
Ende führen, denn wie der Herr Chefredakteur mich sieht, rennt der
davon und schreit wie ein Narrischer: „O weh, o weh, der Strauß,
und ein Gewehr hat er auch mit!" Ich denke mir, na, jetzt hat der
endgültig durchgedreht, mußt ihm gnädig sein und den Fangschuß
geben. Nix wie herunter mit dem Gewehr, angelegt und abge-
drückt! Und wißt's, was passiert ist? Ich habe ihn voll getroffen und
doch nix erwischt…"

Aber nicht nur Journalisten, auch Politiker und Waidkameraden nahm der „letzte Bayernkönig" ins Fadenkreuz. So schrieb Strauß, der nach eigenen Angaben einer Familie entstammte, die „katholisch, monarchistisch und antipreußisch" eingestellt war, in seinen Erinnerungen über den Generalfeldmarschall Paul von Hindenburg, dem er den Vorwurf machte, gegenüber Adolf Hitler zu nachgiebig gewesen zu sein: „Für mich hat Hindenburgs Metamorphose begonnen, als er seine Hirsche nicht mehr bei uns in Bayern, in Dietramszell, schoß, sondern in Neudeck in Westpreußen. Solange er noch unter bayerischem Einfluß stand, nicht unter dem von ostelbischen Gutsbesitzern wie Oldenburg-Januschau, waren die Dinge noch in Ordnung."

Aber Strauß hatte nicht nur über die Verstorbenen so seine eigene Meinung, er erteilte auch Lebenden gerne eine Lektion. Helmut Schmidt, der damals noch deutscher Bundeskanzler war, schnaunzte Strauß einmal eisig an: „Herr Strauß, ich weiß, Sie wollen mich nicht verstehen." Daraufhin gibt der Bayer dem Hanseaten zur Antwort: „Wollen schon, Herr Bundeskanzler. Aber können nicht. Weil ich bin ein bayerischer Gebirgsjaga und Sie ein norddeutscher Hochseekapitän."

Als Franz Josef Strauß einmal in Landshut eine Trophäenschau besuchte, blieb er vor dem kapitalen Geweih eines Sechzehnenders, tief in Gedanken versunken, stehen und murmelte: „Wenn der Kohl auch so ein Geweih hätte, dann hätte der Genscher bestimmt mehr Respekt vor ihm." Und anläßlich einer Treibjagd im Revier eines süddeutschen Fürsten, bei der der Ministerpräsident der einzige Nicht-Aristokrat war, ließ Strauß die Blaublütigen wissen: „Da bezeichnen mich die Herren Journalisten immer wieder als neuen Bayernkönig. Wenn die mich jetzt sehen könnten, wüßten sie endlich, was ich wirklich bin: Nichts anderes als der Treiber Seiner Durchlaucht!"

Einmal saß Strauß – Deutschland wurde gerade von der sogenannten Flick-Spendenaffäre in Atem gehalten – wochenlang auf einen Rehbock an, doch es wollte und wollte nicht passen. Entweder trat der Bock überhaupt nicht aus oder erst dann, wenn es schon zu stark dämmerte und ein Schuß nicht mehr zu riskieren war. Vom erfolglosen Ansitzen ganz zermürbt und mit der Geduld sichtlich am Ende, äußerte FJS gegenüber dem mit ihm am Hochsitz ausharrenden Förster den Verdacht: „Sichst, jetzt hat der Flick auch schon unsere bayerischen Rehböck' bestochen."

Nachdem er einmal einen Fuchs erlegt hatte, kam Strauß freudestrahlend ins Wirtshaus, hielt Meister Reinecke an der Rute hoch und rief: „Was sagt's? In Bayern lebt ein Genscher gefährlich, was?!"
Ein anderes Mal war der oberste Bayer zur Fasanenjagd geladen. Als FJS sah, daß die Fasane erst kurz vor Beginn der Jagd aus dem Gehege in die freie Wildbahn entlassen wurden, lehnte er die Teilnahme an der Jagd mit den Worten ab: „Da könn' ich genau so gut im Bundestag jagen, dort gibt es mehr solche lahmen Enten." Und als Kenia, das wohl klassischste Jagdland Afrikas, im Jahre 1977 die Großwildjagd generell verbot, ging Franz Josef Strauß bei einem Diplomatenempfang in Bonn mit erhobenem Zeigefinger auf den kenianischen Botschafter zu und warnte mit lauter Stimme: „Exzellenz, sagen Sie Ihrem Präsidenten, daß er einen ganz großen Fehler gemacht hat. Dort, wo die Jagd aufhört, fängt die Wilderei an." Strauß bewies damit seine prophetische Gabe: Der kenianischen Wirtschaft entgingen durch das generelle Jagdverbot auf Großwild Hunderte Millionen Dollar an Deviseneinnahmen, dafür muß es heute ganze Armee-Einheiten zur Wildererbekämpfung einsetzen, ohne bisher einen durchschlagenden Erfolg erzielt zu haben.
Ein amerikanischer Senator fragte Franz Josef Strauß einmal, wieviel Stück Wild er, Strauß, in seinem Leben schon erlegt habe. Der Bayer gab zur Antwort, er wisse das nicht so genau, denn er habe nicht mitgezählt. Als der Senator aber nicht locker ließ, stellte Strauß – verschlagen lächelnd – eine Gegenfrage: „Wissen Sie, Herr Senator, noch genau, wie viele Böcke Sie in Ihrem Leben schon geschossen haben?"
„Keine", antwortete der Senator, „weil ich nämlich kein Jäger bin."
„Aber seit Jahrzehnten Politiker", entgegnete Strauß, „und Politiker, die in ihrem ganzen Leben noch keinen Bock geschossen haben, die gibt's nicht einmal in Amerika…"
Ein Industrieller aus dem Ruhrgebiet, der schon auf allen fünf Kontinenten das Waidwerk ausgeübt hatte und allzu gerne mit seinen exotischen Jagdabenteuern prahlte, erzählte Strauß von einer Elchjagd in Norwegen: „Stellen Sie sich mal vor, Herr Strauß, da mußte ich doch allen Ernstes einen Becher mit Hirschschweiß leeren, nachdem ich meinen ersten Elchbullen erlegt hatte. Entsetzlich, sage ich Ihnen. Mir dreht es heute noch den Magen über, wenn ich bloß daran denke."

„Sehen Sie, Herr Doktor, wären Sie nicht so weit weggefahrn, sondern zu uns nach Bayern gekommen, um bei uns einen Hirschen zu schießen, dann hätten Sie nachher ein bayerisches Bier bekommen."

Durch und durch ein Bayer, konnte Franz Josef Strauß die Preußen nicht ausstehen. Als einmal ein aus Ostpreußen vertriebener Junker sich wortreich darüber beklagte, wie schmerzlich der Verlust dieser Provinz für ihn als Jäger sei, habe er dort im Osten doch die besten Reviere verloren, flüsterte Strauß, der dies zufällig hörte, seinem neben ihm stehenden Sekretär ins Ohr: „Ein echter Preiß. Um seine Jagden trauert er immer noch, daß er 1945 bei der Vertreibung der Deutschen aus Ostpreußen aber seine halbe Familie verloren hat, davon erwähnt er kein Wort!"

Als ein Kolumnist einer in Hamburg erscheinenden Wochenzeitung schrieb: „Würde F.J. Strauß sich mehr seiner geliebten Jagd widmen, die deutsche Politik verliefe um einiges intelligenter", griff Strauß, nachdem er das Pamphlet genüßlich zu Ende gelesen hatte, zum Telefon und unterbreitete dem Journalisten folgenden Vorschlag: „Wenn Sie sich bereit erklären, mit mir auf die Jagd zu gehen, greife ich ihre Anregung gerne auf. Blöde Jäger gibt es schon genug, da fällt einer mehr bestimmt nicht mehr auf. Aber intelligente Schreiber gibt es viel zu wenige und es wäre höchst an der Zeit, daß sie einem solchen endlich Platz machen."

Warum die deutsche, insbesondere die norddeutsche Journaille nicht müde wurde, Franz Josef Strauß als beschränkten Geist zu verunglimpfen, ist völlig unverständlich, denn FJS war ganz im Gegenteil mit hohen Geistesgaben gesegnet, hatte allerdings das Pech, nicht wie ein Intellektueller auszusehen, und zeigte zudem niemals auch nur die geringste Ambition, sich als solcher darzustellen. In seinen „Erinnerungen" konnte er aber dennoch nicht umhin, dieses Bild zurechtzurücken, wenn er schreibt: „1935 machte ich mein Abitur – mein Reifezeugnis war in ganz Bayern das beste dieses Jahrgangs. In Religion, Deutsch, Latein, Griechisch, Englisch, Mathematik, Physik, Geschichte und Geographie erhielt ich ein „Hervorragend", also die Note 1. Nur in Turnen mußte ich mich mit einem „Lobenswert" begnügen."

Strauß war Absolvent des Münchner Max-Gymnasiums, das auch heute noch zu den Elite-Schulen des Freistaates zählt. Nach seiner mit

Auszeichnung bestandenen Reifeprüfung erhielt er nach einer zusätzlichen mündlichen Prüfung die „unbedingte Aufnahme" in die Maximilianeums-Stiftung, die, von König Max II. im vorigen Jahrhundert gegründet, „für die begabtesten Schüler Bayerns bestimmt ist".

An der Universität München studierte er dann Klassische Philologie (Latein, Griechisch), Geschichte, Germanistik und Philosophie für das höhere Lehramt, weil er den Beruf eines Gymnasiallehrers anstrebte. So nebenbei belegte er noch Volkswirtschaft, was ihm später, als er Bundesfinanzminister in Bonn war, sehr zustatten kam. Auch das Universitätsstudium absolvierte Strauß mit Auszeichnung, die Dissertation „Über die Universalgeschichte des Pompejus Trogus in Augusteischer Zeit" wurde nur wegen der Einberufung zur Wehrmacht nicht beendet, und nach dem Kriegsende stürzte sich der Heimkehrer Strauß voll in die Politik, so daß für die hehre Wissenschaft keine Zeit mehr blieb.

Als Politiker stieg Franz Josef Strauß in unglaublich kurzer Zeit in höchste Staats- und Parteiämter auf: CSU-Bundestagsabgeordneter, Minister für besondere Aufgaben im Kabinett Adenauer, Bundesverteidigungsminister, Bundesfinanzminister, bayerischer Ministerpräsident und CSU-Parteichef. Nur das Amt des Bundeskanzlers, auf das er immer starke Ambitionen hatte, blieb ihm verwehrt, nachdem er bei den Bundestagswahlen von 1980 als Kanzlerkandidat der Unionsparteien CDU/CSU dem amtierenden SPD-Kanzler Helmut Schmidt unterlegen war.

Strauß hatte zum ehemaligen SED-Parteichef und DDR-Staatsratsvorsitzenden Erich Honecker stets einen guten Draht, die beiden verband beinahe ein freundschaftliches Verhältnis. Wie war das möglich? Da der erzkonservative, streng katholische Bayer, dort der atheistische Oberbonze eines kommunistischen Staates. Es war die Jagd, die diese so völlig konträren Männer über alle Staats-, Partei- und Ideologiegrenzen hinweg zu Freunden werden ließ.

Erich Honecker war ein fanatischer Jäger, der die DDR vom Hochsitz aus regierte. Ein hervorragender Schütze, der seine Waffen liebte. Und ein Politiker, der für die Führung der Staatsgeschäfte gerade so viel Zeit erübrigte, wie die Jagd ihm Zeit dazu ließ. Damit gewann Honecker die Sympathien des Bayern, der auch dazu neigte, alles liegen und stehen zu lassen, wenn sein Ohr das Signal des Jagdhorns vernahm.

78

Strauß dürfte Honecker insgeheim um dessen prächtige Trophäen, darunter mehr als ein Dutzend rekordverdächtiger, beneidet haben. Und auch darum, daß er, der demokratische Politiker, viel zu sehr ins politische Tagesgeschäft eingespannt war, um so nach Lust und Laune dem Waidwerk zu frönen,wie der Diktator es konnte.

In seinen Memoiren schrieb Strauß : „Ich schenkte Honecker, dem begeisterten Jäger, das begehrteste Fernglas, das es in der Bundesrepublik Deutschland gibt, ein Produkt der Firma Zeiss, die ja ursprünglich aus Jena stammt. Es war die allerneueste Ausgabe des alten Deutschen Marinefernglases, 8x56, das schon von der kaiserlicher Marine verwendet worden war und seit 1945 in erster Linie als Jagdglas dient. Erich Honecker hat sich sehr darüber gefreut, hat sich sofort ans Fenster gestellt und hinausgeschaut. Auch er wußte offensichtlich, daß es sich hier um ein Traumglas für einen Jäger handelte."

Franz Josef Strauß starb, wie er es sich als passionierter Jäger vielleicht sogar gewünscht haben mag, am 3. Oktober 1988 auf einer Jagd beim Fürsten Johannes von Thurn und Taxis in der Nähe von Regensburg.

George Bush:
Mister President als Hühnerjäger

Die „Air Force One", das Dienstflugzeug der amerikanischen Präsidenten, landete schon in den frühen Morgenstunden, von der Bundeshauptstadt Washington kommend, auf dem Flughafen von Corpus Christi, einer mittelgroßen Stadt in Texas, direkt am Golf von Mexiko. Die Männer vom „Secret Service" hatten schon längst alle strategischen Positionen bezogen; nichts, nicht einmal die kleinste Bewegung entging ihren geübten Augen. Als George Bush federnden Schrittes die Gangway herunterlief, gefolgt von Außenminister James Baker, waren die Teilnehmer an der bevorstehenden Jagd bereits am Rollfeld in Reih und Glied angetreten, um die beiden prominenten Jagdgäste auf texanischem Boden willkommen zu heißen.

Der Präsident und der Außenminister trugen schon die für Texas typische Jagdbekleidung: Cowboystiefel und Jeans, großkarierte Baumwollhemden im Holzfällerstil und darüber hüftlange, ärmellose Buschjacken aus grünem Khaki. Bush wie immer mit Baseball-Kappe, Baker wie gewohnt mit breitkrempigem Stetson.

Händeschütteln, Schulterklopfen, lautes Halli-Hallo, und ab ging's in Geländewagen nach Freer, einem Kaff in Südtexas, wo im Quellgebiet des Nueces River, unweit der Grenze zu Mexiko, das ganze Wochenende über Jagd auf „Wild Turkeys", wilde Truthähne, gemacht werden sollte.

Nach mehrstündiger Fahrt über einsame Highways werden der Prä-

Links oben: Hühnerjagd in Texas ist die große Leidenschaft des ehemaligen US-Präsidenten George Bush.

Rechts oben: George Bush gilt nach Theodore Roosevelt als der passionierteste Jäger unter den US-Präsidenten.

Unten: Nichts reizt George Bush mehr, als Jagd auf wilde Truthähne zu machen, von denen er schon mehrere hundert Stück erlegt hat.

80

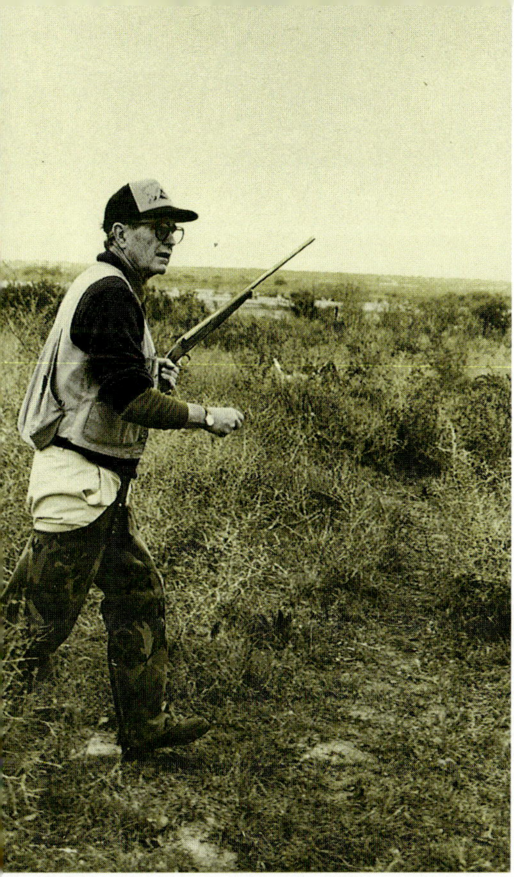
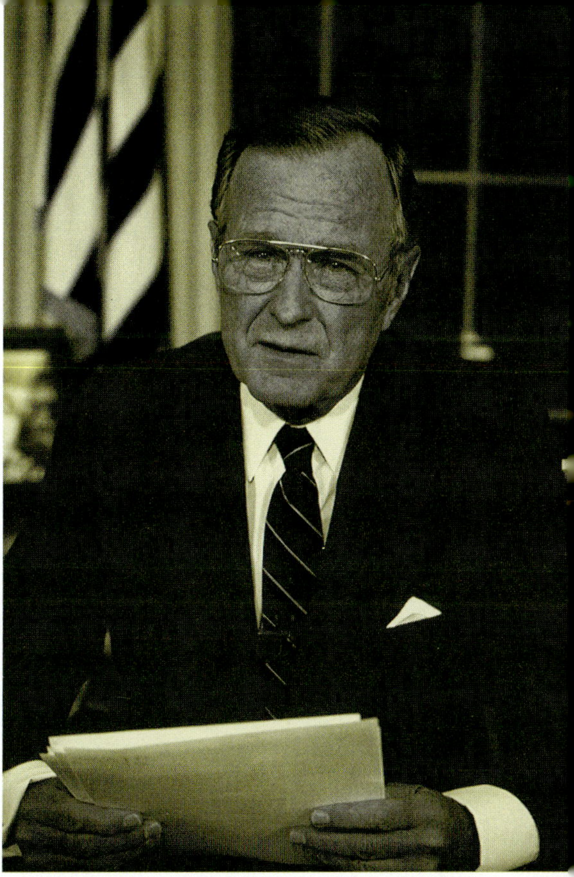
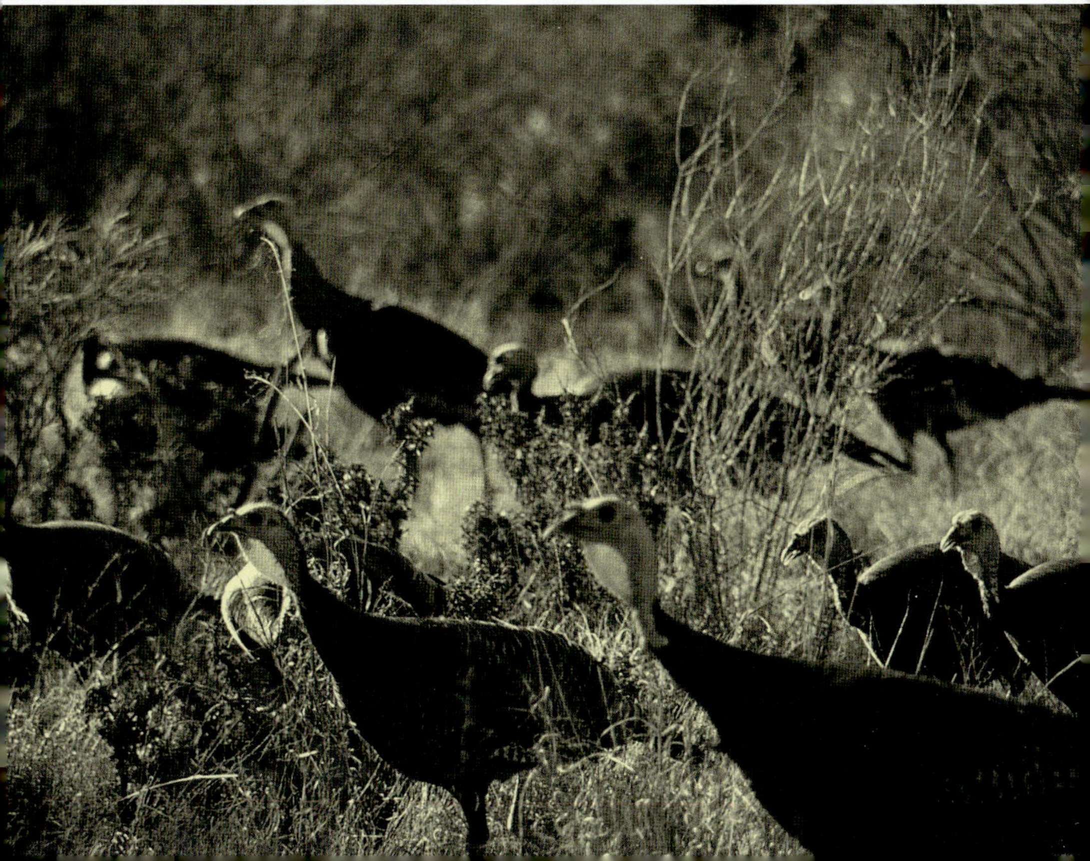

sident, sein Außenminister und die übrigen Teilnehmer an der Jagd, alles schwerreiche Texaner, die in Houston und Dallas Erdöl- und Finanzgeschäfte machen, im Jagdcamp zunächst einmal mit Whisky gestärkt, bevor der Scout, ein Halbindianer, die Gewehre verteilt.

Nach kurzem Überprüfen der Waffen – James Baker hegt gewisse Zweifel und beginnt am Schießplatz des Camps sein Gewehr sicherheitshalber noch einzuschießen – brechen die Jäger ins Revier auf, folgen in brütender Hitze dem Indianer, der sie zum Nueces River führt, wo seit zwei Tagen ein Trupp Truthühner nicht wagt, über den Fluß zu setzen.

Der Präsident, obwohl schon 66 Jahre alt, schreitet weit aus, gibt ein höllisches Tempo vor, das die anderen Jäger kaum mitzuhalten in der Lage sind. Am wenigsten der Jagdherr selber, John B. Connally, das lebende Wahrzeichen von Texas, der, seit Präsident Lyndon B. Johnson gestorben ist, wie kein anderer Texas mit all seiner Macht und dem offen gezeigten Reichtum verkörpert. Connally, der im Cowboy-Staat enorme Popularität genießt, war am 22. November 1963 mit einem Schlag international bekannt geworden: Der damalige Gouverneur von Texas saß nämlich mit seiner Frau in der Präsidentenlimousine, in der John F. Kennedy ermordet worden ist. Ebenfalls von einer Kugel getroffen und schwer verletzt, war das Kennedy-Attentat für Connally ein Schlüsselerlebnis, das ihn später – obwohl er stets starke Ambitionen auf das Präsidentenamt zeigte – immer in letzter Minute vor einer eigenen Kandidatur zurückschrecken ließ.

John Connally, eine faszinierende Persönlichkeit und eines der wichtigsten Mitglieder des amerikanischen Establishments, ein Mann, der hinter den Kulissen die Fäden zog, immens reich und

Oben: War einer der exzentrischsten Großwildjäger Kenias: Lord Gilbert Colvile.

Unten: Als „Nyasore“, was übersetzt „Der dünne Mann“ bedeutet, wurde Colvile Stammesmitglied der Massai.

einer der besten Jäger der USA: „In seinem Anwaltsbüro in einem Wolkenkratzer in Houston, er hat mit zweihundertsechzig Rechtsanwälten die zweitgrößte Praxis in den Vereinigten Staaten, hängen hinter Glas Dollarnoten mit seinem Konterfei und seiner Unterschrift. Erinnerungen an seine Machtposition in den siebziger Jahren, als Finanzminister unter Nixon. Von 1962 bis 1968 war er Gouverneur. Während seiner Amtszeit verdoppelte sich der texanische Staatshaushalt. Connallys politischer Lehrmeister und Förderer war Präsident Lyndon B. Johnson. Der Demokrat schätzte das strategische Talent seines Schützlings, der für ihn alle Wahlkämpfe managte", schrieb die VIP-Journalistin Margret Dünser über jenen Mann, der in Texas überall mit großem Hallo begrüßt wurde und der neben seiner Tätigkeit als Rechtsanwalt eine riesige Rinder-Ranch bewirtschaftete. Bush und Connally waren seit den fünfziger Jahren eng miteinander befreundet, nicht zuletzt deshalb, weil beide leidenschaftliche Jäger waren.

Jetzt ist von der Ferne her das typische Glucksen der Turkeys zu vernehmen. Der Scout gibt mit der Hand ein Zeichen, und das Lachen der Jäger verstummt. Connally schiebt sich seinen Stetson ins Genick und wischt sich mit dem Taschentuch den Schweiß vom Gesicht. Während der Indianer sich vorsichtig an den Truthahn-Trupp heranpirscht, bleiben die Jäger schweigend stehen, laden vorsichtig ihre Gewehre und warten auf das Zeichen des Halbbluts, ihm hinterherzufolgen. Der Präsident geht in die Hocke, zieht sich die Schirmkappe tief ins Gesicht und wartet sichtlich gespannt, ob der Scout die Tiere ausmachen kann.

Der Jagdführer gibt ein Zeichen, worauf ihm die Jäger in gebückter Haltung, eigentlich mehr kriechend als gehend, folgen. Die Stände, die ihnen der Scout zugewiesen hatte, waren von den Truthahn-Jägern schnell eingenommen. Jetzt ist das Glucksen der Hähne schon deutlich zu vernehmen, obwohl von den Tieren selbst noch nichts zu sehen ist. Der Indianer sucht mit seinem Feldstecher ruhig und bedächtig das Ufer des Flußes ab, hält plötzlich inne und zeigt mit der rechten Hand nach Norden. Der Präsident und sein Gefolge greifen nun ebenfalls zu ihren Ferngläsern und schauen angespannt in die vom Scout angezeigte Richtung. James Baker, ein sehr erfahrener Truthahnjäger, hat als erster den Trupp ausgemacht und bringt sehr vorsichtig sein Gewehr in Anschlag. Der Reihe nach bietet

82

sich jetzt auch den anderen Jägern ein prächtiger Anblick: ein Trupp von etwa fünfzig Turkeys, darunter gut ein Dutzend kapitaler, alter Hähne.

Nun gilt es zu warten, bis die Vögel, vom Lockruf des Scouts angelockt, aus dem Uferdickicht treten. Bush, Baker, Connally und die anderen Jäger gelten als „turkeystrong", als „truthahnfest", was heißen soll, daß sie mit den Gewohnheiten dieser Tiere in freier Wildbahn bestens vertraut sind. Das weiß der Scout und beginnt jetzt verhalten zu locken, obwohl die Turkeys immer noch etwa vierhundert Meter von den Jägern entfernt, am anderen Ende des Flusses, sind.

Die Truthühner wandern, je nach dem Lauf der Jahreszeiten und dem bestehenden Angebot an Futter, immer in Trupps. Sie verlassen die nördlicheren Gebiete und begeben sich zu den reichen Ebenen im Süden des amerikanischen Kontinents. Unermüdlich und diszipliniert marschieren die Turkeys in regelmäßigen Schritten weiter. Die alten Hähne gehen voraus, gefolgt von den Hühnern und dann von den Jungen. Es scheint, als ob die Mütter als Barriere gegen den Zorn der älteren Hühner wirken, die immer wieder mit Hieben von Schnabel und Sporen die Jungen angreifen.

Die großen Hühnervögel nehmen während der Rast jede Art von Nahrung zu sich: Körner, Wurzeln, Kräuter, Insekten, Weichtiere und Würmer. Wenn ein Wasserlauf ihnen den Weg versperrt, brauchen die Truthühner einige Zeit, ein oder zwei Tage, bis sie sich entschließen, ihn zu überqueren. Die Hähne schlagen das Rad und stoßen ihre Laute aus, um sich gegenseitig zu diesem Unternehmen Mut zu machen. Und schließlich wagen sie, nicht ohne Schwierigkeit, den Flug von einem zum anderen Ufer. Dabei tun sich die älteren Tiere leichter, während die jungen ins Wasser fallen können, um dann schwimmend das andere Ufer erreichen zu müssen. Sie schließen die Schwingen fest an den Körper, breiten den Schwanz aus und rudern mit den Beinen ans andere Ufer.

Aber wenn der Wasserlauf von einer gewissen Breite ist, haben die Truthühner nicht den Mut und auch nicht die Möglichkeit, ihn zu überqueren. Nachdem sie einige Tage mit Warten zugebracht haben, sich aber für das Überqueren des Flusses nicht entscheiden konnten, wählen sie die Waldungen, die das Ufer einsäumen, als Aufenthaltsort.

Der Nueces River ist an dieser Stelle, wo der US-Präsident und seine Jagdkameraden warten, relativ schmal, so daß ein Überwechseln des Trupps mit Sicherheit angenommen werden kann. Da die Vögel allerdings – vom Scout genau beobachtet – schon seit zwei Tagen Anstalten machen, den Fluß zu überqueren, sich bisher aber noch nicht getraut haben, wird es des indianischen Lockrufes bedürfen, um den Tieren den nötigen Mut einzuflößen.

Der Scout beginnt nun, den Marschruf des Truthahnes nachzuahmen. Zuerst zögernd und relativ leise, dann aber immer lauter werdend und fordernder. Durch ihre Feldstecher hindurch können die Jäger beobachten, wie der Trupp von Aufregung erfaßt wird. Ein Hahn nach dem anderen schlägt jetzt das Rad, die Stirnklunker richten sich auf und laufen blutrot an. Ein ohrenbetäubendes Glucksen beginnt, die Hühner schlagen nervös mit den Schwingen, da setzt der erste Hahn, ein alter Bursche mit fast faustgroßen Halswarzen und einer Länge von fast anderthalb Metern, zum Flug an. Mächtig die Flügel schwingend, aber doch irgendwie plump, schwerfällig und träge, setzt der alte Prachthahn ans andere Ufer über. Mit einem schweren Plumps läßt er sich in den Sand des Ufers fallen, überschlägt sich dabei beinahe kopfüber, findet aber Halt und bläst sich voll Stolz sofort zu unmöglich scheinender Größe auf. Die Augen rollend, den Schnabel weit geöffnet, der Hals blutrot, stößt der alte Bursche nun kurz hintereinander seinen heiseren Lockruf aus. Der Scout hat seine Arbeit getan, jetzt kann er es getrost dem Old Turkey überlassen, die anderen Vögel über den Fluß zu locken.

Da, zwei Hähne fliegen gleichzeitig, landen schwer und werden von einem jüngeren Hahn, der noch aufgeflogen ist und nun umso schwerer landet, frontal gerammt. Sofort fallen die beiden Hähne über den Tolpatsch her, greifen ihn mit ihren spitzen Schnäbeln an. Der Präsident beobachtet gespannt das sich ihm darbietende unvergleichliche Naturschauspiel; sieht, wie jetzt immer mehr Vögel zum Flug ansetzen: zu zweit, zu dritt, zu viert und mehr den Fluß überfliegen.

In weniger als einer Viertelstunde hat der ganze Trupp übergesetzt. Kein Tier ist ins Wasser gefallen. Alle kamen trocken am anderen Ufer an. Als das letzte Huhn gelandet war, formierte sich – unter dem lautstarken Glucksen der alten Hähne – der Trupp sofort zum

Weitermarsch: die alten Hähne an der Spitze, gefolgt von den jüngeren Hähnen, dann die alten Hühner, die jungen Hühner und am Schluß die Jungen. Und ab ging der Zug in Richtung Hügel, direkt auf die lauernden Jäger zu, die, die Gewehre schon im Anschlag und entsichert, auf die Spitze des herannahenden Trupps zielten.

Der erste Schuß war dem Präsidenten vorbehalten, der jetzt den alten Hahn, den, der als erster die Flußüberquerung wagte und ein wahres Prachtexemplar abgab, ins Visier nahm. Langsam marschierend, die Gefahr, die ihnen drohte nicht ahnend oder wahrnehmend, kamen die Turkeys immer näher. Als der Trupp – nur noch etwas mehr als hundert Meter von den Jägern entfernt – Halt machte, feuerte George Bush auf ein Zeichen des Scouts hin den ersten Schuß ab. Direkt in die Brust getroffen, hob der alte Hahn für einen Augenblick vom Boden ab, schien kurz freischwebend zu verharren – und fiel dann, rücklings und schwer aufschlagend, zu Boden. Von Panik erfaßt, stoben die Vögel auseinander, versuchten, heiser glucksend und ab und zu schrill aufschreiend, ins schützende Uferdickicht zu fliehen. Die jüngeren Hähne flogen, schwer mit den Schwingen rudernd, auf, suchten im Flug die Rettung. Aber es war zu spät: dumpf krachten die Gewehre, und ein Hahn nach dem anderen fiel zu Boden. Im allgemeinen Durcheinander war ein genaues Zielen auf die alten Hähne nicht mehr möglich. Jetzt,wo aus vollen Rohren geschossen wurde, wurden auch jüngere Hähne und sogar Hühner gestreckt.

Als der Scout mit seinem Pfeiferl die Jagd abblies, fiel noch ein Schuß, abgefeuert vom Präsidenten selbst, der noch einem alten Hahn nachschoß und auch traf, kurz bevor dieser im schützenden Ufergebüsch verschwinden konnte.

Die Strecke war respektabel: Die neun Jäger erlegten acht alte und zwölf junge Hähne, und – obwohl nicht beabsichtigt gewesen – es wurden auch sechs Hühner gestreckt. Diesmal hatte der Präsident, der ein begeisterter Truthahnjäger ist, mehr Jagdglück gehabt als damals, als ihm auf der Connally-Ranch von einem übereifrigen Secret-Service-Mann der Abschuß eines rekordverdächtigen alten Hahnes verhaut worden war.

Seit Mitte der sechziger Jahre war es geheiligte Tradition, daß George Bush jeden Frühling zur Truthahn-Balz auf die Connally-

Ranch nach Texas kam. Das Anwesen des Ex-Gouverneurs umfaßt ein Gebiet, das mehr als dreimal so groß wie das Fürstentum Liechtenstein ist, und besteht hauptsächlich aus Weideland, auf dem von echten Cowboys riesige Rinderherden von Weideplatz zu Weideplatz getrieben werden. Ein Teil des Connally-Landes – der Gouverneur zahlte seinerzeit für den Quadratmeter einen Dollar, heute würde er spielend das Hundertfache dafür erzielen – ist mit Wäldern bedeckt, in denen sich jedes Jahr mehrere hundert Turkeys zur Balz und anschließenden Brut niederlassen.

Am Endpunkt ihrer Reise in den Süden angekommen, teilt sich der große Trupp in kleine Gruppen, in denen Hähne und Hühner, Alte und Junge gleichermaßen vertreten sind. Wenn der Winter zu Ende geht, macht sich ein starker Fortpflanzungstrieb bemerkbar, und die Wälder hallen wider von den kreischenden Schreien der Hühner und dem tiefen Glucksen der Hähne. Auf den Lockruf einer Henne hin antworten alle in der Nähe befindlichen Hähne. Kommt der Ruf vom Boden herauf, fallen die Hähne auf den Boden und beginnen sofort das Rad zu schlagen, sich mächtig aufzublasen und lassen ihr prächtiges Gefieder in den schönsten Farben erstrahlen. Da immer mehr Hähne als Hühner vorhanden sind, entstehen zwischen ihnen heftige Kämpfe, die erbittert geführt werden und oft mit dem Tod eines der Rivalen enden.

Im April 1985, Bush war damals Vizepräsident unter Ronald Reagan, verständigte John Connally seinen Jagdfreund in Washington davon, daß diesmal ein Hahn auf seinem Land balze, der prächtiger nicht sein könne und wahrlich rekordverdächtig sei: Mindestens 1,50 Meter lang und sicher an die fünfundzwanzig Kilogramm schwer. Bush, der in Texas schon kapitale Hähne erlegt hatte, zögerte keine Minute, ließ alle Regierungsgeschäfte liegen und flog – um vierzehn Tage früher als beabsichtigt – nach San Antonio, um diesen kapitalen Hahn, bevor es ein anderer tun konnte, zu strecken.

Begleitet von zehn Bodyguards – der Vizepräsident steht genauso wie der Präsident unter ständiger Bewachung von Sicherheitsbeamten – traf Bush auf der Ranch ein und wollte sogleich in den Wald aufbrechen, ohne den Männern vom Secret Service Zeit zu geben, den Wald vorher vorschriftsmäßig abzusichern. Die diensteifrigen Beamten konnten oder wollten für die Jagdleidenschaft des Vizepräsidenten aber kein Verständnis aufbringen und versuchten alles, um ihren Chef davon abzubringen, Hals über Kopf auf Truthahnjagd zu gehen. Bush ließ sich von seinem Vorhaben aber nicht abbringen, hielt den Warnungen und Bedenken seiner Sicherheitsleute entgegen, daß ihm in Begleitung John Connallys überhaupt nichts passieren könne, und führte sogar ins Treffen, daß durch die Anwesenheit der nicht jagderfahrenen Bodyguards die Jagd als solche gefährdet sei. Schließlich einigte man sich darauf, daß Mister Vice-President doch – nur in Begleitung von John Connally – ohne die Leute vom Secret Service zur Balz geht, Präsident Reagan davon aber in Kenntnis gesetzt werden sollte.

Während der Chief Officer vom Ranchhaus aus fieberhaft versuchte, den Stabs-Chef des Weißen Hauses zu erreichen – die Telefonleitung war ständig besetzt –, waren Bush und Connally schon längst zu Pferd in den Wald aufgebrochen. Heilfroh, die besonders auf der Jagd als lästig empfundenen Bodyguards abgeschüttelt zu haben, gab sich der Vizepräsident der Vereinigten Staaten ganz dem grandiosen Naturschauspiel einer Truthahnbalz hin: Die Hähne stolzierten mit zurückgebogenem Hals, radschlagend und mit weit herabhängenden, schleifenden Schwingen umher. Ihre angeschwollenen und hoch aufgerichteten roten Stirnklunker blinkten wie Warnsignale im matten Licht des frühen Morgens, zeigten Kampflust an, die bis zum Äußersten gehen würde. Mit dem charakteristischen Zischen und Pusten ging ein junger Hahn auf einen ältern los, dessen Gefieder schon arg ramponiert war, ein untrügliches Zeichen für bereits viele siegreich überstandene Kämpfe. Aber der alte Hahn, vom vielen Kämpfen anscheinend doch schon sehr mitgenommen, unterschätzte die Kondition des Jungen, der mit seinen scharfen Sporen und spitzen Schnabelhieben so lange auf den bereits keuchenden Alten losging, bis dieser hilflos auf dem Rücken lag, kehlige Angstschreie austieß und mit letzter Kraft versuchte, dem sicheren Tod doch noch zu entkommen.

Da, ein Rascheln im Unterholz, begleitet von einem mächtigen Klucksen, das sich fast wie der Laut eines Keilers vernahm. Und dann trat er auf die Lichtung, der alte Turkey-King, wahrhaftig ein Wunder der Natur: Ein Hahn, wie er prächtiger nicht sein konnte. Weit bog er seinen purpurrot angelaufenen Hals zurück, wirbelte mit den weit herabhängenden Schwingen Staub vom Boden auf und stieß einen so ins Mark gehenden Kampfschrei aus, daß der Vizepräsident für einen Moment zusammenzuckte. So etwas hatte er in der Tat noch nie gesehen! Sofort nahm der Kampf der anderen Hähne ein schnelles Ende. Der Junge ließ vom Alten ab und räumte unverzüglich das Feld; der Alte rappelte sich mit letzter Kraft auf und torkelte benommen ins Unterholz. Verhalten glucksend, traten nun zwei Hühner aus, näherten sich unterwürfig ihrem Meister. George Bush entsicherte, spannte, zielte genau und – der Hahn war weg, dafür drei Secret-Service-Leute da.

Der Präsident, ein Nichtjäger, der für die waidmännischen Extravaganzen seines Vizes kein Verständnis haben konnte, hatte die Beamten, nachdem sie ihn endlich telefonisch Bericht erstatten konnten, höchstpersönlich angewiesen, den Vizepräsidenten sofort aus dem Wald zu holen. Texas mit all den damit verbundenen Erinnerungen an das Kennedy-Attentat war dem Kalifornier Reagan ein doch zu heißes Pflaster, um seinem Stellvertreter ein einsames und – einmaliges – Jagdvergnügen erlauben zu können.

Bush, ein ansonsten äußerst selbstbeherrschter Mann, der nie die Fassung verlor, geriet ob dieses Vorfalles völlig außer sich und tobte wie verrückt. Das werde Konsequenzen haben, so könne man mit ihm nicht umspringen, polterte der zweitwichtigste Mann der USA, der sich um eine einmalige Trophäe gebracht sah. Zurück im Ranchhaus, einem strahlend weißen zweistöckigen Bau, der in U-Form auf einem künstlich aufgeschütteten Hügel steht und umgeben von alten Kastanien- und Lindenbäumen majestätisch über der weiten südtexanischen Ebene thront, hielt der Vizepräsident mit den Connallys einen „Jagdrat" ab, um das weitere Vorgehen zu besprechen. Bush, vom Anblick des kapitalen Truthahns völlig verzaubert und vom Jagdfieber gepackt, wollte sich diese einmalige Chance jedenfalls nicht entgehen lassen und stellte strategische Überlegungen an, wie er den Aufenthalt in Texas, der nur für einen Tag vorgesehen war, um zwei weitere Tage verlängern könne.

In der Wohnhalle der Connallys, vor dem prasselnden Feuer im marmorumrandeten Kamin, jeder ein Glas Bourbon in der Hand und lässig in den bequemen Polstersofas zurückgelehnt, wurden alle Möglichkeiten, die George Bush für den Abschuß noch offenstanden, durchdiskutiert. Mrs. Connally servierte Hamburger und

Hot-dogs, und dazu tranken die Jäger Bier aus der Dose. Bush wußte, daß er nicht so ohne weiteres ein paar Tage von Washington wegbleiben konnte; auch wenn er als Vizepräsident nicht gerade vielbeschäftigt war, seine Funktion bestand vor allem darin, ständig bereit zu sein, falls dem Präsidenten etwas zustieß; und er war ein Mitglied der gut geölten Regierungsmaschinerie, die alle Members of Government in ein sehr enges Korsett zwängt.

Alle Gedanken an die Pflicht selbst zerstreuend – der „famous wild turkey" war für einen Jäger wie George Bush einfach zu verlockend –, wollte der Vizepräsident gerade zum Telefon gehen, um seinem Büro mitzuteilen, daß er mindestens noch einen Tag bei den Connallys bleiben werde, da läutete es, und Bush wurde von Außenminister George Shultz verlangt. Völlig niedergeschlagen kam der Vizepräsident nach ein paar Minuten zu der vor dem Kamin sitzenden Runde zurück und teilte den Connallys mit, daß er heute noch nach Washington zurückfliegen müsse, da der Präsident verhindert sei, am nächsten Morgen den Sultan von Oman zu empfangen. Bush faßte sich aber relativ schnell und sagte zu John Connally: „Es ist mir eben nicht vergönnt. Schieß du ihn, John, lasse ihn präparieren und nenn' ihn George…"

Drei Tage später hat John Connally den alten Hahn geschossen, und der „prächtige George" hat heute einen Ehrenplatz neben dem Kamin in Connallys Wohnhalle.

George Bush war schon im Alter von fünfzehn Jahren ein vollausgebildeter Jäger, der, sooft es die Schule zuließ, an den väterlichen Jagden teilnahm. Als typischer WASP (Weißer Angelsächsischer Protestant) fand er vor allem an der Wachteljagd Gefallen, in der er es schon in jungen Jahren zu großer Meisterschaft brachte und der er bis heute mit nie erlahmender Begeisterung frönt.

Obwohl der von Bill Clinton aus dem Weißen Haus vertriebene Bush im Laufe seines langen Jägerlebens auch so manches Stück Schalenwild erlegt hat, darunter einen kapitalen Alaska-Elch, galt seine ganze Passion doch immer der Jagd auf Federwild: „Eine Truthahnjagd ist unvergleichlich und kann viel spannender sein als eine Großwildsafari", vertraute der Ex-Präsident der USA dem „Hunter' s Magazine" an. Und die Wachteljagd „verlange mehr jägerisches Können und größere Disziplin als die Jagd auf Elefanten", meint Bush, der auf die Frage eines CNN-Reporters, was er nach dem 20. Jänner 1993, nach seinem Ausscheiden aus dem Präsidentenamt, denn so machen werde, über das ganze Gesicht lächelnd antwortete: „Jagen und fischen, was sonst!?"

Gilbert Colvile: Seine Lordschaft jagte mit Schild und Speer

Wer Jagd als waffengleichen Kampf zwischen Mensch und Tier verstanden wissen will, für den kann es nur einen wahren Jäger geben: Gilbert Colvile. Dieser Engländer, der neben Lord Delamere und Galbraith Cole zu den Gründern der britischen Kolonie Kenia zählt, ist bis heute der einzige weiße Jäger geblieben, der, nur mit Speer und Schild bewaffnet, wie ein Massai auf Löwenjagd ging. Colvile, Sohn von Sir Henry Colvile, eines hochdekorierten viktorianischen Gardegrenadier-Offiziers, der an der Befreiung von Khartum im Jahre 1885 teilgenommen hatte, und der ältesten Tochter des französischen Herzogs Richaud de Préville, war eine der exzentrischsten Persönlichkeiten des kolonialen Afrikas. Vor allem als Großwildjäger.

Gilbert Colvile wuchs auf dem Landsitz seiner Familie in Lullington bei Burton-on-Trend auf, wo er das typische Leben eines englischen Landadeligen führte. Vom Vater schon früh für alles Militärische begeistert, besuchte er zunächst das exklusive englische Elite-Internat Eton, was für einen jungen Mann seiner sozialen Herkunft eine Selbstverständlichkeit war. Von Eton wechselte er auf die königlich-britische Militärakademie Sandhurst, um dort zum Offizier ausgebildet zu werden.

Elspeth Huxley, die literarische Chronistin des kolonialen Kenia, schrieb in ihren Erinnerungen „In der Hitze des Mittags" über Colvile, daß dieser, ein verwöhntes Einzelkind, ein typischer Snob der britischen upper-class, wahrscheinlich nie „nach Ostafrika gegangen wäre, wenn er sich nicht bei der Kaninchenjagd mehrere Zehen abgeschossen hätte, was ihn für den Eintritt zum Regiment seines Vaters disqualifizierte".

So aber machten sich Mutter und Sohn im Jahre 1907, in dem der Vater an den Folgen eines Fahrrad-Unfalls verstarb, zu einer Safari nach British East Africa auf, was damals in den begüterten Aristokratenkreisen des Vereinigten Königreiches zum guten Ton gehörte: „Gilbert gefiel das, was er sah, so gut, daß er alle Gedanken an eine militärische Karriere aufgab und sich statt dessen entschloß,

Pionier zu werden", schrieb Huxley, die Colvile noch persönlich gekannt hatte und von dessen Art, Großwild zu jagen, „tief beeindruckt" war.

Afrika war für den englischen Landedelmann so etwas wie Liebe auf den ersten Blick. Er verkaufte seinen vom Vater ererbten, feudalen Landsitz in Lullington, ließ seine verwitwete Mutter nach Kenia nachkommen und begann ein Doppelleben zu führen: Zum einen baute er eine Viehfarm auf, was ihm leicht fiel, da der Verkauf von Lullington dem Viscount ein Millionenvermögen einbrachte. Zum anderen wurde er zum Massai, Stammesmitglied eines stolzen Kriegervolkes, von dessen unabhängigen Geist der Engländer von Anfang an begeistert war. Und er liebte die körperliche Schönheit der Massai, vor allem die der Morane, der jungen Krieger, was später Anlaß zu allerhand Spekulationen gab.

Beryl Markham, neben Tania Blixen die berühmteste „weiße Afrikanerin", beschreibt in ihrem Buch „Rivalen der Wüste" die Massai als „große Männer, schön gewachsen und kerzengerade wie die Speere, die sie tragen, und keiner kennt die Geschichte ihres Stammes genau, aber in ihren Augen liegt etwas Ägyptisches, und ihre Körper erinnern an das Griechenland der Antike... Ihre Haut hat die Farbe abgegriffener Kupfermünzen, und sie leben mit ihren anmutigen Frauen in der Serengeti, die sich wie ein Teppich am Fuße des Kilimandscharo erstreckt". Colvile war von diesem edlen Volk fasziniert, wurde schließlich sogar in den Stamm aufgenommen und erhielt den Namen „Nyasore", was übersetzt „Der dünne Mann" bedeutet.

Doch bevor der aristokratische Engländer ein vollwertiger Massai-Krieger werden konnte, mußte auch er im Rahmen eines Aufnahmeritus seine Manneswürde beweisen Und zwar mußte er sich „im Kampf dem einzigen Gegner stellen, den sein Volk als ebenbürtig anerkennt – dem Schlächter ihres Viehs, dem räuberischen Herrn der Savanne –, dem Löwen", wie Markham schrieb.

Als der Monat gekommen war, den die Massai die kleine Regenzeit nennen, mußte Colvile, bekleidet nur mit einem Lendenschurz, bewaffnet bloß mit Speer und Schild, König Simba zum Kampf fordern. Einen Kampf auf Leben und Tod, in dem der Viscount den Löwen töten mußte, wollte er als Krieger in den Stamm der Massai aufgenommen werden.

An dem Tag, am dem Colvile sich dem Aufnahmeritus unterwarf, brannte die afrikanische Sonne gnadenlos hernieder. Die Füße des Engländers waren blutig unterlaufen, seine Beine, von heftigen Wadenkrämpfen durchzuckt, konnten ihn kaum noch tragen. Und trotzdem mußte der Viscount weiterlaufen, auf Eleganz und Rhythmus der Bewegung achten, denn auch das wurde von den Massai-Kriegern, die Colvile auf einige Distanz folgten, genauestens bewertet. Der Speer lag hart in Gilberts Rechten, der Schild schwer in der Linken. Einem Sturzbach gleich rann dem Engländer der Schweiß über Kopf und Körper, brannte ihm in den Augen, so daß er schon bald wie durch einen dichten Nebel in die ergrünende Savanne starrte.

Des Viscount Atem stockte, und in der linken Seite spürte Colvile bei jedem Atemzug, den er noch schaffte, einen stechenden Schmerz. Ein seltsames Gefühl von Übelkeit befiel den Löwenjäger, trieb ihm zähflüssigen Schleim in den Mund.

Hin und wieder, fernen Schatten gleich, konnte der Engländer den einen oder anderen Krieger, der ihm folgte, ausmachen: dort, hinter dem Dickicht sah er einen roten Federbusch, da, hinter dem Termitenhügel, einen hochgestreckten Arm, an dessen Gelenk die großen Kupferringe genau zu sehen waren.

Plötzlich drohte alle noch vorhandene Kraft aus Colviles Körper zu entweichen. Seine Schritte wurden seltsam weitausholend, irgendwie bizarr schien der Engländer in der sengenden Hitze zu schweben. Und dann stürzte er, glaubte, in ein großes, finsteres Loch zu fallen. Einer der Steine, den die Massai nach Colvile warfen, traf den Viscount an dessen rechter Schulter, eine kleine Fleischwunde reißend, auf die sich sofort die Fliegen setzten. Colvile spürte einen brennenden Schmerz und hatte den Geschmack von Sand und Erde im Mund. Die Krieger klapperten drohend mit ihren Speeren, stießen heisere Kehllaute aus, damit den Engländer auffordernd, sich endlich zu erheben und weiterzulaufen.

Und gleich lief er auch wieder, langsam zunächst, um dann immer schneller zu werden. Rannte schließlich seinem Schicksal entgegen, das über Leben und Tod des Briten entscheiden sollte.

Bei diesem Gedanken fühlte sich der ehemalige Offizier gut, spürte plötzlich keinen Schmerz mehr, war ganz vom Gedanken beseelt, der einzige Mensch auf Erden zu sein, der im wahrsten Sinne des Wortes seinem Schicksal entgegenlief.

In der Ferne vernahm Colvile das schrille Trompeten eines Elefanten, hoch über ihm kreisten Geier, deren klickendes Krächzen der Engländer gut vernehmen konnte. Die einundzwanzig Krieger, die dem einsamen Läufer folgten, waren zufrieden: Der dünne Mann hielt sich gut, er besaß Ausdauer, eine Kraft, die sie ihm nicht zugetraut hätten.

Plötzlich blieb der erste Krieger stehen und stieß einen schrillen Schrei aus: Simba war in Sicht. Dort, unter der großen Schirmakazie, war sein gelbes Fell deutlich auszunehmen. Der dünne Mann verstand das Zeichen, hielt an, schnappte nach Luft, stützte sich auf seinen Speer, schien wie in Gedanken verloren. Dann blickte der Engländer gegen Osten, konnte den Löwen ausmachen, wußte, daß ihm jetzt die Stunde geschlagen hatte.

Doch ruhigen Schrittes ging Colvile auf den König der Savanne zu, der einmal kurz, dumpf und mächtig aufbrüllte, um dem dünnen Mann zu verstehen zu geben, daß er ihn bereits gewittert habe.

Die Krieger kamen jetzt immer näher, bildeten um den Engländer einen Halbkreis und bewegten ihre Schilde rhythmisch vor und zurück. Simba erhob sich, schüttelte seine mächtige Mähne und blinzelte in Richtung der wild gestikulierenden Massai. Der dünne Mann konnte schon den beißenden Geruch des Löwen riechen, in die vor Zorn funkelnden Augen schauen, als die Krieger plötzlich kehlige Laute austießen. Colvile hob seinen Schild und lockte den Löwen mit verhaltenem Husten. Simba machte einen Sprung – und flüchtete ins schützende Dickicht.

Der Viscount verspürte Erleichterung und bittere Verzweiflung zugleich. Während die Massai in schallendes Gelächter ausbrachen, wäre der Viscount am liebsten vor Scham in den Boden versunken. Er wußte nur zu gut, daß es in den Augen der Massai für den Jäger die größte Schande war, wenn der Löwe, anstatt den Kampf zu suchen, sich abwandte und damit zu verstehen gab, daß er seinen Herausforderer nicht für würdig genug hielt, angesprungen zu werden.

Der Jäger sank zu Boden, Schild und Speer entglitten seinen erschlafften Händen. Er vergrub sein Gesicht in den Händen und hörte – wie von weit her – das kichernde Lachen der Krieger. Und dann: Ein kehliger Laut, schrille Schreie und der Engländer versank in tiefer Finsternis. Simba war urplötzlich aus dem Busch gesprungen, hatte sich auf den am Boden kauernden Jäger gestürzt. Instinktiv hatte sich der dünne Mann zur Seite gerollt, nach dem Speer gegriffen, bekam aber den Schild nicht mehr zu fassen. Und dann bohrte sich die Speerspitze in Simbas Unterleib. Der Löwe röchelte zwar, krallte sich mit seiner Pranke aber in die Schulter des Jägers. Colvile konnte den faulen Atem aus dem weit aufgerissenen Fang des Löwen riechen. Dann stieß er mit letzter Kraft zu, bohrte den vergifteten Speer tief in das Innere des Löwen. Dieser überschlug sich, peitschte mit seiner Rute dem Engländer ins Gesicht. Weit ausgestreckt blieb der König der Savanne, noch leicht zuckend, vor dem Jäger liegen. Jetzt wußte Gilbert Colvile, daß er zu „Nyasore", zu einem echten Massai, geworden war.

Um die Bedeutung dessen voll ermessen zu können, muß man sich bewußt machen, daß dieser „weiße Massai" nicht irgendein verwilderter Kolonialist, sondern ein hochgebildeter Aristokrat war, der in Eton in Latein und Griechisch brillierte und das Französische genauso beherrschte wie das Englische, der sich mit klassischer Philosophie befaßte und in der Literaturgeschichte beschlagen war. Aber Gilbert Colville war eben ein ganz außergewöhnlicher Mann, über den Mirella Ricciardi in ihrem Buch „African Saga" zu Recht schrieb: „Nyasore war ein Massai, es hat nie einen Weißen wie ihn gegeben."

Fast zehn Jahre lang durchstreifte der „Weiße Massai" mit den Moranen die unendlichen Weiten der Serengeti, um mit dem Speer König Simba zu jagen. Insgesamt wurden achtundzwanzig Löwen von Colviles Speer erlegt. Erst als seine physische Kraft nachließ, er es nicht mehr schaffte, bis zu fünfzig Kilometer am Tag im Laufschritt der Massai der Fährte der Löwen zu folgen, gab der Viscount es auf, wie ein schwarzer Krieger zu jagen. Zu diesem Entschluß dürfte aber auch beigetragen haben, daß der letzte Löwe Colvile hinterrücks angefallen war und den Jäger dabei übel zugerichtet hatte.

Wenn er es fortan auch unterließ, wie ein Massai zu jagen, die Löwenjagd als solche gab der Engländer nie auf. Da er es aber strikte ablehnte, wie andere Löwenjäger mit großkalibrigen Büchsen zu jagen, dachte er lange über verschiedene Alternativen nach und verfiel wiederum auf eine exzentrische Variante: Er richtete sich ein Rudel Bastardhunde ab, die die Beute verbellen mußten, bis er kam und den Löwen mit Pfeil und Bogen streckte. Als der erhoffte Erfolg sich aber nicht einstellen wollte, ließ Colvile auch von dieser Methode ab. Vor allem deshalb, weil er die meisten Löwen nur anschweißte und sie schlußendlich doch mit dem Gewehr erlegen mußte.

So jagte der Viscount schließlich mit einer Holland&Holland, die Hunde jedoch blieben. Immer wenn Colvile auf Löwenjagd ging, wurde er von seiner riesigen Hundemeute begleitet. Elspeth Huxley erinnerte sich, „daß er auf diese Weise über 250 Löwen geschossen hat". Bei behielt er auch die Angewohnheit der Massai, nur mit leerem Magen auf Jagd zu gehen: Ein Ei und eine Tasse Tee pro Tag genügten ihm, wenn er mit seinen Hunden auf Löwenhatz ging.

Apropos Hunde: Als typischer Sohn Englands war Gilbert Colvile ein Hundenarr, konnte zu diesen aber, wie Huxley schrieb, „so streng sein, wie zu seinen Leuten; einer seiner Verwalter hat erlebt, wie er seine Pistole zog und einen Hund erschoß, der sich bei einer Löwenjagd danebenbenommen hatte."

Als exzentrischer Löwenjäger, als „Weißer Massai" hat es der Viscount of Lullington zu einigem Ruhm gebracht. Das ist wohl auch der Grund dafür, daß er als großer Elefanten- und Büffeljäger so gut wie unbekannt blieb. Dabei schoß Colvile in seinem Leben mehr als tausend Dickhäuter und ein paar hundert Büffel. Conrad Tilton schrieb darüber in seinen Memoiren „Last days in a lost world": „... er besaß weiß Gott die größten und schönsten Häuser

Links oben: Erlangte als Regisseur des Leinwandklassikers „African Queen" Weltruhm: John Huston.

Rechts oben: In Kalifornien und Mexiko ging John Huston mit Vorliebe hoch zu Roß auf Jagd.

Links unten: Katharine Hepburn (li.) über John Huston: „Wenn ihn das Jagdfieber packte, ließ er alles liegen und stehen ..."

Rechts unten: Der Pflege seiner sündteuren Waffen widmete Huston mehr Zeit als eine liebende Mutter ihrem Baby.

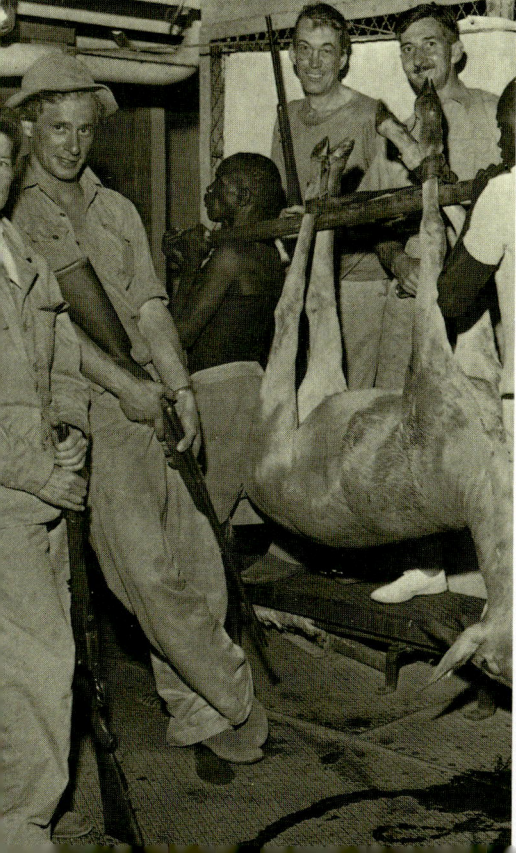
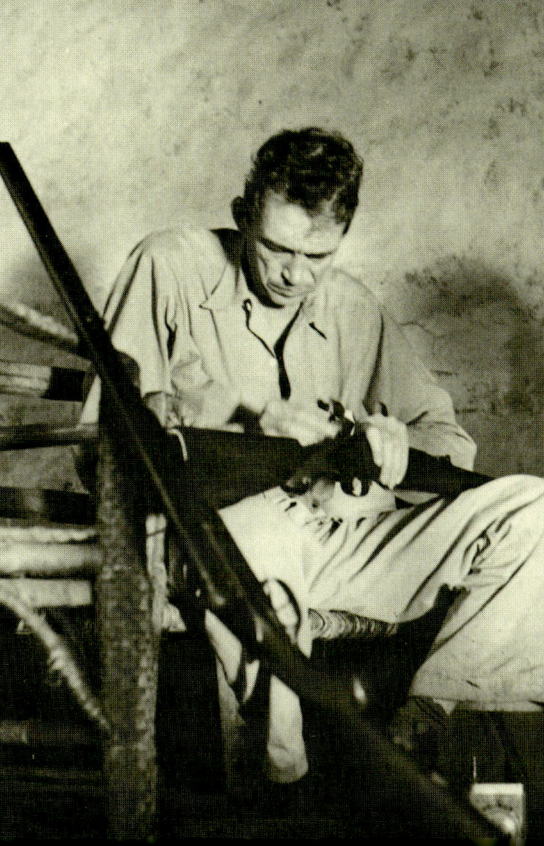

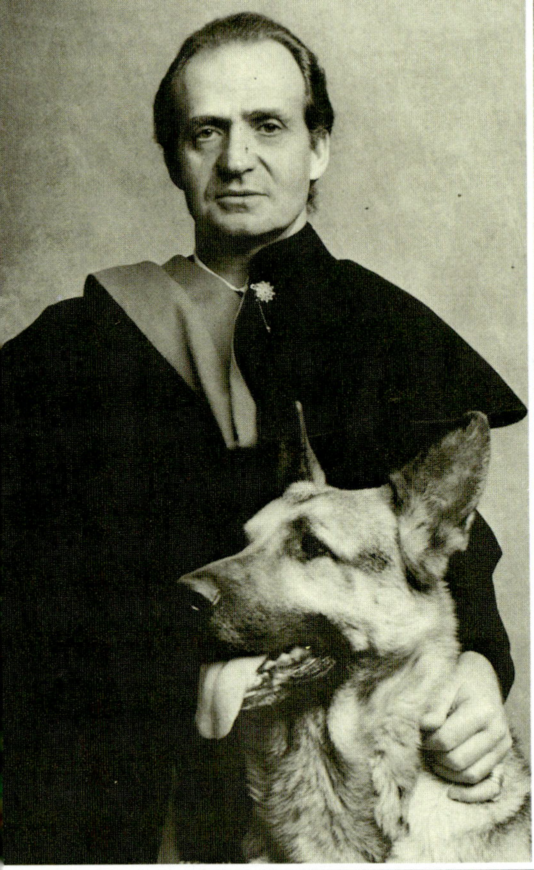
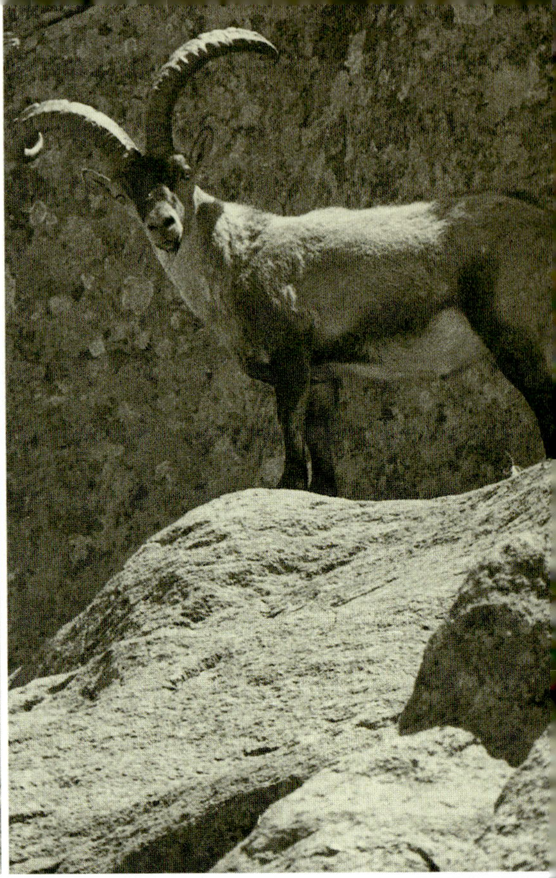
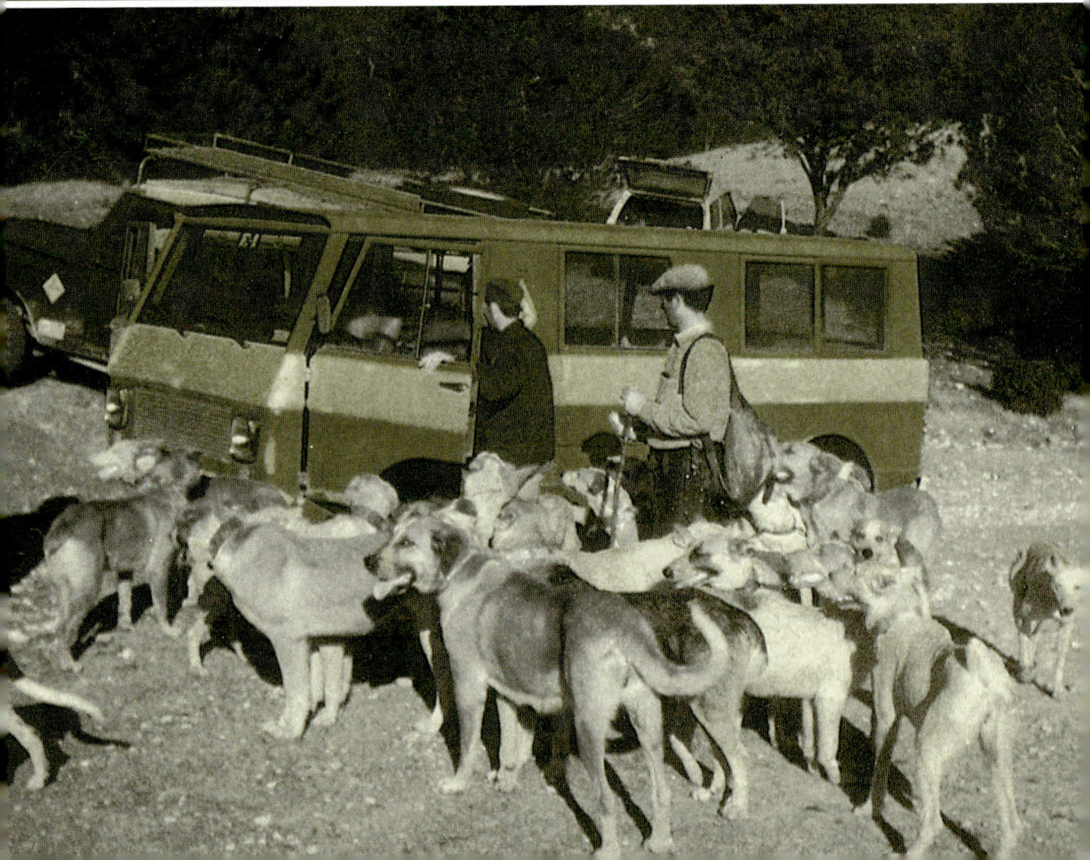

in ganz Kenia, und alle Räume in all seinen Häusern waren vom Fußboden bis zur Decke mit Trophäen behangen, die in ganz Afrika ihresgleichen suchten."

Und doch hätte dieser leidenschaftliche Jäger, hätte man ihn vor die Wahl gestellt, Jäger oder Viehzüchter zu sein, sich sofort für letzteres entschieden: „Seine Gedanken und sein Herz waren bei seinen Rindern", schrieb Huxley, die den „Weißen Massai" neben Lord Delamere und Galbraith Cole zu den drei größten Viehbaronen des Rift Valley zählte. Colvile besaß fünf Rinder-Ranches, die zusammen an die 110.000 Hektar umfaßten, auf denen er nie weniger als 20.000 Stück Vieh hielt. Er gründete eine Kühlhausfirma und konnte so die Qualität des einheimischen Rindfleisches deutlich verbessern. Und als der Viscount sah, daß in der Vermarktung des Fleisches mehr zu verdienen war als in der Produktion, gründete er seine eigene Fleischagentur, mit der er riesige Gewinne einfuhr. Elspeth Huxley und Beryl Markham bezeichneten Colvile übereinstimmend als „reichsten Mann Kenias".

Dennoch hielt ihn das weiße Kenia für einen Sonderling, einen Spinner, „der sich selbst außerhalb der Grenzen des Schicklichen begeben habe", wie Huxley den „kleinen, drahtigen, ziemlich verschrumpelten Mann", der „in späteren Jahren wie eine Schildkröte" ausgesehen habe, kritisierte.

In Nairobi sei er stets nur im schmutzigen Buschhemd und mit dreckigen Hosen herumgelaufen und habe weder Krawatte noch Socken getragen: „Wenn man ihn so sah, hätte man gedacht, er sei ein armer Mann", veriet die Schriftstellerin. Er schien in der Tat ein

Links oben: Obwohl ein bravouröser Schütze, ist König Juan Carlos von Spanien kein „Schießer".

Rechts oben: Kapitale Steinböcke erlegt der König nur in Ausnahmefällen, denn dem Sammeln von Trophäen kann Juan Carlos nichts abgewinnen.

Unten: Auf den königlichen „Monterias" in Andalusien wird mit besonderen Hunden, den „Podencos", getrieben.

Sonderling gewesen zu sein, ein Mann, der den Frauen aus dem Weg ging, Alkohol und Tabak strengstens mied. Der, obwohl ihm der „Palast des Dschinn", ein an den Ufern des Naivasha-Sees im maurischen Stil erbauter Herrensitz, der zu den schönsten Häusern Afrikas zählte, gehörte, es stets vorgezogen hatte, in einem Neger-Kral zu leben, wo es, so Huxley, „von schlechterzogenen Hunden wimmelte". Seine Manyatta sei „mit schlechtgegerbten Fellen wilder Tiere geschmückt" gewesen, was zur Folge hatte, „daß es dort stets unangenehm roch". Das Wohnzimmer eines seiner Ranch-Häuser tapezierte der Viscount übrigens mit Löwenfellen.

Im Alter von fünfundfünfzig Jahren setzte der Einzelgänger ganz Kenia in Erstaunen: er heiratete!

Keine Massai-Frau, was ihm alle zutrauten, sondern ausgerechnet die femme fatale der Kolonie, Lady Diana Broughton.

Die Briten in Kenia wurden davon nicht nur überrascht, sie fanden es ganz einfach „shocking". Lady Diana und Gilbert Colvile, die von der Gesellschaft geächtete Witwe heiratet den die Gesellschaft meidenden Großwildjäger und Viehbaron, das ergab zwangsläufig eine Affäre: „Im Jahre 1941 stand Sir Delves Broughton in Nairobi wegen Mordes an Josslyn Hay, dem 22. Earl von Erroll, vor Gericht. Die weiße Gesellschaft Kenias war nicht gerade prüde in bezug auf moralische Abweichungen vom Erlaubten, doch in diesem Fall waren die beiden handelnden Personen zu weit gegangen. Nach Broughtons Freispruch wurden er und seine wesentlich jüngere Frau Diana, deren Affäre mit Erroll den Totschlag herbeigeführt hatte, von der Gesellschaft geächtet. Selbst im Muthaiga Club waren sie von nun an unerwünscht. Nach einiger Zeit kehrte Sir Delves Broughton, ein gebrochener Mann, nach England zurück, wo er sich später das Leben nahm. Diana blieb ohne Heim zurück, war unglücklich und hatte nur noch wenige Freunde, die zu ihr hielten. Colvile empfand Mitleid mit ihr und teilte ihr das in einem Brief mit. Sie war eine schöne Frau, elegant gekleidet, liebte Schmuck; eine Frau von Welt, sehr schick, und in einer Welt lebend, die weit entfernt war von den Manyattas der Massai, von Löwenjagden und Viezucht", schrieb die Chronistin Huxley, den Hintergrund dieser Affäre aufklärend.

Dennoch führte der Viscount, der mit Vorliebe das Leben eines Wilden führte, die vornehme Lady aus Nairobis Schickeria zum

Traualtar. Und zum allgemeinen Erstaunen ging die Ehe auch zwölf Jahre lang gut. Diana schenkte Colvile sogar einen Sohn, der aber schon ein paar Tage nach der Geburt verstarb. Seiner jungen Frau zuliebe gab der „Weiße Massai" sein eigenbrötlerisches Leben auf, zog mit Diana in den „Palast des Dschinn", ließ sich von seiner Frau rezivilisieren. Ganz englischer Landedelmann, ritt der Viscount mit der Lady über die unendlichen Weiten seiner Weidegründe, inspizierte mit ihr das Vieh oder führte sie auf Safari. Ja, er ließ sich sogar öfter in Nairobi blicken, trug Anzug und Krawatte und pflegte mit seiner Frau im „Norfolk" zu speisen.

Als aber der junge Tom Delamere, der Sohn des Koloniegründers Lord Delamere, von London nach Kenia zurückkehrte, ließ sich Lady Diana bald von Colvile scheiden, um Delamere zu heiraten. Gilbert Colvile nahm bald wieder sein altgewohntes Leben auf. Im Alter soll er schrecklich verwahrlost gewesen sein, und „man konnte sein Herannahen schon meilenweit riechen", schrieb Conrad Tilton. Im Jahr 1966 starb er, der Aristokrat, der ein Massai geworden war, im Alter von 78 Jahren in Nairobi.

John Huston: Der Regisseur und der Tod des Fährtensuchers

Die Filme, die er drehte, waren allesamt Kassenschlager und zählen heute zu den Leinwandklassikern. Er selbst war als Filmregisseur, Drehbuchautor und Schauspieler einer der ganz Großen in Hollywood. Und als Vertreter des filmischen Realismus revolutionierte er in den fünfziger Jahren die amerikanische Filmkunst. Er, das ist der 1906 in Nevada geborene und 1987 in Newport verstorbene John Huston, der so legendäre Filme wie „African Queen", mit Humphrey Bogart und Katharine Hepburn in den Hauptrollen, „Moulin Rouge" oder „Die Nacht des Leguan" gedreht hat.

John Huston, im US-Bundesstaat Montana aufgewachsen, war, wie die Amerikaner sagen, ein waschechter „outdoor-man". Schon früh mit allem Jagdlichen bestens vertraut gemacht, war der Regisseur zeitlebens ein begeisterter Jäger, der in fast allen westlichen Bundesstaaten der USA, in England, Irland und Afrika mit nie erlahmender Passion dem Waidwerk frönte. Jede freie Minute, die der vielbeschäftigte Star erübrigen konnte, verbrachte er jagend. Huston war ein hervorragender Schütze, der der Pflege seiner meist sündteuren Waffen mehr Zeit widmete „als eine liebende Mutter ihrem Baby", wie John Wayne einmal sarkastisch zu bemerken pflegte.

Wenn ihn das Jagdfieber packte, ließ er alles liegen und stehen, versetzte Film-Produzenten und brachte Schauspieler zur Verzweiflung, verzögerte er die Fertigstellung von Drehbüchern oft um Wochen oder ließ kurzerhand Drehorte verlegen, weil er woanders einen Platz gefunden hatte, wo er in seiner Freizeit jagen konnte.

Peter Viertel, bei den Dreharbeiten für die „African Queen" Hustons Drehbuchassistent, schrieb in seinem Buch „Weißer Jäger, schwarzes Herz", damals habe das Interesse des großen Regisseurs nicht dem Film, sondern nur „der Verwirklichung eines Traumes, dem er in seinem Wahn immer besessener" gefolgt sei, gegolten: der Elefantenjagd. Huston ging, wie Viertel schrieb, nur deshalb nach Afrika, um Elefanten zu schießen. Die Dreharbeiten hätten nur den Vorwand geliefert, und der Regisseur habe die Drehorte

ausschließlich nach jagdlichen Kriterien festgelegt. Wo es reichlich Wild gab, dort wurde auch gedreht; gab es kein Wild in der Nähe, wurden die Aufnahmen sofort abgebrochen, auch wenn die „Location" aus filmerischer Sicht geradezu als ideal zu bezeichnen war. Ein mit großem materiellen und finanziellen Aufwand eigens für die Dreharbeiten aufgebautes Negerdorf benützte der Regisseur nur deshalb nicht, weil tausend Meilen entfernt große Elefantenherden über die Savanne stapften. Er ließ kurzerhand die Aufnahmen abbrechen, flog zu den Elefanten und ließ die Crew einfach nachkommen. Katharine Hepburn schrieb über diese Episode in ihren Erinnerungen: „Stanleyville. Belgisch-Kongo. Peter Viertel holte uns ab. Eine Stunde vorher war John Huston zu unserem Dorf bei Bionde abgeflogen. Habt ihr gehört, was ich gesagt habe? Eine Stunde vorher. Wir waren um die halbe Welt geflogen, um zu ihm zu gelangen. Und eine Stunde vorher war er mit einem Privatflugzeug zu unserem Lager abgeflogen, das soeben fertiggestellt wurde – weiter südlich – unten am Kongo, acht Stunden mit der Eisenbahn und dann noch mal sechzig Kilometer nach Westen durch den Dschungel, kein Telefon. Ich kann meine innere Verfassung nicht beschreiben... Huston war nicht nur nach Biondo geflogen, sondern hatte auch seine Waffen mitgenommen. Das Drehbuch nicht! Mir steigt noch heute die Zornesröte ins Gesicht, wenn ich daran denke – verdammt, verdammt..."
Hepburn mußte schon bald die Erfahrung machen, daß Huston alles, aber auch wirklich alles, ausschließlich der Jagd unterordnete. Spätestens als der Regisseur die Schauspielerin zwang, mit ihm auf Elefantenjagd zu gehen, realisierte sie, „daß seine Passion für die Jagd einfach nicht zu bremsen war". Ihren ersten Jagdausflug mit Huston – „dieses entsetzliche Abenteuer mit John" – konnte die Hepburn nie vergessen, zu groß war der Schrecken, der ihr zugefügt, zu tief das Entsetzen, das sie erfaßte: „Die Gruppe kroch langsam den Hügel hinauf. John, Little John, der schwarze Späher, der weiße Späher, zwei Boys, die dies und das trugen, und ich. Jetzt endlich schien die Herde etwas zu wittern, und wie eine Welle oder ein Windhauch verschwanden sie auf einmal wie ein einziger Körper im Unterholz. Die gewaltigen Geschöpfe schienen sich in Luft aufgelöst zu haben... Wir konnten hören, wie sie Zweige abknickten – dann Stille, „Wir gehen hinterher", sagte John.

O mein Gott", dachte ich, „wir werden doch nicht so blöd sein, das zu tun".

„Nein", sagte der weiße Späher.

„Sie haben ja nur Schiß", sagte John mit seinem gewohnten Takt. „Wir gehen…"

„Ohne mich", sagte der weiße Späher.

Er war ein dürrer, etwa zweiundzwanzig- oder dreiundzwanzigjähriger Junge mit keinem sehr gewinnenden Auftreten. Er hatte kein Gefühl dafür, wie man John behandeln mußte, der inzwischen verschwitzt, müde und frustriert war und selbst ohne Gewehr in den Dschungel gegangen wäre und den Elefanten, den größten Elefanten, mit der bloßen Faust angegriffen hätte.

„John, gehen Sie nicht in den Dschungel. Sie haben keine Chance."

„Was soll das heißen, meine Liebe? Warum bleiben Sie nicht hier und warten auf uns… mit ihm", fügte er hinzu (und zeigte auf den Jungen, der ihm widersprochen hatte).

Okay, dachte ich, ich werd' diesem Verrückten folgen müssen…

Also gingen wir in das dschungelhafte Gestrüpp. An Vorsicht kein Gedanke. Wir kamen vielleicht zweihundert Meter weit, als ein furchtbares Getöse erscholl und die ganze Herde keine sieben Meter von uns entfernt vorbeigaloppierte. Und ganze Bäume niederwalzte. Dann waren sie fort.

John stand wie erstarrt. „Seht euch das an… seht euch das an! Ist es nicht großartig? Diese Kraft! Wundervoll! Wirklich!"

Und ich dachte, wir sind immer noch hier, und er ist absolut meschugge. Und wir haben einfach Glück gehabt." Soweit Katharine Hepburn über ihre erste – und zugleich letzte – Elefantenjagd mit John Huston.

Die Hepburn schien in der Tat Glück gehabt zu haben, denn kurz darauf forderte Hustons unbesonnenes Draufgängertum ein Menschenleben: Kivu, ein schwarzer und sehr erfahrener Fährtensucher, wurde von einer Elefantenkuh, die ein Kalb führte, zu Tode getrampelt. Peter Viertel, der damals, als das Unglück passierte, selbst mit dabei auf der Jagd war, nahm diesen Vorfall als zentrales Thema für sein Buch „Weißer Jäger, schwarzes Herz" – das übrigens mit Clint Eastwood in der Hauptrolle verfilmt worden ist.

Den Tag, am dem der Fährtensucher den Tod fand, beschrieb

Viertel wie folgt: „Er stand im Regen, so wie ich ihn während der vergangenen Wochen oft gesehen hatte, den Hut tief in die Stirn gezogen, das knochige Gesicht voller Falten, den einen langen, dünnen Arm ausgestreckt, um sich an der Brüstung des Wagens festzuhalten, und die andere Hand um den Gewehrlauf gelegt. Er schien seine Umgebung nicht wahrzunehmen, ahnte nichts von den grünen Bergen mit den weißen Kronen, von den wattigen Wolken und der grauen Fläche des Sees auf der anderen Seite. Er schien weder den Regen zu bemerken, der gegen seine Brillengläser schlug, noch den sauberen Duft der feuchten Luft, noch die dauernde Bewegung des Fahrzeugs unter seinen Füßen. Er war in sich versunken. Vergessen war der Spielverderber in ihm, hatte sich zumindest vorübergehend zurückgezogen, wurde unterdrückt wie alle anderen Züge seiner Persönlichkeit: Seine Aufgeblasenheit, sein Snobismus, seine Menschlichkeit, seine komische Seite ebenso wie die praktische und kluge, die er manchmal offenbarte. Während ich ihn so beobachtete, wurde mir klar, daß er mir genauso fremd war, wie er es immer gewesen war. Ich wußte zwar, was er in einem bestimmten Augenblick vermutlich sagen würde. Was er aber wirklich empfand, wie er unter gewissen Umständen handeln würde, war für mich noch immer ein Geheimnis.

… Wir fuhren an der ersten Reihe von Strohhütten vorbei und rollten auf den Dorfplatz. Die Eingeborenen standen im Schutze ihrer Türöffnungen und grinsten zu uns heraus in den strömenden Regen. Ein paar Kinder kamen herausgerannt und standen, zu uns heraufstarrend, braun und nackt da wie der Schlamm unter ihren Füßen. Ogilvy (ein alter, sehr erfahrener Berufsjäger und zugleich John Hustons Jagdbegleiter, Anm.d. Autors) sprach mit dem ältesten unter ihnen. Er wandte sich zu Wilson (steht in Viertels Schlüsselroman für Huston, Anm.d.Autors). Sein fettes Gesicht glänzte vor Regentropfen.

„Kivu ist nicht da. Er ist draußen und verfolgt die Elefanten. Zwei der anderen Jäger sind bei ihm."

„Fragen Sie sie, wohin sie gegangen sind", befahl Wilson.

„In Richtung auf den Semliki", übersetzte Ogilvy. „Einer der Jungens sagt, er wolle uns den Weg zeigen."

„Ist er sicher, daß er ihn kennt?" fragte Wilson.

„Er behauptet, ja."

„Fragen Sie ihn lieber noch einmal, damit wir uns nicht verirren; vielleicht sagt er es nur, um uns eine Freude zu machen."
Der Junge nickte energisch. Er war bereits auf das Trittbrett des Lastwagens heraufgeklettert und sah begierig herein.
„Er behauptet, er wisse genau, wohin sie gegangen sind."
„Also schön", sagte Wilson. „Ein kleines Kind soll uns führen."
Er nickte dem Jungen zu, und der Kleine setzte sich ins Führerhaus neben die beiden anderen Eingeborenen. Wir fuhren aus dem Dorf. Eine alte Frau winkte schwach aus der Türöffnung ihrer Hütte. Sie war nackt bis zu den Hüften und hatte lange, flache Brüste, die aussahen, als trockneten sie aus.
„Auf Wiedersehen", nickte Wilson und lächelte, „alte Sau".
Paget (der junge, zweiundzwanzigjährige Jäger, Anm.d.Autors) brüllte vor Lachen. Ogilvy nickte weise. „Bestimmt hat die schon einer Menge Männer die Hölle heiß gemacht."
„Hoffentlich", sagte Wilson.
. . . einem Ausläufer des etwas höherliegenden Landes folgend, gingen wir weiter. Ein paar Minuten später sahen wir Kivu. Er hockte auf seinen nackten Fersen. Sein Speer steckte tief in der

Rechts: Kaiser Franz Joseph: Er war ein ausgezeichneter Schütze, einer der besten Jäger der österreichisch-ungarischen Monarchie.

Umseitig, links oben: Kaiser Wilhelm II.: „In Preußen unterscheidet sich eine Treibjagd nur im Detail von einer Schlacht."

Umseitig, rechts oben: Wildmeister Schmidt begutachtet das kapitalste Reh-Krickel, das der letzte deutsche Kaiser jemals erbeutet hat.

Umseitig, unten: Wilhelm II. liebte die Jagd unter Preußens Glanz und Gloria und ging deshalb nie anders als in Hofjagduniform auf die Jagd.

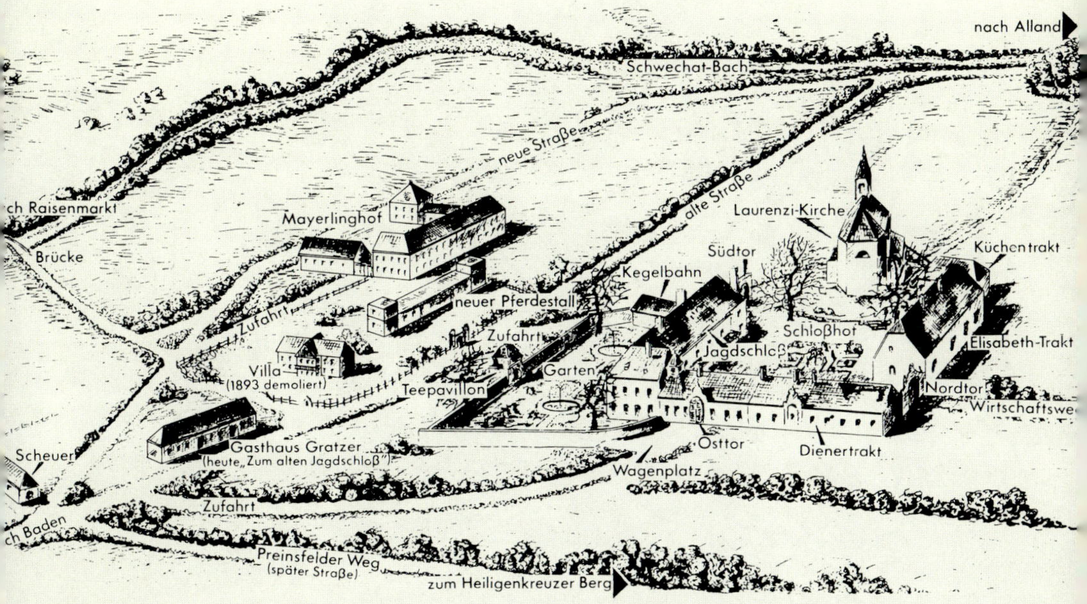

nach Alland

Schwechat-Bach

neue Straße

alte Straße

ch Raisenmarkt

Mayerlinghof

Laurenzi-Kirche

Küchentrakt

Brücke

Kegelbahn

Südtor

neuer Pferdestall

Zufahrt

Schloßhot

Elisabeth-Trakt

Zufahrt

Garten

Jagdschloß

Villa
(1893 demoliert)

Teepavillon

Nordtor

Wirtschaftswe

Osttor

Dienertrakt

Scheuer

Gasthaus Gratzer
(heute „Zum alten Jagdschloß")

Wagenplatz

ch Baden

Zufahrt

Preinsfelder Weg
(später Straße)

zum Heiligenkreuzer Berg

weichen Erde. Als wir uns näherten, stand er auf. Auf seinem braunen, schweißglänzenden Gesicht lag ein Ausdruck des Stolzes und des Eifers, der Ausdruck eines Mannes, der eine langwierige und schwierige Aufgabe fast vollendet hat und der mit einem Mal das Ende aller Strapazen vor sich sieht und nun in der Lage ist, diese gute Nachricht seinem von ihm bewunderten Herrn und Gebieter zu überbringen.

„Mingi Tembo. Mingi." (Viele Elefanten.) Er deutete hinaus in die Steppe und sprach zischelnd auf Suaheli weiter mit Ogilvy.

„Er behauptet, unter den Elefanten befinde sich ein besonders großer", übersetzte der Jäger. „Seine Stoßzähne reichten bis zum Boden. Es sind aber Kühe mit ihren Jungen dabei."

Wilson war sehr blaß. Die Haut über seinem Kiefer war naß und schien an den Knochen zu kleben. Die Ränder seines Mundes waren überzogen von einer trockenen Kruste. „Was tun wir, Ogilvy?" fragte er. „Sie sind der Chef."

Der fette Mann kratzte den Stich auf seinem Bein. Er blutete ein wenig. Mit seinen dicken Fingern zerrieb er das Blut zu einem großen Fleck. Schnell sah ich auf und betrachtete sein Gesicht. Er

Umseitig, links oben: Hätte auf der Jagd im Höllgraben bei Mürzsteg Kaiser Franz Joseph, seinen Vater, beinahe erschossen: Kronprinz Rudolf.

Umseitig, rechts oben: Auf einer Bärenjagd in Ungarn wäre der Kronprinz im Jahre 1885 beinahe selbst ums Leben gekommen.

Umseitig, unten: Mayerling, das Jagdschloß des Kronprinzen, wo Rudolf im Jänner 1889 mit seiner Geliebten, der Baronesse Mary Vetsera, Doppelselbstmord verübte.

Links oben: Nikolaus II., der letzte Zar von Rußland: Die Wölfe waren sein Schicksal.

Rechts oben: Alle Zaren waren große Jäger, aber Nikolaus II. war der Jagdleidenschaft förmlich verfallen.

Unten: Nikolaus als Zarewitsch (sitzend 2. v. l.) mit seinem Vater, Zar Alexander III. (2. Reihe, 2. v. r.), auf Jagd im Revier von Beloweskaja Pusska.

dachte nach, und während er über eine Lösung des Problems grübelte, wanderten seine Augen über das flache, baumlose Land, das vor uns lag.

„Ich weiß es nicht", sagte er. „Die Sache macht mir Sorgen. Diese elenden Kühe. Und außerdem ist das Gras hier verdammt hoch."

„Im Umkreis von zwanzig Meilen kein Baum, auf den man klettern kann", flüsterte Paget.

Während sie sprachen, wanderten Kivus Augen von einem zum anderen. Ungeduldig sah er schließlich Wilson an.

„Wir besitzen drei Gewehre", sagte Wilson, „und es ist leicht, sich in diesem Gras zu verstecken."

Aber Ogilvy schien zu zögern. „Ich möchte lieber keine Kuh schießen, wenn sie ihr Junges bei sich hat. Gibt immer einen Mordsstunk."

Wilson kratzte seine Brust. „Warum sehen wir uns die Sache nicht mal an? Gerade auf so etwas haben wir nun eine ganze Woche lang gewartet. Was glauben Sie, wie viele solche Chancen man im Leben hat?" Ogilvy nickte. Trotz des Fettes, das sein Gesicht bedeckte, sah er angestrengt und hohläugig aus.

„Schön, Mr. Wilson", sagte er. „Betrachten wir uns die Sache mal. Sie irren sich, wenn Sie glauben, man bekäme so eine Chance nur selten – aber selbst, wenn es so wäre, wäre dies noch kein Grund, ein Unrecht zu begehen."

„Sie erinnern mich an Delville", sagte Wilson leise.

„Sie benehmen sich genau wie er, und das trotz Ihrer großen Sprüche über seine Blödheit." (Rene Delville, ein belgischer Jagdaufseher, war John Hustons erster White Hunter, wurde vom Regisseur aber gefeuert, weil er nach Auffassung Hustons zu vorsichtig und zögerlich die Großwildjagd betrieb, Anm.d.Autors). Ogilvy antwortete nicht. Er sprach kurz mit Kivu, und dann setzten wir uns im Gänsemarsch in Bewegung… Kivu kroch nun auf Händen und Knien. Ich konnte seine grüne Mütze sehen und die hellen Sohlen seiner Füße. Unmittelbar hinter ihm befanden sich Wilson und Ogilvy… Wir krochen zu ihnen hin… Plötzlich durchschnitt der trompetende Warnruf eines Elefanten schrill und hoch die Luft. Eine der Kühe hatte die Gefahr gewittert.

„Hat keinen Zweck", sagte Ogilvy. „Glauben Sie mir, es hat keinen Zweck. Mir gefällt die Sache ganz und gar nicht."

Wilson sah ihn nicht an. Er starrte zur Erde. „Was meint Kivu?" fragte er.

„Ist mir egal", erwiderte Ogilvy. „Mir gefällt die Sache nicht. Ich habe mehr als fünfhundert Elefanten geschossen, und ich sage Ihnen, heute ist kein guter Tag."

„Fragen Sie ihn", sagte Wilson. Er versuchte sich zu beherrschen. Sein Kopf war noch immer gesenkt und schien an seinem langen Hals zu hängen.

Ogilvy winkte dem Eingeborenen, und dieser kroch zu uns zurück. Er sah fragend auf. Das Weiße seiner Augen leuchtete hell in seinem dunklen Gesicht. Der fette Mann flüsterte mit ihm, und der Eingeborene antwortete sofort und ohne zu zögern.

„Er ist bereit, es zu versuchen", sagte Ogilvy. „Also steht sein Wort gegen meines, Mr. Wilson."

Wilson sah nicht auf. Seine rechte Hand packte die zusammengetretenen Gräser neben seinem Knie. „Kommen Sie mit?" fragte er. „Mehr will ich gar nicht wissen."

Ogilvy nickte. „Es bleibt mir keine Wahl", sagte er.

„Gut", sagte Wilson. Er sah hinüber zu Paget. „Sie müssen nicht", flüsterte er.

Paget rührte sich nicht. Er saß da und biß an dem Strohhalm herum. Wilson wandte sich an Kivu. „Los", sagte er.

Einen Augenblick schien es, als lächle der Eingeborene, aber er lächelte, als mischte sich in seine Freude ein leichter Ausdruck von Angst und Triumph. Dann drehte er sich schnell auf Händen und Knien herum und kroch weiter. Die beiden Weißen folgten ihm. Ich betrachtete Paget. Er saß noch immer da und biß an seinem Strohhalm. Plötzlich spuckte er aus und bewegte sich zurück zu dem höhergelegenen Gelände in die Richtung, aus der wir gekommen waren. Ich folgte ihm. Wir krochen durch das niedergetretene Gras, bis wir zum Hügelkamm kamen. Dort machten wir halt. Lange lagen wir schweigend im hohen Gras. Pagets Atem ging keuchend. Er konnte nur schwer sprechen, und seine Worte klangen undeutlich und verwischt.

„Können sie von hier aus besser beobachten. Sehen die ganze Herde."

Ich nickte. Vor uns befand sich ein Busch. Seine dunkelbraunen Äste und grünen Blätter hoben sich scharf ab gegen den Horizont.

Im Bogen gingen wir unterhalb des Kammes den Hügel entlang, bis wir uns unmittelbar hinter jenem hohen Busch befanden, und stiegen dann wieder höher hinauf. Die ganze Herde war jetzt vor uns. Am nächsten befanden sich die Kühe und Jungtiere. Der von Kivu erwähnte Bulle war am weitesten entfernt. Während wir dastanden und ihn beobachteten, drehte er sich um. Ich sah den weiten Schwung seiner Stoßzähne, der sich im tiefen Elefantengras verlor. Dann hob sich mit einem Mal sein Rüssel und begann sich wie ein Periskop durch die Luft zu bewegen. Das kleine Ende drehte und wendete sich und schnüffelte nach allen Richtungen. Aus der Ferne schwebte das Trompeten des Tiers zu uns herüber. Einen Augenblick konnte ich Wilson und Ogilvy sehen. Sie befanden sich mitten unter der Herde, in unglaublicher Nähe einer Kuh. Sie schienen unbeweglich.

Paget sah mich an. Dann wandte er seinen Blick wieder auf das vor uns liegende Land. Sein Gesichtsausdruck war schrecklich, als hätte er eine nicht wiedergutzumachende Niederlage erlitten. Ich fragte mich, ob ich wohl ebenso aussähe, denn ich spürte ein Nagen an den Wänden meines Magens, einen Druck auf den Lungen. Ich wußte, was das bedeutete und daß ich mich danach sehnte, ebenfalls da unten zu sein bei den anderen und mitten unter den Elefanten. Es war ganz anders als das Gefühl, als wir ihnen das erste Mal begegnet waren und ich mich hinten auf dem Lastwagen befand. Jetzt hatte ich keine Angst. Was ich spürte, waren Neid und Verzweiflung.

Es kam mir vor, als hätte ich etwas für immer verloren, als wäre ich einen Tod gestorben, der schon lange auf mich gewartet hatte.

Auch die Rüssel anderer Elefanten standen jetzt hoch über dem Gras in der Luft. Ununterbrochen hörten wir ihre Trompeten. Sie setzten sich nach allen Richtungen in Bewegung, begannen nach der Gefahr zu suchen, die, wie sie spürten, sich mitten unter ihnen befand. Ihre Rüssel ragten witternd in die Luft. Sie sahen mitleiderregend und blind aus, und dennoch riesig und unzerstörbar. Wieder entdeckte ich einen der Jäger, aber nur für einen Augenblick. Und dann kam ganz plötzlich der helle Klang eines Schusses. Der große Bulle stand still. Seine Ohren klappten nach außen, und er trompetete. Wieder fiel ein Schuß. Der Elefant machte einen Schritt weg von der Gefahr, und dann sank er plötzlich leblos um.

„Er hat ihn", rief Paget. Der Satz schien wie einer der Schüsse in der Luft zu hängen, bedeutungslos und schon der Vergangenheit angehörend, denn im hohen Gras vor uns war nun ein Tumult ausgebrochen. Die Elefanten bewegten sich jetzt schnell und verwirrt und in völligem Durcheinander, sie trompeteten, schlugen mit den Rüsseln um sich, trotteten aufeinander zu und rannten wieder auseinander. Einen Augenblick glaubte ich mitten unter ihnen einen kleinen grünen Punkt zu sehen, und dann schien es, als würde ein Körper hochgehoben und durch die dunstige Luft geschleudert. Wieder fiel ein Schuß und noch einer. Eine der Kühe glitt nach vorn ins Gras. Der Rest der Herde wandte sich ab und bewegte sich nun schnell in einer Richtung davon. Die Leiber der Tiere bahnten sich tiefe Wege durch das hohe Gras, während sie in wilder Flucht davonstampften.

Paget rief mir etwas zu und machte sich auf den Weg zu der Stelle, wo wir den Elefantenbullen hatten stürzen sehen. Ich folgte ihm. Aber wir waren noch keine hundert Meter gelaufen, als Ogilvy sich langsam vor uns aus dem Gras erhob. Er warf uns einen Blick zu und wandte sich ab. Sein Gesicht war weiß. Paget und ich blieben stehen und folgten ihm im Schritt. Er fluchte mit leiser, ärgerlicher Stimme und ohne Unterbrechung vor sich hin, während er zu der Stelle ging, wo der Bulle zusammengebrochen war. Einen Augenblick später sah ich Wilson. Er saß im Gras und erbrach sich. Langsam stand er auf und machte einen Schritt über sein Gewehr. Ich warf einen Blick auf sein Gesicht. Was ich sah, war nicht der Ausdruck von Triumph, sondern nur vollständige und endgültige Verzweiflung.

„Sie haben ihn erlegt, John", schrie Paget.

Unbeherrscht wandte sich Wilson ihm zu. „Halt's Maul", brüllte er, „halt's Maul. Haltet alle das Maul!"

Wild ging er durch das dichte Gras. Seine Schritte waren lang und spinnenartig. Der tote Bulle lag zwanzig Meter links von ihm. Aber er ging weiter, immer weiter von dem Tier weg. Ich warf einen Blick auf den toten Elefanten. Der hingestreckte Körper des riesigen Tieres sah schrecklich nutzlos aus, als wäre er nie lebendig gewesen, hätte sich nie aus eigener Kraft bewegen können. Noch verzweifelter als alles andere schienen mir seine Füße. Ihre Größe und vertraute Form boten den Anblick endgültiger Traurigkeit, hoffnungslosen Todes. Millionen von Fliegen hockten auf seinem blutenden Kopf, Millionen kleiner, schmutziger Leiber, die dem Gesicht den letzten Rest von Würde raubten. Ohne es zu wissen, war ich stehengeblieben. Als ich aufblickte, sah ich, daß die anderen etwa dreißig Meter entfernt sehr still über den wiegenden Spitzen der Gräser standen. Ich eilte zu ihnen und sah eine tote Elefantenkuh mit einer Einschußöffnung unmittelbar hinter den Vorderbeinen und keine drei Meter entfernt den gekrümmten Körper Kivus. Sein kleines, faltiges Gesicht war halb im Sand vergraben. Der Rest seines Körpers war bis zur Unkenntlichkeit zerschmettert. Schnell sah ich weg, aber das Bild brauner, staubbedeckter Haut blieb in meinem Schädel hängen. „Mein Gott, John", murmelte ich. Er schüttelte den Kopf. Tränen strömten aus seinen Augen. Er drängte sich an Ogilvy und Paget vorbei und machte sich auf den Weg quer übers Land. Wir standen da und sahen ihm nach. Seine magere Gestalt bewegte sich schnell auf den hinter uns liegenden Hügelkamm zu. Das goldgelbe Gras reichte ihm bis zu den Hüften, und der klare blaue Himmel wölbte sich über seinem Kopf."

Peter Viertel, der ein enger Freund John Hustons gewesen war, hat mit diesem Report, in der ihm eigenen knappen, klaren Sprache, die nichts hinzufügt, aber auch nichts wegläßt, die ganze Dramatik, ja, Tragik dieses Jagdtages, der für immer der schwärzeste im Leben des Jägers John Huston bleiben sollte, eingefangen.

Der Tod seines Fährtensuchers hat den großen amerikanischen Nimrod schwer getroffen. Danach sollte er nie mehr ein Jäger wie früher sein. Als an diesem Tag die Buschtrommeln den Tod Kivus bis ins letzte Dorf meldeten, war John Huston ein gebrochener Mann. Geistesabwesend fragte er Ogilvy, was die Trommeln meldeten: „Weißer Jäger, schwarzes Herz!" war die Antwort.

Der Regisseur widmete sich nun ausschließlich den Dreharbeiten. Er, der ohnehin ein begnadeter Trinker war, soff jetzt noch mehr als früher und verharrte die längste Zeit in melancholischem Schweigen, während der Film „African Queen" immer mehr Gestalt annahm.

Angeblich hat sich John Huston den Film niemals angesehen. Auf die Jagd ging er aber bis zu seinem Lebensende; nur die Besessenheit war weg, was blieb, war die Passion eines großen Jägers, der vom Schicksal geläutert worden war.

Juan Carlos:
Trophäen mag der König nicht

Die Spanier können sich über die Sportbegeisterung ihres Königs
oft nur wundern: Juan Carlos I. ist ein ausgezeichneter Skifahrer, er
spielt ein turnierreifes Tennis, fährt mit Begeisterung Motorrad,
spielt Golf mit Handicap vier, ist ein exzellenter Reiter, eleganter
Fechter, kühner Segler und vortrefflicher Sportschütze. Vor allem
aber ist der in allen drei Waffengattungen der Königlich Spanischen
Streitkräfte zum Stabsoffizier ausgebildete König als überzeugter
Freiluftmensch ein passionierter Jäger, der schon im Knabenalter
mit dem Waidwerk vertraut gemacht worden war.

Obwohl ein bravouröser Schütze, ist der König von Spanien kein
„Schießer"; Juan Carlos liebt die mit der Ausübung der Jagd ver-
bundene körperliche Anstrengung weit mehr als das Sammeln von
Trophäen. Als sehr mit der Natur verbundener Mensch schätzt er
den Anblick mehr als den Abschuß. Was allerdings nicht zu der
Annahme berechtigen soll, daß der König von Spanien bloß ein
bewaffneter Spaziergänger sei, der dem Waidwerk nur deshalb
frönt, um sich in Wald und Flur standesgemäß zu betätigen. Dafür
ist Juan Carlos viel zu sehr Jäger aus Passion, als solcher unterscheidet er sich jedoch ganz deutlich von anderen Nimroden königlichen oder hocharistokratischen Geblüts, weil er der in diesen
Kreisen, die ja eigentlich die seinen sind, bevorzugten Massenschießerei eine klare Absage erteilt. Für den spanischen König
gehört die Jagd zum Sport, sei aber als jene Disziplin anzusehen,
die vom Ausübenden ein besonders hohes Maß an Ethos abver-
lange. Jäger, die oft und gerne schießen, bei jeder sich bietenden
Gelegenheit zum Gewehr greifen, werden vom spanischen König
als „wenig verantwortungsbewußt und vor allem sehr unsportlich"
abqualifiziert.

In einem Interview mit dem amerikanischen Sport-Magazin
„Sporting Life" antwortete der König auf die Frage des Reporters,
warum es im Königspalast von Zarzuela in Madrid so wenig Trophäen zu bewundern gebe: „Erstens hänge ich nicht alles, was ich
erlegt habe, an die Wand, weil ich in keinem Jagdmuseum wohnen

will, und zweitens muß man als Jäger ja wirklich nicht alles abschießen, was einem vor die Flinte kommt. Für mich ist es ein ebenso großes Vergnügen, stundenlang Wild zu beobachten oder meilenweite Pirschgänge zu machen, wie auf einer Treibjagd innerhalb von ein paar Stunden ein paar Dutzend Fasane zu schießen." Um sich als Schütze selbst zu beweisen, so der König weiter, bedürfe es ja nicht unbedingt lebenden Wildes, da sei das Tontaubenschießen ja viel besser geeignet und mindestens genauso unterhaltsam.

Bei einem Mann wie Juan Carlos, der außerordentlich an der Wildbiologie interessiert ist, dürfen diese für einen Jäger ganz und gar unkonventionellen Ansichten nicht weiter wundernehmen, da er in einem Jäger primär einen „praktischen Wildbiologen" und erst sekundär einen Schützen sieht.

Wird der König von Spanien zur Jagd eingeladen, was ja sehr häufig der Fall ist, informiert er sich, wenn ihm das Revier noch unbekannt ist, in der Regel zunächst einmal darüber, welches Wild aus biologischen Gründen abgeschossen werden muß, um dann seinen persönlichen Jagdplan danach auszurichten. Obwohl bei Jagden, an denen der König höchstpersönlich teilnimmt, das kapitalste Wild Seiner Majestät förmlich vor die Flinte getrieben wird, hat Juan Carlos schon öfter als einmal den Abschuß aus eben diesen Gründen schlicht und einfach verweigert.

Überhaupt hat der spanische König als Waidmann so seine Eigenheiten. So geht er beispielsweise am liebsten mit zwei Männern auf die Jagd, die auch ansonsten seine engsten Freunde sind: mit Karl Herzog von Württemberg und mit Prinz Carlos von Bourbon-Sizilien, Herzog von Kalabrien, Graf von Caserta und Chef des Hauses Beider Sizilien. Hätte der König die Wahl, mit einem x-beliebigen Jäger eine rekordverdächtige Trophäe zu erbeuten oder mit einem dieser Hocharistokraten auf eine stinknormale Hasenjagd zu gehen, er würde sich für letzteres entscheiden.

Otto von Bismarck, der Gründer des Deutschen Reiches, hat die Prinzipien der Jagd erfolgreich in der Politik angewandt.

Über die enge Freundschaft zwischen dem spanischen König und dem Herzog von Württemberg schreibt Francoise Laot in ihrem Buch „Juan Carlos und Sofia": „Der junge Carlos war oft zu Gast auf Schloß Altshausen beim Herzog Philipp, dem Vater des jetzigen Herzogs Karl. Dort hatte er ja auch zum allerersten Mal Sofia von Griechenland getroffen, die wie er zur Hochzeit von Elisabeth, einer von Karls Schwestern, eingeladen war. Die beiden Männer könnten kaum verschiedener sein: Herzog Karl ist so introvertiert, zurückhaltend, traditionsgebunden und unsportlich, wie Juan Carlos von überschäumendem Temperament, warmherzig und von spontanem Entschluß ist. Für beide jedoch steht die Pflicht an erster Stelle."

Der Herzog von Württemberg, Chef einer tausend Jahre alten, überaus vermögenden Familie allerfeinsten Geblüts, ist ein ausgezeichneter und leidenschaftlicher Jäger und ständiger Gast bei den königlichen Jagden in Spanien. Und der König wiederum kommt immer wieder nach Altshausen, um in den ausgedehnten Revieren seines herzoglichen Freundes zu jagen. Der „königlichere" von beiden ist sicher Karl, schreibt Laot, „obwohl er nicht regiert, duldet er keine Überschreitung der dynastischen Familiengesetze: Keines seiner Kinder darf eine nicht standesgemäße Ehe eingehen oder anders als katholisch heiraten. Damit würde es automatisch alle Rechte und Titel verlieren. Juan Carlos dagegen ist eher dafür, die Monarchie dem 20. Jahrhundert anzupassen. Seinen Kindern will er hinsichtlich ihrer Ehepartner keine Vorschriften machen. Sie sollen auch nicht Gefahr laufen, ihre Privilegien einzubüßen".

Muß man den Herzog von Württemberg als passionierten, so kann man den Herzog von Kalabrien nicht anders als „besessenen" Jäger bezeichnen. Für den Chef des Hauses Beider Sizilien genießt die Jagd immer und überall Vorrang. So macht der Bourbonen-Prinz noch heute seinem Sohn Don Carlos den Vorwurf, durch dessen Geburt im Oktober 1968 eine große Jagd verpaßt zu haben. Wenn das nicht Jagdleidenschaft ist, was dann?!

Reichspräsident Paul von Hindenburg mit seinem Sohn Oskar auf Gamsjagd im oberbayrischen Wald.

Der Herzog residiert auf „La Toledana", einem zirka 6500 Hektar großen Gutsbesitz in den Bergen um Toledo. Von märchenhafter Pracht – das einstöckige Schloß ist beispielsweise mit rosa Ziegeln gedeckt, die Türen und Fenster stammen aus einem Kloster des 13. Jahrhunderts – und fast hermetisch von jeglicher Zivilisation abgeschlossen, ist die herzogliche Finca ein Jagd-Dorado, das in Europa seinesgleichen sucht. In der völlig unberührten Naturlandschaft hält der Herzog Hirsche und Damwild, leben ganze Rudeln von Wildschweinen, ziehen Luchse ihre Fährten und haben Tausende von Schnepfen, Rebhühnern und Wildtauben ein artgerechtes Refugium. Zudem ist das Revier, das eigentlich ein einzigartiger Naturpark ist, von mehreren hundert Störchen bevölkert. Nur in ein paar leichter zugänglichen Landstrichen seiner Hacienda läßt der Herzog Kühe weiden, und auf einem ganz kleinen Teil seiner „Wunderwelt" baut er auch Getreide an.

Dort, auf La Toledana, führt der Bourbone mit seiner Familie ein fast einsiedlerisches, ganz der Natur gewidmetes Leben. Im Schloß, das mitten in einer uralten und mächtigen Baumgruppe steht, gibt es auf ausdrücklichem Wunsch des Herzogs kein Telefon, so daß sich der Cousin des Königs von Spanien in seinem Castell „tausendmal isolierter und abgeschiedener als die Kosmonauten im Weltraum" fühlen kann.

Nur einmal im Jahr, und zwar zur großen Jagdsaison, öffnet Seine Königliche Hoheit die Pforten zu diesem Naturparadies, und der spanische König ist jedesmal mit dabei, wenn die wenigen Auserwählten, fast ausschließlich nur die Granden des Königreiches, des einmaligen Jagdvergnügens teilhaftig werden und auf La Toledana dem Waidwerk frönen dürfen. Der Herzog hält den König für einen „ganz hervorragenden" Jäger, der vor allem auf der Rebhuhnjagd wie kein anderer brilliere.Er selbst zieht aber die Jagd auf Großwild vor, und seine Frau, Herzogin Anne, als fünftes Kind des Grafen und der Gräfin von Paris, den Prätendenten auf den französischen Thron, eine gebürtige Prinzessin von Frankreich, die selber nicht jagt, begleitet ihn als Büchsenspannerin, damit der Kalabrese „mit drei Gewehren zugleich jagen kann". Obwohl der König seinem Vetter auch oder gerade erst recht als Nimrod allergrößte Anerkennung zollt, findet die zuweilen doch recht deutlich zu Tage tretende Schießwut des Herzogs seitens Seiner Majestät eine oft unverhohlene Ablehnung. Doch der König, durch und durch ein Demokrat, dem es gelungen ist, aus dem faschistischen Franco-Spanien ein auf dem Fundament der Demokratie fest verankertes konstitutionelles Königreich zu machen, verhält sich auch als Jäger stets demokratisch und respektiert zuweilen auch etwas feudale Jagdmethoden.

Ist der König stets Jagdgast auf La Toledana, so fehlt der Herzog von Kalabrien nie auf einer königlichen „Monteria", auf der in der Regel drei Tage hintereinander gejagt wird und zu der fast immer Vertreter der vornehmsten Adelsgeschlechter und vereinzelt auch amerikanische Multimillionäre angereist kommen. Auf den Monterias ist der König ganz Jäger, was zweifelsohne mit ein Grund dafür ist, daß er neben dem Herzog von Kalabrien stets zu den erfolgreichsten Schützen zählt.

Alfons v. Wunschheim hat in seinem Buch „Diana war mir nicht immer hold" eine solche Monteria sehr anschaulich beschrieben und den Zauber, den diese Art von Jagd auf die Spanier ausübt, literarisch eingefangen: „Die Monteria wird weiträumig angelegt, etwa 1000 Hektar werden täglich mit Schützen umstellt. Im allgemeinen wird drei Tage hintereinander gejagt. Die Teilnahme an einer Monteria erfolgt meist gegen Bezahlung einer verhältnismäßig hohen Gebühr. Pro Tag sind pro Schützen zwei Hirsche, drei Stück Kahlwild sowie Sauen unbeschränkt frei. Bei einer Monteria wird wahllos alles geschossen, außer Schmalspießer. Ein Selektionsschuß ist bei dieser Art der Jagd völlig unmöglich und auch nicht beabsichtigt. Die starken alten Hirsche verstehen es meisterhaft, sich zu drücken, und nur ein geringer Teil von ihnen kommt zur Strecke. Natürlich fallen zwangsläufig auch gutveranlagte junge Hirsche, das aber wird in Kauf genommen. Getrieben wird mit besonderen Hunden, den Podencos, oder ihren Mischlingen. Es sind reinweiße, gelbe, weißgelb gefleckte Hunde, aber auch andere, aber immer hell gefärbte Hunde mit meist langen Ringelschwänzen, häufig so groß wie oder größer als unsere Vorstehhunde. Diese Hunde werden, je nachdem, an einem oder beiden Enden des Triebes – es ist immer nur ein Trieb, der fünf bis sechs Stunden dauert – angesetzt. Die Hundeführer gehen mit und dirigieren und sammeln ihre Hunde durch Rufen oder Blasen auf einer kleinen Muschel. Die Hunde suchen stumm mit tiefer Nase, nur die kleineren unter ihnen werden hinter Sauen laut. Die Zahl der eingesetzten

Hunde schwankt zwischen sechzig und hundert."

Auf der Monteria des Königs von Spanien ist selbstverständlich alles noch größer und großartiger, einfach majestätisch, mit einem Wort eine wahrlich königliche Hofjagd. Pro Trieb werden im Durchschnitt zweihundert bis dreihundert Stück Wild erlegt, oft sogar noch mehr. Und die Hundemeuten, die auf den königlichen Jagden zum Einsatz gelangen, zählen zu den besten ganz Spaniens. Auf diesen Treibjagden ist stets auch Don Felipe, Infant von Spanien und Prinz von Asturien, der 1968 geborene Sohn des Königs, mit von der Partie. Der Prinz ist ein ebenso passionierter Jäger wie sein Vater, der schon in jungen Jahren als hervorragender Schütze für Aufsehen gesorgt hat. Nicht zuletzt deshalb ist im Infanten von Spanien dem Herzog von Kalabrien in den letzten Jahren ein ernst zu nehmender Konkurrent erwachsen: Felipe hat den Kalabresen auf mehreren Monterias seines Vaters hintereinander als besten Schützen geschlagen und das mit Abstand meiste Wild gestreckt. Der König, der seinem Sohn selbst das Waidwerk beigebracht hat, achtet allerdings mit väterlicher Strenge darauf, daß sich der Infant nicht zu einem Massenschießer entwickelt.

Doch nun zurück zur Monteria, wie sie Wunschheim beschrieben hat, denn von den königlichen Monterias darf, auf ausdrücklichem Befehl des Königs hin, kein Teilnehmer auch nur das geringste berichten. Wer diesem Befehl des Königs zuwider handelt, wie das vor ein paar Jahren ein deutscher Aristokrat getan hat, der kann sicher sein, nie mehr wieder eine Jagdeinladung des Königs zu erhalten.

„Das Wild steckt im Busch und wird erst durch die Hunde in Bewegung gebracht, kommt dann flüchtig, falls nicht dieses oder jenes Stück, vorzeitig rogelig geworden, früher und weniger flüchtig auftaucht. Das bedingt, daß man unentwegt scharf aufpassen muß, auch wenn die Hunde vorbei sind, denn oft gehen Stücke zurück, die sich übergehen ließen… Überall knallt es jetzt. Vor mir flüchtet ein Kälbertier durch den Hang, doch der Busch ist so hoch, daß an Schießen nicht zu denken ist. Kurz darauf kommt ein Tier flüchtig hinter der Baumreihe heraus, erhält die Kugel etwas kurz, bleibt im Gegenhang stehen, ich schieße nochmal, worauf es überriegelt verschwindet. Ich weiß nun, daß ich auf diese Ecke besonders achten muß. Jetzt sieht man verschiedentlich die Hunde auftauchen, ihre

116

weiße Farbe ist wichtig, damit keine Fehlansprachen passieren. Wieder flüchtet ein Hirschl vorbei, ich fahre mit und im Schuß stellt es sich auf den Kopf. Das Herz schlägt höher. Die Hunde haben anscheinend mein krankes Tier hochgemacht, denn ein Stück wird von dort flüchtig, wo ich es vermute, nach einer erstaunlich langen Fluchtstrecke ins Tal hinaus bricht es zusammen, und die Hunde würgen es ab... Sehr viel Wild läßt sich trotz der Hunde übergehen und bricht zurück. So kommt, lange nachdem die Hunde verschwunden sind, wieder aus derselben Ecke ein Alttier, diesmal spitz auf mich zu. Der erste Schuß ist ein tiefer Streifschuß, der es hinter einen Busch verhalten läßt, mit einem Schuß auf den Träger sinkt es zusammen. Nun ist auch unser Jeep gekommen. Jeder Schütze hat ein Säckchen mit weißen Bändern zum Markieren der Lage des geschossenen Stücks bekommen und Anhänger für die Geweihe. Ich gehe zum Tier und binde das weiße Papierband an den Busch und mache einen Blick in die Grandl. Die Schützen werden eingesammelt, und man fährt zurück zum Jagdhaus, wo man bei einem Imbiß die Wildwagen erwartet, die mit dem gefallenen Wild, das ja erst eingesammelt werden muß, nachkommen. Andere Länder, andere Sitten: Keine Brüche, es wird auch keine Strecke gelegt. Das wird aus zwei Gründen praktischer Natur verständlich. An diesem ersten Tag fielen zwölf Hirsche (davon vier jagdbare), 32 Stück Kahlwild und fünf Sauen, insgesamt 49 Stück, wobei dies ein mittleres Ergebnis darstellt. Damit ist also das Streckelegen eine Platz- und Zeitfrage."

Juan Carlos geht – mit Ausnahme der alljährlichen Jagden bei seinem Freund, dem Württemberger – fast ausschließlich nur in seinem eigenen Land auf die Jagd. Bis auf ein paar Moorhuhn-Jagden in Schottland und bei seinen Verwandten in Frankreich ist der König von Spanien ein absolut heimatverbundener Nimrod. Dabei weiß man von ihm, daß er seit Jahrzehnten mit einer Jagd in Afrika liebäugelt und nichts lieber als in Indien einen Tiger erlegen würde. Doch dafür steht der König zu sehr im internationalen Rampenlicht, und Juan Carlos fürchtet – wahrscheinlich zu Recht –, daß für die internationale Regenbogenpresse das ein gefundenes Fressen wäre, den König als Elefanten- oder Tigerkiller zu denunzieren. Eine solche Jagdexpedition nach Afrika oder Indien wäre ohne jeden Zweifel auch Wasser auf die Mühlen der sogenannten

Tierschützer, die den König schon mehrmals frontal wegen dessen Weigerung, den Stierkampf zu verbieten, angegriffen haben. So bleibt dem für die Großwildjagd begeisterten Monarchen nichts anderes übrig, als so ziemlich alles zu lesen, was die Jagdliteratur diesbezüglich zu bieten hat.

Prinz Felipe legt sich weniger Zurückhaltung auf: Während seiner Studienzeit in Kanada ging der Infant mit Begeisterung auf Bären-, Elch- und Wolfsjagd. Derweilen der König selbst im Württembergischen auf Hirsche und Rehböcke pirschte und mit Sicherheit seinen Sohn beneidete...

Kaiser Franz Joseph:
Waidmannsheil, Majestät!

„Er war ein ausgezeichneter Schütze, einer der besten Jäger der Monarchie. Er besaß das harte Auge des Jägers, das gewöhnt ist, lange zu spähen, den Blick, der überlegt und der sich gelegentlich auch die Großmut leistet, dem Objekt, das er visiert hat, das Leben zu schenken." Dieses Loblied auf den Jäger Franz Joseph sang kein Geringerer als der Schriftsteller Josef Roth, wie kein anderer der literarische Chronist der francisco-josephinischen Ära. Und in der Tat, Seine Apostolische Majestät der Kaiser von Österreich und König von Ungarn kannte nur ein Vergnügen: die Jagd! Tagein, tagaus von vier Uhr früh bis neun Uhr abends an seinem Schreibtisch in der Wiener Hofburg oder im Schloß Schönbrunn sitzend, um 68 Jahre lang mit der Präzision einer Maschine das flächenmäßig zweitgrößte Reich des alten Europas zu regieren, konnte der vorletzte Habsburger auf dem Thron der Donaumonarchie nur im Waidwerk jene Zerstreuung finden, derer auch ein Repräsentant des Gottesgnadentums hin und wieder bedarf, um sich jene menschliche Kraft zu erhalten, die vonnöten ist, um ein morsch gewordenes Reich durch die Wechselbäder der Geschichte zu führen.

Der alte Kaiser jagte gerne, und er jagte viel. Am liebsten in den Wäldern um Ischl, aber auch im steirischen Mürzsteg und auf seinen ungarischen Krondomänen. Bis heute sind sich die Biographen des Kaisers nicht einig darüber, ob Franz Joseph lieber den Rock des Soldaten oder doch den des Jägers getragen habe. Unstrittig ist hingegen, daß der penible Bürokrat, der er zeitlebens war, auch die Passion des Jägers zwischen Aktendeckeln preßte. Damit alles seine bürokratische Ordnung hatte, nichts durfte dem Zufall überlassen werden, stellte der Kaiser einen Wirklichen Hofrat an die Spitze des „Hofjagdbüros", der über jeden Schritt, den Seine Majestät und die jagenden Mitglieder des Hofes in jagdlicher Richtung unternahmen, genauestens Buch zu führen hatte. Schußlisten schreiben, Abschußpläne erstellen, Revierordnungen erlassen, die kaiserlich-königlichen Jagdstatistiken in Evidenz halten und allerhöchste Jagdanweisungen „allerunterthänigst" zu befolgen, damit war, vom Jagd-Hofrat abwärts, ein ganzes Heer von Bürokraten beschäftigt, jeder einzelne wissend und deshalb die Arbeit mit Stolz verrichtend, daß sie etwas administrierten, worauf das Auge des Kaisers mit Wohlwollen ruhte. Jedes noch so unbedeutende Schriftstück, das vom k.u.k. Hofjagdbüro ausgefertigt wurde, mußte dem Kaiser persönlich zur Genehmigung vorgelegt werden. Dieser, in Belangen der Jagd auch ein Kenner des Details, zeichnete dann entweder gleich ab, was allerdings selten geschah, oder er notierte mit seiner gestochen scharfen Handschrift an den Rändern seine Änderungsanweisungen. Für die Hofjagd-Bürokraten hieß das: Aktenlauf retour, alles in Schönschrift noch einmal ausfertigen und erneut zur allerhöchsten Vorlage bringen.

Der Wiener Soziologe Roland Girtler schreibt in seinem Buch „Die Feinen Leute – von der vornehmen Art, durchs Leben zu gehen" über den Jäger Franz Joseph, daß für diesen „die Jagd eine vornehme Sache war, die im Sinne der alten Aristokratie höher als andere Traditionen zu bewerten ist". Und im alten Österreich war ein Hofrat noch ein ganz besonders vornehmes Wesen, weshalb es für den Kaiser geradezu selbstverständlich war, seine obersten Jäger in den Rang eines Hofrates zu erheben. Im 1921 erschienenen Buch „Vom alten Kaiser", verfaßt von A.V.Margutti, kann man nachlesen: „Nicht anders hielt es der Kaiser mit den Hofjagdleitern von Ebensee, Titz von Wildprügg und seinem Nachfolger Böhm. Beide erhob er in den Rang von Hofräten und bedachte sie gelegentlich mit dem Ritterkreuze des Leopold-Ordens, den ersteren im Jubiläumsjahre 1908 sogar mit dem Komturkreuze mit den Sternen des Franz-Joseph-Ordens, Auszeichnungen, welche ansonsten nur Divisionäre nach einigen Jahren erfolgreicher Kommandoführung erhielten. Der Jägerberuf stand also in den Augen des greisen Kaisers gar hoch über allen anderen und adelte, seiner Auffassung nach, von vornehmerein jene, die sich ihm widmeten."

Wie die Schußlisten – heute wichtige jagdhistorische Dokumente – zeigen, arbeiteten des Kaisers Jagdbürokraten nicht nur penibel, sondern auch systematisch und dadurch schlußendlich sogar effizient: Jedes erlegte Stück Wild wurde erfaßt und mit feinsäuberlicher Handschrift nach Wildarten kategorisiert und in Klassen eingeteilt, schließlich jenem Schützen zugeordnet, der es auf einer der Hofjagden zur Strecke gebracht hatte. Die an den Jagden des Hofes teilnehmenden Jäger wurden ihrem Rang gemäß auf den Schußlisten vermerkt: der Kaiser ganz oben an erster Stelle, dann die Erzherzöge und Mitglieder regierender ausländischer Herrscher- oder Fürstenhäuser, gefolgt von Fürsten, Prinzen, Reichs-, Mark- und sonstigen Grafen bis hinunter zu den Hof- und Leibjägern, Kammerdienern und übrigen Lakaien, die selbstverständlich ganz unten standen.

Aus der Schußliste über das bei den allerhöchsten Hofjagden im Salzkammergut im Sommer 1910 erlegte Wild geht beispielsweise hervor, daß der damals immerhin bereits achtzig Jahre alte Kaiser sechs Zwölfender erlegen konnte. Prinz Leopold von Bayern, der Schwiegersohn des Monarchen, streckte in den Ischler Revieren drei, Prinz Conrad von Bayern, Generalstabsarzt Hofrat Dr. Kerzl und Oberstleutnant Freiherr von Bronn sowie der Leibkammerdiener Egger konnten je einen Zwölfender zur Strecke bringen.

Der eifrigste Schütze war Prinz Leopold von Bayern, der neben den bereits erwähnten drei Zwölfendern noch einen Vierzehnender, drei Zehnender, sieben Achtender und vier Sechsender sowie zwei Spießer und insgesamt elf Tiere schoß. Zudem sind in der Schußliste unter seinem Namen noch fünfzehn Gamsböcke und vier Gaisen vermerkt.

Mit je 22 Abschüssen rangieren auf Platz zwei, schon deutlich abgeschlagen, zwei Jäger, die ansonsten in der alten Monarchie als „Massenschießer" berühmt-berüchtigt waren: Prinz Georg von Bayern und der Fürst Dietrichstein. Während der Bayern-Prinz neben drei Zehnendern zwei Achtender und fünf Sechsender sowie zwei Spießer und vier Tiere, fünf Gamsböcke und eine Gais zur Strecke bringen konnte, erlegte Seine Durchlaucht je einen Zwölf-, Zehn-, Acht- und Sechsender sowie vier Tiere, neun Gamsböcke und die beachtliche Zahl von fünfzehn Gaisen.

Den dritten Platz nimmt Graf Hoyos ein. Er schoß drei Sechsender, einen Gabler und zwei Spießer sowie drei Tiere, vier Gamsböcke und fünf Gaisen. Und erst auf Platz vier steht – wie in der Schußliste korrekt tituliert – Seine kaiserliche und königliche Apostolische Majestät mit 18 Abschüssen, die sich wie folgt verteilen: sechs Zwölfender, vier Zehnender, drei Achtender, zwei Sechsender sowie zwei Gamsböcke und ein Rehbock.

Damit hat der Kaiser nur um vier Stück mehr erlegt als der kleine

Kammerdiener Zrumek, der mit vierzehn Abschüssen direkt auf den Monarchen folgt. Ein Zehnender, drei Achtender, ein Sechsender, ein Spießer sowie drei Tiere, vier Gamsböcke und eine Gais weist die Schußliste dem Lakaien zu. Das gewöhnliche Jagd- und Forstpersonal, in der Schußliste penibel nach Dienstgrad abgestuft angeführt, schaffte mit neun Abschüssen immerhin genau die Hälfte der kaiserlichen Strecke.

Da der Kaiser als guter Schütze bekannt war, stellt sich die Frage, ob er im Jahre 1910, immerhin schon im neunten Lebensjahrzehnt stehend, für die Treibjagd doch schon zu alt war und deshalb nur relativ wenig Wild erlegen konnte. Ganz im Gegenteil, Franz Joseph blieb bis zu seinem Tod ein hervorragender Schütze, der, wenn er gewollt hätte, es mit jedem Massenschießer aufnehmen hätte können. Doch als durch und durch disziplinierter Mann, der auf die Einhaltung von Recht und Ordnung höchsten Wert legte, war er auch stets strengstens darauf bedacht, die Jagd „waidgerecht" auszuüben. Die „Schießwut", die damals in weiten Teilen der Hocharistokratie mit einer Begeisterung sondergleichen gepflogen wurde, lehnte er schärfstens ab. Und die von seinem Neffen, dem Erzherzog Franz Ferdinand von Österreich-Este, praktizierte Massenschießerei fand der Kaiser sogar abstoßend. Wiederholt tadelte er das unwaidmännische Verhalten des Thronfolgers mit harten Worten, konnte für die Schießwut des Erzherzogs nicht das geringste Verständnis aufbringen.

Der Thronfolger stellte – sogar unter den damaligen Verhältnissen – ein Extrem dar. Franz Joseph rügte aber auch jene Jäger seiner Umgebung, die nur einen Bruchteil dessen erlegten, was der Erzherzog zur Strecke brachte. So zog beispielsweise während einer Hofjagd ein ungarischer Magnaten-Sprößling, der in der Armee als Husaren-Oberleutnant diente, das Mißfallen Seiner Majestät auf sich, weil er wahllos alles, was ihm vor die Büchse kam, abschoß: „Wenn er sich im Kriegsfalle auch mit einer solchen Schußfreudigkeit auszeichnet, erspart er mir die Mobilisierung eines ganzen Korps", rüffelte der Kaiser den ungarischen Prinzen. Franz Joseph war eben in allen Dingen das personifizierte Mittelmaß. So verlangte er eben auch von seinen Waidkameraden eine gewisse Ausgewogenheit; nicht zu viel, aber auch nicht zu wenig, lautete des Kaisers Jagd-Maxime.

Deshalb nimmt es auch nicht wunder, daß Franz Joseph den vor allem von der immens reichen böhmischen Hocharistokratie prunkvoll inszenierten Jagdspektakeln nicht das geringste abgewinnen konnte. Zu Gast bei einem Fürsten in Böhmen, der in der ganzen Monarchie für seine Anglophilie bekannt war, und der nichts mehr liebte, als „English-like" zu jagen, lehnte der Kaiser mit der Begründung, er wolle nur jagen und keinen englischen Zirkus besuchen, die Teilnahme an der Jagd kurzerhand ab.

Recht ungehalten konnte Seine Majestät auch werden, wenn er bemerken mußte, daß in den Adern eines Jägers nicht reines Hubertusblut floß. So meinte er über einen jungen Prinzen aus altem polnischen Adel, der als schneidiger Ulanen-Offizier eine vorzügliche, als Waidmann aber eher eine traurige Figur machte: „Hat dem Prinzen denn niemand beigebracht, daß man einen Rehbock schießt, aber nicht darauf reitet?!" Und einem Erzherzog, also einem Mitglied der Familie Habsburg, verweigerte Franz Joseph mit der Begründung eine Audienz, der junge Habsburger solle endlich einmal die Regeln der Jagd lernen, dann werde er ihn gerne empfangen, um den Erzherzog zu examinieren.

Auch Kronprinz Rudolf, des Kaisers einziger Sohn und enfant terrible der kaiserlichen Familie, bereitete seinem Vater als Waidmann wenig Freude: „Ich bedaure sehr, daß du, trotz beneidenswerten Anlaufes, auf der Jagd alles gefehlt hast, und hoffe nur, daß du auf künftigen Jagden, zu denen es wohl noch Gelegenheit geben wird, besser schießen wirst. Es ist eben etwas anderes, zahme Tiere im langweiligen Tiergarten zu schießen und echtes Wild im herrlichen Gebirge zu erlegen. Die Hauptsache ist aber, den Mut nicht zu verlieren und bei jeder neuen Jagd von der Überzeugung auszugehen, daß man treffen muß."

Und Nikolaus von Preradovich berichtet in seinen „K.u.k. Anekdoten" von einer Hofjagd in der Obersteiermark, bei der Friedrich Freiherr von Beck, ein Jugendfreund des Kaisers, der diesem fast ein Vierteljahrhundert lang als Chef des k.u.k. Generalstabes diente, durch allzu ostentativ bewiesene Treffsicherheit den Monarchen zu den Worten provozierte: „Sie dürfen nicht erwarten, daß sie jedesmal solches Glück haben werden." Erklärend muß hier angemerkt werden, daß der General erst kurz vor dieser Hofjagd vom Kaiser höchstpersönlich als Jäger „angelernt" worden war, auf seiner ersten Jagd und noch dazu im dichten Schneegestöber gleich einen Achterhirschen, einen Gams- und einen Rehbock streckte; das war dem Kaiser entschieden zu viel.

Mit der allerhöchsten Wertschätzung konnten hingegen die einfachen Jäger rechnen. Sie, die Hof-, Domänen- und Leibjäger, die Revierförster und Aufsichtsjäger, kurz: die Berufsjäger, waren für den alten Kaiser die wirklichen Jäger. Sie übten das Waidwerk nicht aus Gründen des Prestiges aus, waren mit Wald und Wild engstens verbunden, im Wurzelwerk der Jagd fest verwoben. Solcherart verkörperten sie für den Kaiser jenes Ideal, das er auch für sich selbst zu erreichen stets bestrebt war, aufgrund seiner Stellung aber immer Fiktion bleiben mußte. Dennoch: Franz Joseph, der der vornehmste Monarch Europas gewesen ist, konnte das unmöglich Scheinende für sich selbst zumindest so weit realisieren, als er, wenn er die prächtigen Kleider des Kaisers ablegte und in den einfachen Rock des Jägers schlüpfte, eine Metamorphose durchmachte, die ihn zu einem Waidmann werden ließ, der dem kaiserlichen Jagdideal sehr nahe kam.

So erstaunt es nicht, daß der Kaiser in der jagdlichen Praxis von einem Berufsjäger kaum, eigentlich gar nicht zu unterscheiden war. Der alte Fürst Schwarzenberg pflegte einmal zu bemerken, sogar der älteste Förster der Monarchie könne vom Kaiser noch etwas lernen. Und Kaiser Wilhelm II., selbst ein passionierter Waidmann, zollte dem österreichisch-ungarischen Monarchen „als erfahrensten Jäger, der mir je begegnet" höchstes Lob. Der Prince of Wales, der später als Eduard VII. den britischen Thron bestiegen hat, teilte in einem Schreiben seinem Schwager, dem Kronprinzen Friedrich von Hohenzollern, im Jahre 1883 mit, „daß der Kaiser von Österreich den Standard vorgibt, nach dem sich alle Jäger tunlichst orientieren sollten". Nur Otto von Bismarck gab seiner Verwunderung darüber Ausdruck, daß der österreichische Monarch zu jagen beliebe, „wie man es nur von einem subalternen Revierjäger erwarten" würde.

Daß der deutsche Reichskanzler, nach Ansicht Kronprinz Rudolfs „ein arroganter preußischer Junker", der in Begleitung von zwei Doggen auf die Jagd zu gehen pflegte, über den österreichischen Kaiser dies abfällige Urteil sprach, wird dann – wenigstens ansatzweise – verständlich, wenn man vom langjährigen Leibkammerdiener Seiner Majestät, Eugen Ketterl, erfährt, wie wenig Sorgfalt

Franz Joseph auf seine jagdliche Garderobe verwandte: „Mit der Zeit speckig und blank gewetzt, sahen die kurzen Lederhosen Seiner Majestät wie die „echtesten" Hosen des nächstbesten Holzknechts aus. Doch zur Anschaffung neuer Lederner konnte sich der Kaiser stets nur nach hartem Kampfe entschließen, aber auch dann mußten diese, ehe er sie anlegte, erst durch Auf- und Abreiben auf den Treppenstufen und auf alle mögliche andere Art und Weise künstlich alt und abgetragen gemacht werden – sonst erschienen sie dem Hohen Herrn zu stutzerhaft." Und dem Kammerdiener Kundrath, der dem Kaiser den Vorschlag unterbreiten durfte, sich doch endlich neue Jagdkrawatten zuzulegen, erteilte Franz Joseph einen fast schon an Skurrilität grenzenden Auftrag: Er, Kundrath, solle die alten, abgebrauchten Krawatten doch einfach „zu wieder zu benutzenden zusammenstückeln" lassen…

Kaiser Franz Joseph hat wie kein anderer die österreichische Jagdtradition geprägt. Auch den republikanischen Nimroden galt und gilt er immer noch als großes Vorbild. Und wenn Roland Girtler meint, „die Einhaltung der traditionellen Rituale, das Dokumentieren einer althergebrachten Hierarchie, die Spannung zwischen nobler Distanziertheit der Jäger zu den Jagdhelfern und dem Gemeinschaftserlebnis aller Beteiligten machen die Faszination der Jagd aus", so erkennt der Soziologe nur das an, was Franz Joseph als Jäger stets mustergültig vorgelebt hat, und zieht aus dem einmal Erkannten folgerichtig den Schluß, wenn er hinzufügt: „Das ist es auch, was die Jagd als Symbol der Vornehmheit für den modernen Bürger, der es zu etwas gebracht hat, anziehend macht".

Kaiser Wilhelm II.: Jagd unter Preußens Glanz und Gloria

Er habe sich nur für drei Dinge interessiert: das Militär, die Kriegs-
flotte und die Jagd, schrieb die englische Historikerin Virginia
Cowles über den letzten deutschen Kaiser, Wilhelm II. Und als
Jäger sei er ein „crazy guy", ein verrückter Kerl, gewesen, weil er
alles, was ihm vor die Flinte gekommen sei, abgeknallt habe.
Beschäftigt man sich näher mit dem letzten Hohenzollern auf dem
deutschen Kaiser- und preußischen Königsthron, so fällt sogleich
dessen Ähnlichkeit mit einem Habsburger auf, mit Erzherzog Franz
Ferdinand, der sich auch nur für drei Dinge interessierte: Jagd,
Militär und Flotte. Und als Jäger scheinen sie überhaupt wie aus
einem Holz geschnitzt, der Hohenzollern und der Habsburger:
beide waren nämlich besessene Massenschießer, für die das Waidwerk nur darin zu bestehen schien, möglichst viel Wild in möglichst kurzer Zeit mit möglichst wenigen Schüssen zu erlegen. Bei
all diesen Ähnlichkeiten darf es nicht weiter wundernehmen, daß
der deutsche Kaiser und der österreichisch-ungarische Thronfolger
enge Freunde gewesen sind.

„... als zweiter königlicher Jäger kam von 1885 an Prinz Wilhelm
von Preußen, der spätere Kaiser. Bis 1906 pirschte er regelmäßig
einige Tage im Mai in Prökelwitz auf Rehböcke. Insgesamt schoß
er über fünfhundert Stück – ein Aderlaß, an dem der Wildbestand
noch zwei Jahrzehnte später krankte", schrieb Alexander Fürst zu
Dohna-Schlobitten in seinen Memoiren „Erinnerungen eines alten
Ostpreußen" über den Jäger Kaiser Wilhelm II. Ja, wo der Kaiser
jagte, da pfiffen die Kugeln, weil Wilhelm II., so Fürst Dohna-
Schlobitten weiter, „es liebte, nicht nur starke, sondern auch möglichst viele Stücke zu strecken". Als „leidenschaftlicher und guter
Schütze" habe es der Kaiser stets verstanden, Strecken zu legen,
von denen andere passionierte Jäger nicht einmal zu träumen
gewagt hätten. Genauso wie Erzherzog Franz Ferdinand in österreichischen, knallte Wilhelm II. in deutschen Landen alles nieder,
was ihm vor Büchse und Flinte getrieben wurde.

Obwohl im ganzen Reich von den Revierbesitzern wegen seiner Massenschießerei gefürchtet, war der letzte deutsche Kaiser dennoch überall in Deutschland ein höchst willkommener und jederzeit gern gesehener Jagdgast, der mit einem heute unvorstellbarem Kult verehrt wurde: „An jedem Stand, von dem aus der Kaiser einen Bock erlegte, wurde ein Holzpfahl mit eingebranntem „W", Krone und Datum gesetzt; bei kapitalen Rehböcken war es ein Stein", schrieb der Fürst Dohna und fügte hinzu: „Bis zur Auflösung der Monarchie wurden die Pfähle erneuert; die Steine dagegen hielten der Witterung stand, und noch 1975 habe ich einige dieser inzwischen leicht vermoosten Steine entdecken können".

Von allen Provinzen und Ländern des einstmals großen Deutschen Reiches jagte der Kaiser am liebsten in Ostpreußen, das sowohl für seine landschaftliche Schönheit als auch für seinen Wildreichtum bekannt und bei Jägern deshalb besonders beliebt war. Vor allem aber deshalb, weil dort Rominten, das Hofjagdrevier der Hohenzollern, lag. Südlich von Trakehnen, wo sich das größte und weltberühmte gleichnamige preußische Gestüt befand, erstreckte sich dieses geschlossene Waldgebiet auf einer Fläche von zweihundertfünfzig Quadratkilometern. Dort gab es die stärksten Hirsche Deutschlands. In Rominten ließ der letzte deutsche Kaiser alle Häuser im norwegischen Stil erbauen, auch sein Jagdschloß, dessen Bestandteile Wilhelm II. eigens aus Norwegen hatte kommen lassen, um sie in Rominten wieder zusammenzusetzen. Hans Graf von Lehndorff, dessen Vater preußischer Landstallmeister in Trakehnen gewesen ist und der sich in seiner Jugendzeit oft in der Rominter Heide aufgehalten hatte, beschrieb das Jagdschloß des Kaisers in seinen Memoiren als „ein großes einfaches Holzhaus ohne besonderen Schmuck, erbaut auf einer landschaftlich besonders reizvollen Anhöhe, von der ein Steilhang zu dem Flüßchen Rominte abfällt". Dem Eingangstor gegenüber befand sich, hoch aufragend, das Standbild eines starken Hirsches. Auch im Inneren war das Jagdschloß betont einfach gehalten: „Der einzige Schmuck bestand in den vielen Bildern des Hofmalers Friese, besondere Hirsche darstellend, die der Kaiser erlegt hatte und deren Geweihe naturgetreu nachgebildet waren", schrieb Graf Lehndorff und fügte hinzu: „Uns interessierte am meisten der Schreibtisch des Kaisers, vor dem er auf einem Sattel zu sitzen pflegte — aus Gesundheitsgründen, wie ich später erfuhr."

Nach der Abdankung des letzten deutschen Kaisers blieb Rominten Staatsrevier, und die Hirsche wurden von preußischen Ministern und ausländischen Staatsgästen gejagt. Zur Zeit des Nazi-Regimes war das ehemalige Hofjagdrevier Wilhelms II. bevorzugtes Revier von „Reichsjägermeister" Hermann Göring, der ein leidenschaftlicher Jäger war. Im Jahre 1945, das Deutschland den Verlust seiner Ostgebiete brachte, war auch das Ende von Rominten gekommen. Das einst größte geschlossene Jagdrevier Europas ist seit damals von der russisch-polnischen Staatsgrenze durchtrennt. Der in Rußland liegende Teil des Reviers ist heute total verkommen. Nichts, aber schon gar nichts, erinnert mehr an den Glanz der wilhelminischen Hofjagden. Der polnische Teil wird als Staatsrevier geführt, und die Regierung in Warschau ist redlich bemüht, Rest-Rominten für den internationalen Jagdtourismus zu erschließen. Krieg und kommunistisches Regime haben aber am Forst und am Wildbestand so schweren Schaden angerichtet, daß es noch Jahre dauern wird, bis Rominten wieder einigermaßen saniert sein wird. So, wie es einmal war, wird es aber mit Sicherheit nie mehr werden.

Ging Wilhelm II. außerhalb der Reichsgrenzen auf die Jagd, so bevorzugte er Österreich-Ungarn, wo er mit Kaiser Franz Joseph, Kronprinz Rudolf und später vor allem mit Erzherzog Franz Ferdinand dem Waidwerk frönte. Aber auch in Rußland und in England waidwerkte der schießfreudige Kaiser, nahm er an Hofjagden

Links oben: Am liebsten betreibt Prinz Charles das „grouse shooting", die Jagd auf Moorhühner in den schottischen Hochmooren.

Rechts oben: Aber auch das „jungle hunting", die Jagd im Dschungel, übt auf den Prince of Wales eine große Faszination aus.

Unten: Das „fox hunting", die Fuchsjagd hoch zu Roß und mit Hundemeute, hält Charles für „ziemlich barbarisch" und lehnt sie deshalb strikte ab.

128

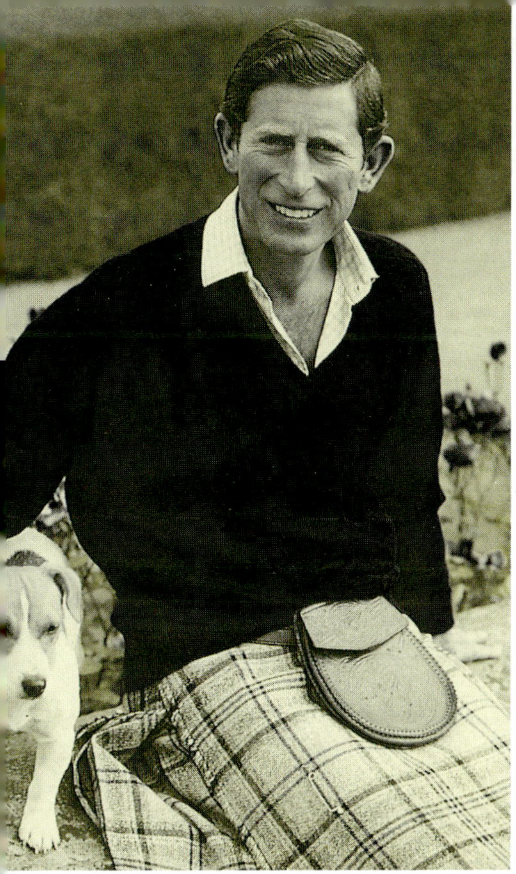
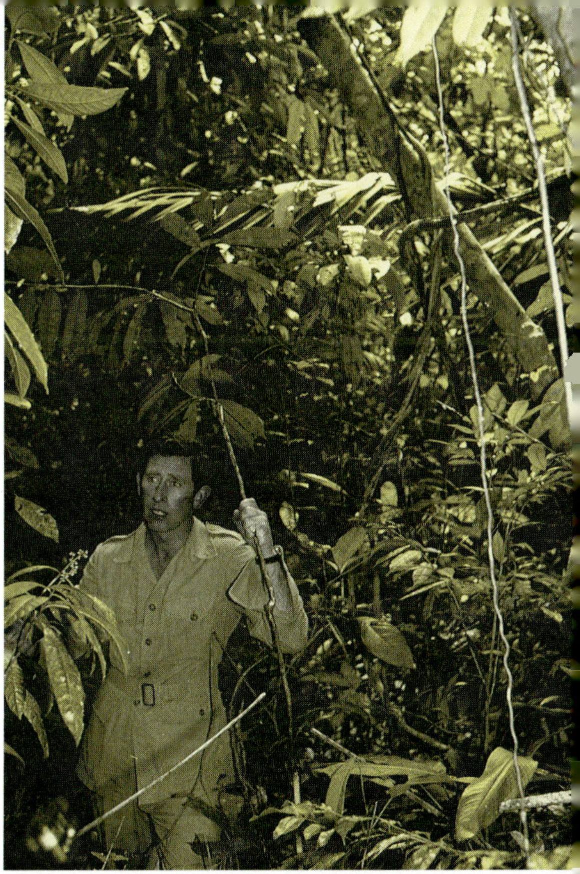
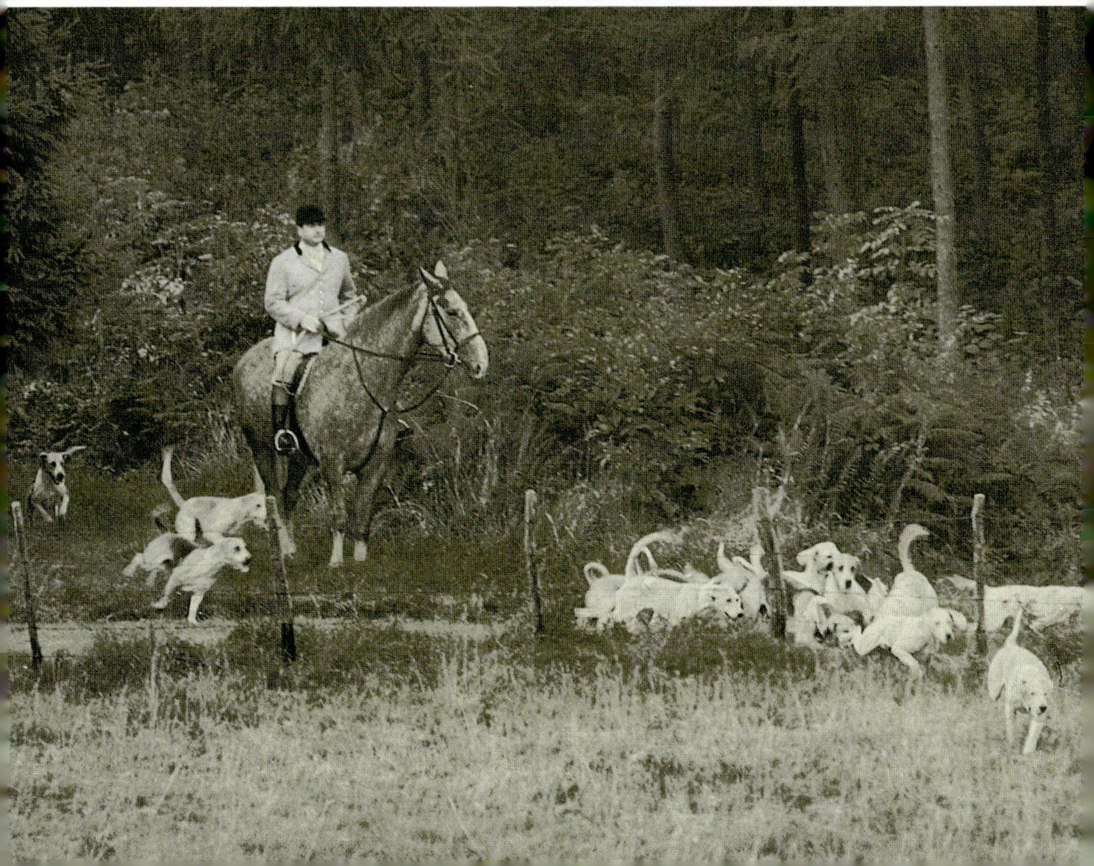

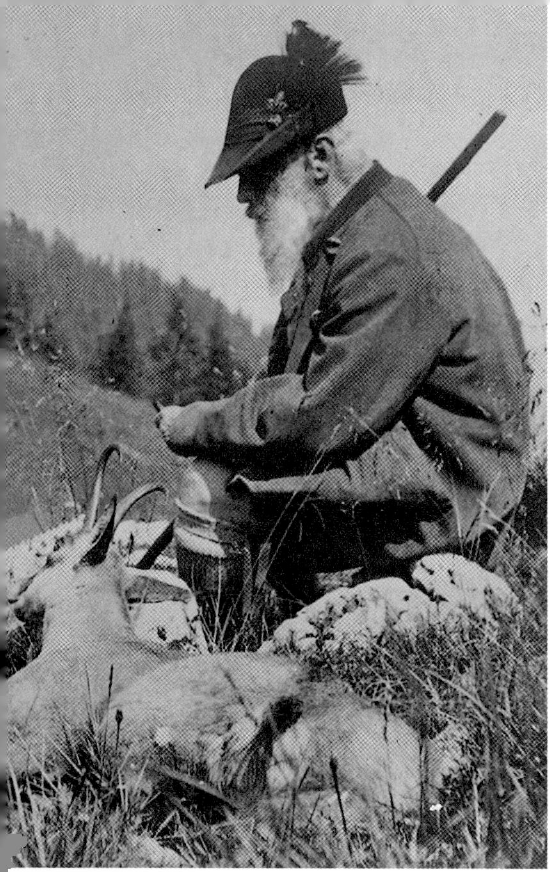
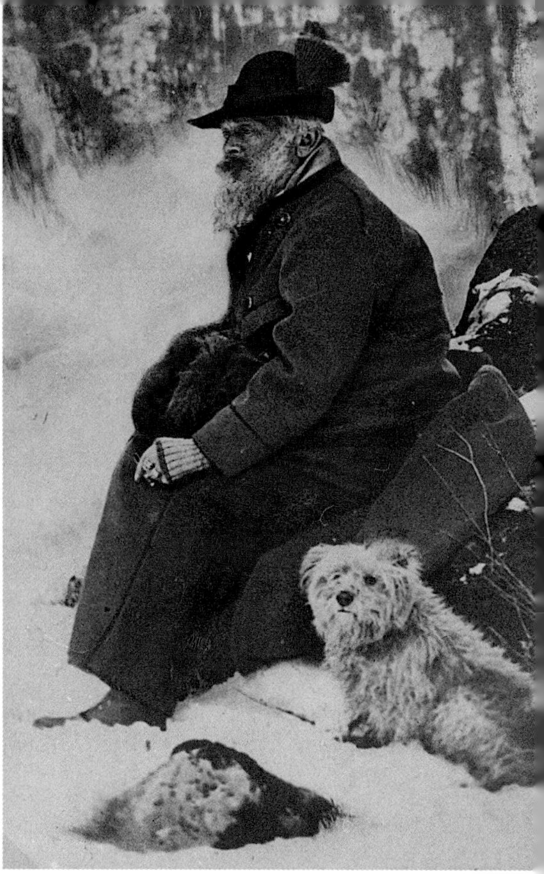
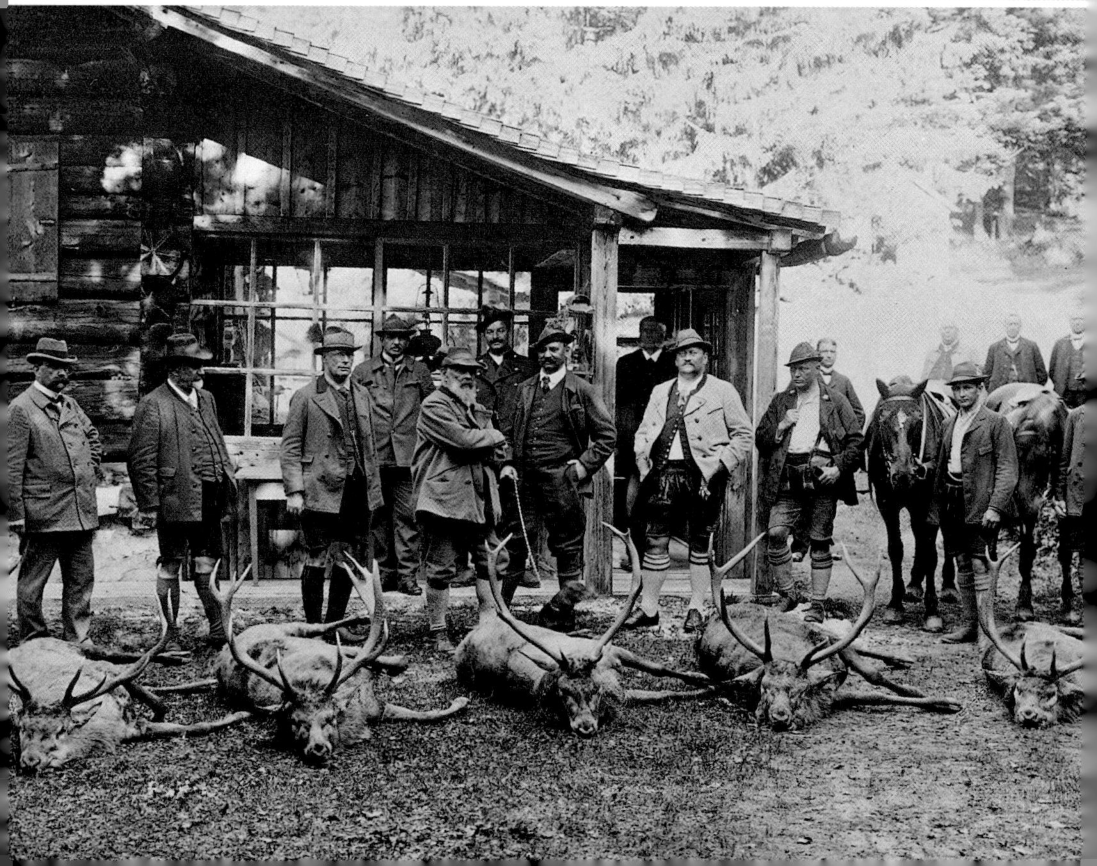

seines Cousins, des Zaren Nikolaus II., teil und wurde vom englischen Landadel als Enkel der Königin Viktoria ganz als einer der Ihren betrachtet und deshalb in die besten Reviere des Vereinigten Königreiches geführt.

In England schoß er vor allem Moorhühner, Schnepfen, Wachteln und Füchse; in Rußland Elche, Bären, Wölfe und Hirsche. Und in Ostpreußen hauptsächlich Rehböcke, die zu strecken des Kaisers größte Passion gewesen ist.

Die Fürsten zu Dohna-Schlobitten, denen die besten Reviere von ganz Ostpreußen gehörten, zeichneten alles, was ihren allerhöchsten Jagdgast betraf, geradezu minutiös auf, so daß wir heute bis ins Detail genau wissen, wie Seine Majestät seine Jagdtage verbrachte: „Er stand ziemlich früh auf, frühstückte um 3.30 Uhr oder 4.00 Uhr. Er nahm ein warmes Fleisch mit Bratkartoffeln, immer frischen Streuselkuchen und geröstete Brötchen nebst Kaffee zu sich. Dann fuhr er mit meinem Großvater, Wildmeister Schmidt und seinem Leibjäger Rollfing im großen Pirschwagen, den der Schlobitter Leibkutscher Will fuhr, in den Wald. Im Laufe des Vormittags kehrte der Kaiser aus dem Wald zurück, schlief dann einige Stunden und empfing anschließend mehrere Herren zum Vortrag. Das Mittagessen um 4.00 Uhr nachmittags bestand aus einer Suppe, Fisch, Braten mit Salat und Kompott, dann Gemüse, einem süßen Gericht, Käsestangen und Obst nebst Konfekt. Sehr oft gab es Krebse, teils aus Prökelwitz, teils aus Berlin, wo auch von Borchardt die Fische herkamen. S.M. aß mit Vorliebe „Kalifornische Früchte". Die Krebse durften im übrigen nicht ganz serviert

Links oben: Was Kaiser Franz Joseph für die altösterreichische, das war Prinzregent Luitpold für die bayerische Jägerschaft: der Erste und der Beste.

Rechts oben: Für seine Jagdhunde hätte Prinz Luitpold jederzeit sein Leben gegeben.

Unten: Der Prinzregent auf Treibjagd: Luitpold ist es zu verdanken, daß es heute in Bayern noch Wild gibt.

werden, weil der Kaiser nur mit einer Hand essen konnte. Er hatte immer seine eigenen Gabeln mit, die zugleich als Messer benutzt werden konnten (Wilhelm II. kam mit einem verkrüppelten Arm zur Welt, Anm.d.Autors).

Nachmittags war wieder eine Ausfahrt in den Wald. Die Strecke, etwa zwei bis fünf Rehböcke, wurde dann von der Jägerei verblasen. Abends erzählte der Kaiser selbst oder ließ sich von seiner Begleitung Geschichten vortragen, dazu wurde Erdbeerbowle getrunken. Zum Abendessen gab es nur Tee, belegte Brötchen, kleine Kuchen und Baumkuchen. Etwa um 10.30 Uhr ging S.M. zu Bett."

Im Jagdgefolge des deutschen Kaisers anzutreffen waren laut Fürst Dohna-Schlobitten „in den früheren Jahren Herr von Kessel, Graf Moltke, Leibarzt von Ilberg, und als Gäste Philipp Fürst Eulenburg, Graf Dohna-Waldburg, Graf Finckenstein-Simnau und Graf Dohna-Mallmitz. In späteren Jahren gehörten zur kaiserlichen Begleitung neben anderen Generaloberst von Plessen, die Flügeladjutanten von Dommes und von Gontard sowie der Leibarzt Dr.Niedner."

Hatte Wilhelm sich für die Jagd Zeit genommen, so ließ er sich von nichts davon abhalten, wirklich jede Minute im Wald zu verbringen: „Einmal riet Ilberg dem erkälteten Kaiser von einer morgendlichen Pirschfahrt ab. Als er sich jedoch nicht davon abbringen ließ, erklärte Wildmeister Schmidt: „Da muß es eben regnen." So wurde morgens vor dem Wecken mit Gießkannen vor dem Fenster gegossen. Der Kaiser ging darauf ein und sagte beim späten Frühstück im Scherz zu Ilberg: „Herr Doktor, das verbitte ich mir, daß sie hier das Wetter machen!", berichtet Fürst Dohna in seinen Memoiren.

Der Kaiser war ein säbelrasselnder preußischer Militarist und als solcher ein Uniform-Fetischist, der am Tag bis zu zehnmal und auch öfter die Uniform wechselte. Deshalb geradezu selbstverständlich, daß der Hohenzollern auch in Uniform auf die Jagd ging, und zwar in der preußischen Hofjagduniform: kniehohe Schaftstiefel, Breeches und hochgeschlossene Jacke, die sich nur in der Farbe von einem Generalsrock unterschied. Zur Hofjagduniform wurde kein Säbel, sondern ein Knicker getragen, und zwar auf der rechten Seite und nicht wie der Säbel auf der linken. Aber in Preußen, wo das Militär alle Bereiche des Lebens dominierte, war das nur eine Selbstverständlichkeit, liebte doch auch die Aristokratie des

Landes ihre von Geschlecht zu Geschlecht unterschiedlichen Jagduniformen.

Typisch preußisch waren auch die Hofjagden, die oft mehr einem
Manöver als einer Jagd glichen. Fürst Herbert von Bismarck, der
Sohn des Reichskanzlers Otto von Bismarck, pflegte einmal zu
bemerken: „In Preußen unterscheidet sich eine Treibjagd nur im
Detail von einer Schlacht." Tatsächlich war auf den Hofjagden alles
stramm militärisch durchorganisiert, nichts durfte dem Zufall überlassen bleiben. Ein militärisch exaktes Jagdreglement sorgte für
einen reibungslosen Ablauf der Kaiserjagden. Fürst Auersperg, der
in Böhmen riesige Ländereien besaß und ein passionierter Jäger
gewesen ist, berichtete einmal, eben von einer Treibjagd in Schlesien zurückgekehrt, im Wiener Jockey-Club, er könne sich nur
wundern, daß nach dieser Jagd noch Wild übriggeblieben sei,
„denn bei dieser Akkuratesse, mit der draußen im Reich gejagt
wird", komme dies einem Wunder gleich.

Auf den Hofjagden pflegte der Kaiser die Jäger wie ein Feldwebel
die Rekruten herumzukommandieren, oder wie der Fürst Pleß sich
ausdrückte, habe „Seine Majestät Angewohnheit gehabt, Jagdgesellschaften anzuführen, wie ein Rittmeister seine Schwadron".
Lief bei den Hofjagden nicht alles so, wie der Kaiser es wollte,
konnte Wilhelm „stinke sauer" werden, wie Philipp Fürst Eulenburg schrieb und hinzufügte: „Ich betete zu Gott, daß Seine Majestät doch noch zu Schusse kommt, da ich nur zu genau wußte,
welch gräßlicher Abend uns andernfalls ins Hause stand…"

Obwohl ein exzellenter Schütze, kam der Kaiser oft wegen seines
Jagdfiebers nicht zu Schuß. Alexander Dohna Schlobitten berichtete, daß „der alte Wildmeister Schmidt, über dessen Schulter der
Kaiser wegen seines verkrüppelten linken Armes anzulegen pflegte,
mir später erzählte, wie stark manchmal die Büchse vor Jagdleidenschaft geschwankt habe, so daß er die Kimme zuhalten mußte,
um den hohen Jäger zu beruhigen, bis dieser entspannt genug war,
um abzudrücken".

Dennoch schaffte es der Kaiser, auf den großen Niederwildjagden
in Schlesien, Pommern und in der Mark Brandenburg innerhalb
weniger Tage ein paar tausend Stück Wild zu erlegen. Als er noch
Kronprinz war, gelang Wilhelm in Rußland die waidmännische
„Meisterleistung", an einem einzigen Tag fünf kapitale Hirsche zu

strecken. So wurde der deutsche Kaiser als Massenschießer nur noch vom österreichischen Thronfolger Franz Ferdinand übertroffen, der Wilhelm ungemein zu imponieren vermochte: „Lieber Franzi! Habe von Deinem Jagdglück vernommen. Zwanzig Rehböcke an einem Tag, das nennt man Waidmannsheil! Dich beneidend, Dein Willi", depeschierte der Kaiser von Berlin an den Erzherzog nach Wien.

Und als Wilhelm bei der jährlichen Entenjagd in den Masuren an einem Tag allein fast hundert Enten schoß, während es die anderen vierunddreißig Jagdteilnehmer zusammen nur auf knapp siebzig brachten, gratulierte Franz Ferdinand mit den Worten: „Lieber Willi! … Du hast es Allen wieder einmal gezeigt, was es heißt, ein wahrer Jäger zu sein. Waidmannsheil, Dein Franzi."

Doch die vom deutschen Kaiser aufgestellten Jagdrekorde erweisen sich als relativ, weil die Junker sich hinter vorgehaltener Hand stets zugeflüstert haben: „Wenn Seine Majestät jagt, haben wir Schonzeit…"

Kronprinz Rudolf: Den Kaiser fast erschossen

Im Höllgraben, einem Revier, das zum kaiserlichen Jagdschloß Mürzsteg – der heutigen Sommerresidenz des österreichischen Bundespräsidenten – gehört, wird an diesem trüben Tag des Jahres 1885 auf Kahlwild gejagt. Kronprinz Rudolf, hier, in den steirischen Landen, ein eher seltener Jagdgast, hat seinen Stand im Graben, während der Kaiser, der fast regelmäßig hier jagt, in der Lehne gegen den Bockkogel „im Reiser" steht. Der Trieb geht, nachdem sowohl der Kaiser als auch der Kronprinz schon ziemlich viel geschossen haben, bereits dem Ende zu. Und dann passiert es: Ein Rudel Hochwild kommt direkt auf Rudolf zu, der, wie immer hochgradig nervös und vom Jagdfieber geschüttelt, schießt blindlings in das Rudel hinein, das, von Panik erfaßt, abdreht und in die Richtung flieht, in der der Kaiser seinen Stand hat. Der Kronprinz verliert die Kontrolle über sich selbst, vergißt die alte Jagdregel, wonach der Schütze auf einer Treibjagd unter keinen Umständen seinen Stand verlassen darf, tritt heraus, zielt dem fliehenden Wild, das sich jetzt direkt vor Seiner Majestät befindet, nach und – schießt!

Die vom Sohn abgefeuerte Kugel verfehlt den Vater nur um Haaresbreite und trifft den hinter dem Kaiser im Stand sitzenden Träger Martin Veitschegger aus Mürzsteg beim Ellbogen. Obwohl nur knapp dem Tod entgangen, tut der Kaiser grad so, als sei überhaupt nichts geschehen, gibt dem angeschossenen Steirer fünfzig Gulden und den Befehl, sein ganzes Leben lang über das soeben Vorgefallene wie ein Grab zu schweigen. Undenkbar, was der Kronprinz hätte anrichten können. Eine Katastrophe mit unabsehbaren Folgen war nur durch puren Zufall nicht eingetreten.

Dieser dramatische Vorfall, der nur in engsten Kreisen des kaiserlichen Hofes bekannt wurde, kam erst vierzig Jahre nach dem Selbstmord des Kronprinzen in Mayerling an das Licht der Öffentlichkeit, als im Jahr 1929 der ehemalige Direktor des Haus-, Hof- und Staatsarchivs, Oskar Freiherr von Mitis, seine Rudolf-Biographie publizierte. Mitis, dem als oberstem Archivar viele nur ihm zugängliche Quellen zur Verfügung standen, erklärte sich dieses „unwaid-männische Verhalten" des Kronprinzen mit dessen fast schon pathologischer Nervosität: „Die auf das Kindesalter zurückgehende hochgradige Nervosität des Kronprinzen, die bei der Kritik seines Tuns und Lassens nicht außer acht gelassen werden darf, hat ihm auch bei der Ausübung der Jagd wiederholt übel mitgespielt."

Einmal schoß sich Rudolf, als er knapp zwanzig Jahre alt war, beim Gewehrputzen aus reiner Unachtsamkeit eine Kugel durch die Hand. Und wiederholt löste sich aus dem Gewehr des Kaiser-Sohnes ein Schuß, weil dieser auf der Pirsch oft so nervös oder gei-stesabwesend war, daß er es unterließ oder schlicht vergaß, seine Waffe zu sichern: „Er legte durch sein Verhalten bei der Jagd dem begleitenden Personal bisweilen die schwerste Verantwortung auf", schrieb der Freiherr von Mitis, sichtlich bemüht, für das beinahe kriminelle Verhalten Seiner kaiserlich-königlichen Hoheit einen milden, weil noblen Ausdruck zu finden.

Ebenfalls im Jahre 1885, kurz bevor Rudolf in Mürzsteg beinahe seinen eigenen Vater erschossen hätte, wäre er auf einer Bärenjagd auf der ungarischen Krondomäne Görgéni-Szent-Imre fast selbst ums Leben gekommen. Auch dieser Vorfall kam erst lange nach dem Tod des Kronprinzen auf, als der einst in kaiserlichen Diensten stehende Jäger Rudolf Püchel am 11. Oktober 1925 im „Neuen Wiener Tagblatt" berichtete: „Der Kronprinz, der zwar vorsichtig, jedoch etwas zu rasch von seinem Jagdsessel aufgestanden war, wurde vom Bären sofort wahrgenommen, worauf der Kronprinz vier Schüsse aus zwei Gewehren so schnell wie möglich abgab. Der Bär brach zusammen, um sofort wieder hochzuwerden. Das Schießen auf den Bären, sein Zusammenbruch und Wiederhoch-werden wiederholte sich noch ein paarmal, bis der Bär, brüllend und wutschnaubend, hochaufgerichtet, mit offenem Fang und herab-hängenden Vorderpranken, vor uns stand. Der Kronprinz wollte sein Gewehr laden, konnte jedoch die Patronen nicht schnell genug hineinbringen, es bestand höchste Gefahr, und so hielt ich dem Bären, da ich mich zwischen ihm und dem Kronprinzen befand, vor den offenen Fang die Mündung meines Gewehrs, das er sofort erfaßte. In demselben Moment löste ich den Schuß und stieß den Bären mit dem Gewehr zurück… Nach einer Weile stellte der

Kronprinz sich vor mich, erfaßte meine Hand und sagte: Das war eine ernste halbe Minute!"

War Rudolf also auch als Jäger ein Versager? Daß er sich selbst generell für einen solchen hielt, ist ja historisch belegt. Konnte er auf dem Gebiet des Waidwerks, das seinem Vater so besonders am Herzen lag, den hohen Anforderungen des Kaisers auch nicht genügen? Ja, war er denn überhaupt ein Jäger aus Passion oder nur ein kaiserlicher Prinz, der sich den eisernen Regeln der Tradition unterwarf, der dem Waidwerk frönen mußte, weil ihm als Habsburger die Option nie offengestanden hatte, die Jagd nicht ausüben zu müssen? Mußte er, der auch von der Fachwelt uneingeschränkt anerkannte Ornithologe, der begeisterte Wildkundler, nicht gerade ein Gegner alles Jägerischen sein? Wie konnte der Prinz, der an die Beobachtung von lebendem Wild in freier Natur mit akademischer Akribie heranging, ein Interesse daran haben, seine Forschungsobjekte abzuschießen?

Diese Fragen müssen beantwortet werden, weil ansonsten das Bild vom Jäger Rudolf in seinen unklaren Konturen bestehen bleibt. Brigitte Hamann, die sich als Historikerin wissenschaftlich mit der Biographie des österreichisch-ungarischen Kronprinzen beschäftigt hat, stellt fest: „Wie sein Vater Kaiser Franz Joseph und die meisten männlichen Mitglieder seiner Familie pflegte der Kronprinz die Jagdtradition, wenn er auch nur ein mittelmäßiger Schütze war." Um dann den für die waidmännische Beurteilung Rudolfs wichtigen Schlüsselsatz hinzuzufügen: „... er liebte die Jagd vor allem wegen der Natureindrücke und der Wild- und Vogelbeobachtung."

Auch Oskar von Mitis deutet an, daß der Sohn des Kaisers nur der Tradition – und dem gestrengen Vater – gehorchte und nur deshalb Jäger geworden sei: „Am Hof der Habsburger, der seit den frühesten Zeiten ausgedehnte Reviere mit einem Wildreichtum von seltener Mannigfaltigkeit zur Verfügung hatte, bildete die Pflege der Jagd einen wesentlichen Teil der von Geschlecht zu Geschlecht hochgehaltenen Überlieferung, und schon in der Kinderstube der Erzherzöge hing neben Reitstock und Uniformstücken die Jagd-Joppe. Auch Kaiser Franz Joseph, der seine wenigen freien Stunden fast ausschließlich dem Jagdvergnügen widmete, dabei aber immer ein vorbildlicher Waidmann blieb, behandelte die kynegetische Erziehung seines Sohnes mit nicht geringerer Aufmerksamkeit, als etwa den Reitunterricht und die Ausbildung in militärischen Dingen."

Einen interessanten Denkansatz liefert John T. Salvendy, Professor für Psychiatrie an der Universität von Toronto, in seinem Buch „Rudolf – Psychogramm eines Kronprinzen", wenn er zur Feststellung gelangt, daß „Rudolfs demonstratives Interesse für die Jagd einer Höflichkeit gegenüber dem Vater entsprang, getragen von dem intensiven Wunsch, den in ihn gesetzten Erwartungen zu entsprechen". Rudolf, der eine einsame Kindheit hatte, habe, so Salvendy weiter, schon bald herausgefunden, daß er nur über ein gesteigertes Interesse an der Jagd die Aufmerksamkeit und damit die Liebe seines Vaters erwecken könne. Nur bei jagdlichen Anlässen „widmete der Kaiser Rudolf die verzweifelt ersehnte und längst fällige Aufmerksamkeit durch Fragen, Ratschläge und Interesse für Rudolfs verschiedene Fortschritte und Erfolge. Niemals sonst hat Franz Joseph seine Liebe zu Rudolf so offen gezeigt wie bei den Gelegenheiten, wo der Sohn in der Jagd erfolgreich gewesen ist. Früh begriff Rudolf, daß der sicherste Weg zur Anerkennung und Liebe von seiten des Vaters der war, ein hervorragender Jäger zu werden."

Salvendys entwicklungspsychologische Theorie ist von der Historie bestätigt worden: Je tiefer später der Abgrund zwischen Vater und Sohn wurde, desto kleiner wurde die Jagdlust des Kronprinzen, bis er sich – in seinem letzten Lebensjahr – so gut wie überhaupt nicht mehr für das Waidwerk interessierte. Der kanadische Psychiater hat aber auch ein anderes, in seinen Ergebnissen hoch interessantes Experiment gewagt: Er legte Professor Otto Weininger, einer Kapazität auf dem Gebiet der Kinderpsychologie, Bleistiftskizzen vor, die Rudolf im Alter zwischen seinem achten und zwölften Lebensjahr angefertigt hat und die ihn in Begleitung eines als Offizier gekleideten Mannes bei der Ausübung der Jagd zeigen. Salvendy verriet seinem Kollegen nicht, daß es sich bei diesem „Künstler" um den österreichisch-ungarischen Kronprinzen handelte, dem Kinderpsychologen wurden nur einige Details wie Rudolfs Alter und seine soziale Position mitgeteilt sowie der Hinweis gegeben, „daß zu jener Zeit die Jagd ein beliebter Zeitvertreib in aristokratischen Kreisen war". Weiningers Gutachten – 87 Jahre nach dem Ableben des Kronprinzen erstellt – kam zu höchst aufschlußreichen

Ergebnissen: „Im allgemeinen lassen die Zeichnungen ein Individuum erkennen, das bei einer männlichen Person Trost und Anerkennung sucht. Fast scheint es, als ob der Knabe sich durch seine Teilnahme an der Aktivität, der von dem Erwachsenen so große Wichtigkeit beigemessen wird, mit dieser Person identifizieren wolle. Dieser Mann... scheint bezüglich seiner Beziehungen zum Knaben von höchster Bedeutung zu sein und wird als Beschützer und Lehrer betrachtet. Man könnte annehmen, daß der Knabe sich beinahe unter die fürsorgliche Leitung und Kontrolle dieser hochaufragenden Figur begäbe und bewußt einen Fehler mache, um danach die Unterstützung des Erwachsenen zu gewinnen... Hier sehe ich ihn, als ob er sich bewußt wäre, ungehorsam gewesen zu sein. Er möchte in den Augen seines Begleiters etwas gelten, doch es scheint, als ob dem Knaben in der Gegenwart eben dieses Mannes nicht gelingen könne infolge des mächtigen Einflusses des letzteren und der Haltssuche des Knaben. Sobald der Erwachsene jedoch eine gewisse Distanz zu dem Kind einnimmt, stellt sich der erhoffte Erfolg ein. Ich würde hier hypothetisieren, daß das Kind zwar die Unterstützung dieser Person benötigt, aber in dessen Gegenwart das gesteckte Ziel nicht zu erreichen vermag, oder daß ihm die Anerkennung verweigert wird... Seine Linienführung ist kräftig, doch die Energie fehlt. Aggression, die üblicherweise im Schießen ausgedrückt wird, ist nicht mehr vorhanden... Hier sehe ich einen tiefen Konflikt mit Abhängigkeitsproblemen und eine Unfähigkeit, zum Ziel seiner Bemühungen zu gelangen. Der Knabe geht zwar entschlossen, aber doch mit ungenügender Kraft gegen diese seine Schwächen vor... Kann man auf Depression und übermäßige somatische Beanspruchung schließen... Hier ist ein Identifikationsversuch mit der starken männlichen Figur und das Bedürfnis nach Schutz und Obsorge ersichtlich, und dies soll mit einer für den Vater akzeptablen Leistung, die noch extra verschönert wird, erzielt werden."

Salvendy legte dieselben Skizzen auch dem Psychologen Shalom Camenietzki vor, der in seiner Expertise festhielt: „Der Knabe sieht sehr eifrig, sehr konzentriert aus und versucht, dem Vater seine Tüchtigkeit zu zeigen und dessen Anerkennung zu gewinnen. Mir scheint, daß die Jagdzeichnungen einen eher bewußten Aspekt der Vater-Sohn-Beziehung reflektieren, bestehend aus Bewunderung, einer gewissen Idealisierung und dem Bedürfnis nach Anpassung an den Vater und danach, dessen Wünschen zu entsprechen. Die vielen Blutstropfen... sagen uns etwas über eine andere Ebene der Beziehung – vielleicht eine unbewußte. Obwohl der Junge beim Schießen gezeigt wird, wird der Beute weniger Bedeutung beigemessen."

Die Psychologen haben damit den Beweis für das erbracht, was die Historiker schon längst vermutet haben: Für den Kronprinzen war die Jagd nur Mittel zum Zweck, entsprang niemals einer inneren Passion. Rudolf mußte als Jäger zwangsläufig versagen, weil er mit dem Waidwerk einer Tätigkeit nachging, für die ihm das tiefere Verständnis fehlte, die in keiner Weise seinen Neigungen entsprach, ja vielmehr noch, die gar nicht zu seiner Persönlichkeit paßte. Der Kronprinz mimte den Jäger, mehr nicht. Und er war stets eisern bestrebt, diese Rolle möglichst gut zu spielen, was ihm in der Tat auch gelungen ist. Nur der Kaiser – die Jagd-Korrespondenz zwischen Vater und Sohn läßt diese Vermutung zu – dürfte schon relativ früh erkannt haben, daß dem Kronprinzen das Zeug zum Jäger fehlte.

Dafür verfügte Rudolf im überreichen Maße an Gaben des Geistes, die ihn hoch über den Durchschnitt seiner Verwandtschaft hinauswachsen ließen. Nicht von ungefähr wird der Kronprinz von einigen Historikern als „der Intellektuelle aus dem Hause Habsburg" bezeichnet. Er war ein begabter Schriftsteller, ein begnadeter Journalist und vor allem ein Naturwissenschaftler, der als Ornithologe mit Sicherheit auf dem Niveau eines Universitätsprofessors seiner Zeit stand. Max Freiherr von Walterskirchen, von 1869 bis 1877 Erzieher des Kronprinzen, hat schon früh erkannt, daß in seinem Zögling ein Zoologe, aber kein Jäger steckte: „Im ganzen hat es auf mich den Eindruck gemacht, daß in Ihnen das Herz des Ornithologen noch immer höher schlägt, als das des Jägers...", schrieb der Freiherr dem zwölfjährigen Prinzen, der es schon damals, ein Kind noch, verstand, auf seinem Spezialgebiet nach den exakten Methoden der Naturwissenschaften zu arbeiten. Kein Wunder, daß schon bald der große Zoologe Alfred Brehm, der Autor von „Brehms Tierleben", auf den jungen Ornithologen am Kaiserhof zu Wien aufmerksam wurde: „Kronprinz Rudolf war ein glühender Verehrer von Alfred Brehm, führte eine jahrelange aus-

führliche Korrespondenz mit ihm und schickte ihm auch zahlreiche eigene Vogelbeobachtungen. Brehm nahm 1878 drei von diesen Manuskripten (der schwarze Milan, die Rohrweihe und die Wiesenweihe) in die zweite Auflage seines „Tierlebens" auf und machte damit den noch nicht zwanzigjährigen österreichischen Kronprinzen einem größeren Publikum als Ornithologen bekannt", schreibt Brigitte Hamann, und Rudolf selbst vermerkte beim Ableben des großen Tierforschers in seinem Tagebuch: „Der Tod des armen Brehm ist mir sehr nah gegangen. Durch viele gemeinschaftliche Arbeiten, zusammenverlebte Tage, zu Wasser und zu Land, auf Expeditionen und Reisen, war ich mit ihm eng befreundet, und trotz mancher Fehler war er ein großer, tüchtiger Mann."
Friedrich Fürst Schwarzenberg, dem Kardinalerzbischof von Prag, war die enge Beziehung zwischen dem Kronprinzen und dem großen Naturforscher ein Dorn im feudal-klerikalen Auge. Im Jahr 1880 wies er in einem Schreiben an den Kaiser auf den seiner Meinung nach „verderblichen" Umgang Rudolfs mit dem „Freimaurer" Alfred Brehm hin, was zur Folge hatte, daß Franz Joseph jedes neuerliche Treffen der beiden untersagte. Hamann: „Schwarzenberg hatte den Kronprinzen auch mehrere Male wegen zu spärlicher Kirchenbesuche gerügt... Der böhmische Adel nahm geschlossen Partei für den Kardinal in seinen Differenzen mit dem jungen Kronprinzen."
Von da an sah Rudolf im Prager Kardinal seinen Erzfeind und den mächtigen böhmischen Feudal-Adel begann er als Journalist (zwar unter Pseudonym) und Schriftsteller wild zu attackieren, im gesellschaftlichen Umgang, den der Kronprinz am liebsten ganz vermieden hätte, kalt zu schneiden: „Rudolfs Antipathie gegen den Adel verstärkte sich während seines Aufenthaltes in Prag bis zu offenen Streitigkeiten. Mehrmals informierte der Kronprinz seinen Freund Szeps (Chefredakteur des „Neuen Wiener Tagblatts", Anm.d.Autors) über Skandale in der böhmischen Aristokratie mit der Bitte, dies doch in das „Neue Wiener Tagblatt aufzunehmen", schreibt Brigitte Hamann und macht damit zum Teil verständlich, warum der Kronprinz der österreichisch-ungarischen Monarchie lieber Präsident einer Republik als gekrönter Herrscher geworden wäre. Kein Wunder, hatte er sich doch mit den Stützen des Thrones – Kirche und Aristokratie – so zerstritten, daß, vor allem in Rudolfs

letzten Lebensjahren, so gut wie alle Brücken zwischen den beiden Streitparteien abgebrochen waren.

In seiner politischen Denkschrift „Der österreichische Adel und sein constitutioneller Beruf" rechnete der Kronprinz mit seinen Standesgenossen ab: „Wir sehen den begüterten Adel, weder in der Civilverwaltung, noch im Heere dem Staate seine Dienste in jenem Umfange entgegenbringen, in welchem dies in anderen Ländern, die eine Aristokratie haben, der Fall ist; wir sehen den Adel weder seiner parlamentarischen Aufgabe vollends genügen, noch auch den sonstigen ihm zufallenden socialen Pflichten irgend wie in hervorragender Weise gerecht werden. Der österreichische Adel füllt den ihm durch seine sociale Stellung und die Verfassung zugewiesenen Platz in unserem verjüngten Staatswesen nicht in dem Maasse aus, als dies in seinem und im allgemeinen Interesse gewünscht werden muß. Als Grund dieser tief bedauerlichen Thatsache haben wir das im großen und ganzen zu Tage tretende geringe Bildungswesen des Adels, seine hauptsächlich auf die Erwerbung gesellschaftlicher Vorzüge und auf den Genuss hinzielende Lebensrichtung, in welcher ihm das Bewusstsein seiner öffentlichen Aufgaben und das Verständnis für seine höheren Pflichten verloren geht, vor allem aber jene oberflächliche zweckwidrige Erziehung der aristokratischen Jugend kennen gelernt, welche dieselbe weder mit nützlichen Kenntnissen erfüllt, noch auch Geist und Charakter derselben für die Lösung der schwierigen Aufgaben des öffentlichen Lebens ernstlich schult und vorbereitet. Vor eine grosse politische Aufgabe gestellt, fehlt es solcherart dem Adel offenbar an den geistigen Mitteln, ihr gerecht zu werden."

Als Jäger schien der Kronprinz aber keine Probleme gehabt zu haben, mit diesen von ihm in ihrem Ansehen herabgewürdigten und als geistig unterbelichtet dargestellten Aristos engsten Umgang zu pflegen: Neben seinen Schwägern, Prinz Leopold von Bayern und Prinz Philipp von Coburg, waren es vor allem der Großherzog von Toskana, die Erzherzöge Franz Ferdinand, Otto und Friedrich, der Baron Bornemisza, Prinz Alois Esterházy, Graf Tassilo Festetics, Graf Pista Károly, Baron Kemény, Graf Arthur Potocki, Baron Saurma-Jeltsch, Graf Béla Széchény, die Grafen Ferdinand und Hugo Wurmbrand sowie Samuel Graf Teleki und Josef Graf Hoyos, mit denen der Kronprinz auf die Jagd ging. Erstaunlich auch hier der Unterschied zum Vater: Er, der „Bürger-Prinz" und Aristokraten-Hasser, der lieber ein Herr Präsident als eine apostolische Majestät geworden wäre, waidwerkte ausschließlich mit Hocharistokraten und führenden Repräsentanten des niederen Adels, während der Kaiser, durch und durch ein Aristokrat, der sich immer und überall seiner monarchischen Überhöhung bewußt war, als Jäger vom hohen Roß des Kaiser-Königs stieg, um sich unter das einfache Jägervolk zu mischen, das er – aus dem Blickwinkel des passionierten Waidmanns gesehen – höher einschätzte als alle blaublütigen Nimrode zusammengenommen. Auch hier zeigt sich wieder ganz deutlich die Zerissenheit im Persönlichkeitsbild des Kronprinzen: Da die Intellektuellen, Schriftsteller, Journalisten und Naturforscher, denen er sich geistig verwandt und vollkommen zugehörig fühlte, dort die Erzherzöge, Fürsten, Prinzen, Grafen und Barone, mit denen er in aller Selbstverständlichkeit jagend durch die habsburgischen Lande zog.

Im Herbst des Jahres 1880 unternahm der Kronprinz, einer Einladung der Grafen Otto und Rudolph Chotek folgend, eine ausgedehnte Reise in die Jagdgebiete Ungarns, auf der er von seinem Schwager, Prinz Leopold von Bayern, dem Großherzog von Toskana, den Grafen Bombelles und Hans Wilczek sowie dem Jagdmaler Pausinger begleitet wurde. In einem sehr ausführlichen Bericht über diese Jagdreise bestätigt Rudolf mit eigenen Worten, daß er primär an der Wildbeobachtung interessiert und von den Möglichkeiten, die sich ihm dabei als Ornithologen boten, fasziniert gewesen sei. Rein jägerische Momente treten bei der Schilderung klar und deutlich in den Hintergrund: „… Es herrschte wenig Leben auf der Donau, die Wasservögel waren nach anderen Regionen gezogen und nur dunkle Raubvögel und Elstern zeigten sich an den Ufern des Stromes. … Lange Entenzüge und eine Schaar Kiebitze, welche auf dem Winterfluge südwärts zogen, liehen der Strecke einiges ornithologisches Interesse. Der Niedergang des zwischen schmalen Wolkenspalten durchbrechenden feurigen Sonnenballes erfreute uns alle, namentlich aber meinen Freund Pausinger. – Es war eine jener schönen Dämmerungen, wie man sie nur in östlichen Ländern, besonders aber in den Ebenen des schönen Ungarn sehen kann… Wie grossartig ist es doch, wenn die schwer herniederhängenden Wolken in rother Blutfarbe prangen, die Sonne im Goldglanz hinter den Hügeln versinkt und die Lilafarbe den Uebergang bildet zur tiefblauen Nacht, welche bereits geheimnisvoll über den weitgestreckten Puszten lagert; wenn sich eine leichte Nebelschichte auf die hinhuschenden Wogen des grossen Stromes niederläßt... Hundert und hundert Krähen zogen im Schwarme der Ebene ihren Ruheplätzen zu und langgedehnte Striche von Wildgänsen eilten, nach ihrer Gepflogenheit im Dreieck, mit klagendem Geschrei südwärts. Mit dem Einbruche der vollständigen Dunkelheit gelangten wir nach Mohács, wo wir anhielten, um dort zu übernachten. Mit dem grauenden Morgen setzten wir die Fahrt fort; als ich erwachte, war der Tag bereits angebrochen. Ich eilte auf Deck, um die bekannten Gegenden zu betrachten. Ein beissender, aber schöner Morgen empfing mich, ein leichter Nebel schwebte über dem Wasser und die Sonne machte erfolglose Versuche, diese arme Erde zu erwärmen. In Gesellschaft des Malers Pausinger schaute ich die schönen Bilder, die sich mir boten.

Als wir an dem „Hullo", dem ... Sumpfe, vorbeidampften, dessen riesiges Röhricht, gleich gelben Wellen im Winde, hin und wieder schaukelte, zeigte sich uns ein schönes ornithologisches Bild. Ein mächtiger Adler stand auf der Spitze eines aus dem Röhricht hervorragenden, alten morschen Baumes, ein anderer kreiste hoch über uns um Beute; ich feuerte eine Pistole ab und mit einem Male ward der ganze grosse Sumpf lebendig. Ganze Schwärme stiegen auf und flogen hierhin und dorthin über das Röhricht.

An der Draubiegung vorüber, zeigten sich uns die hohen und steilen slavonischen Ufer; Fischaare, ein Kaiseradler und grosse imposante Geier boten uns Gelegenheit zu ornithologischen Betrachtungen. Um die Mittagsstunde gelangten wir nach Cerevič. Das am slavonischen Ufer zwischen steilen Berghängen und Gärten liegende Dorf mit seinen beiden Kirchen und den blendend weissen Häusern, die aus der Ferne herüberwinkende Fruska-Gora, auf der anderen Seite die grosse ungarische Tiefebene, all' dies erfüllte uns mit der herzlichen Freude des Wiedersehens.

Langsam näherte sich und landete unser Dampfer am Ufer; die freundliche Einwohnerschaft begrüsste uns mit Pöllerschüssen, Glockenklang und Ziviorufen. Die beiden liebenswürdigen

Eigenthümer der Fruska-Gora kamen auf's Verdeck und führten uns zu den in der Nähe wartenden Wagen.

Graf Rudolf Chotek forderte meinen Schwager, den Grossherzog, Pausinger und mich auf, eine Adlercolonie zu besichtigen, welche den Raubvögeln als nächtliche Ruhestätte diene. Wir machten uns zu Wagen auf den kurzen Weg, der tief hinunter in's Thal führt; die Ponies, zumeist bosnische Pferde, folgten uns unter der Aufsicht des mir bereits altbekannten Stallmeister Petrovics.

Je weiter wir in das Labyrinth des Waldgebirges eindrangen, desto schönere Landschaftsbilder tauchten vor uns empor und ich gewann alsbald die Ueberzeugung, dass nicht nur der Frühling, sondern auch der Herbst dieser prächtigen Gegend einen eigenartigen Reiz zu leihen vermag. Bei einer Biegung des Pfades hielten wir stille und setzten dann, die Ponies besteigend, unter Führung des trefflichen Waldhegers Dolezal und des Försters Kafka – zwei alte Bekannte, mit denen ich schon vor zwei Jahren diese Gegenden durchstreifte – unseren Weg fort; die Pferde versanken beinahe in einem raschelnden Laubmeere, wir drangen nur langsam vor. Endlich am Ziele, wurden der Grossherzog und der Maler Pausinger auf der einen, mein Schwager auf der anderen Seite eines Wiesenplatzes aufgestellt. Ich selbst musste einen Umweg machen, um auf den für mich bestimmten Platz zu gelangen.

Da, wenige Schritte vor mir, tauchte ein sehr kräftiger Vierzehnender vor mir auf, der Wind wehte günstig, das edle Wild äste ruhig, aber – das ungarische Jagdgesetz rettete ihn vor der Gefahr und ich beschränkte mich darauf, das schöne Thier aufmerksam zu fixieren. Es war ein wirklicher, im freien Walde entwickelter Hirsch mit einem Geweih, wie man es in den Wäldern Mitteleuropa's, wo das Edelwild, auf einen engen Raum zusammengedrängt, zum elenden Schatten seiner einstigen Grösse degeneriert worden – nicht mehr kennt. Nur in östlichen Ländern, wo man die Wälder noch nicht zu Promenaden umgewandelt hat, findet man noch wirkliches Edelwild.

Tags darauf, es herrschte noch dichte Finsterniss, verliessen wir, ich und mein Schwager, nach dem Frühstücke das Jägerhaus. Mein Schwager legte den Weg durch's Thal zum grossen Theile im Wagen zurück; ich selbst folgte zu Fuss einem Waldheger, der mich, entlang einer steilen Berglehne, durch einen dichten Wald führte. Ich kannte den schwarzen Gesellen, meinen Führer, der in seinen langen grauen Mantel gehüllt, schweigend vor mir herschritt, seit langem. Sein gebräuntes Antlitz mit den ausdrucksvollen Augen, eingerahmt von dunklen Locken, seine kräftige, musculöse Gestalt, die leichten Bewegungen, sein unhörbares Hingleiten durch das Dickicht, all' das charakterisirte so recht den wahren, schönen und kraftvollen südslawischen Typus.

Ein prachtvoller Anstand nächst der aufgestellten Lockspeise erwartete mich. Kaum graute der Morgen, da zeigten sich bereits zwei starke Kolkraben. Ohne viele Umstände flogen sie auf die Lockspeise zu und begannen sich gütlich zu thun. Plötzlich krächzten sie heiser auf und spähten furchtsam nach dem nahen Waldesrande. Auch ich blickte nach jener Richtung und sah einen scheu dreinschauenden Wolf. Vorsichtig griff ich nach meiner Waffe, mit der Hoffnung, dass der Gevatter Appetit auf ein kleines Frühstück verspüren werde, in welchem Falle ich ihm gern mit etwas Blei gedient hätte; aber meine Illusionen schwanden, als ich sehen musste, dass Seine Gnaden, wahrscheinlich, vom nächtlichen Beutezuge gesättigt, heimkehrend, ruhig seines Weges fürbass trabte, um im Walde meinen Blicken zu entschwinden.

Eine Viertelstunde später signalisierte mir das erneute Krächzen der Raben das Nahen eines grossen Raubvogels. Alsbald vernahm ich das Schwirren schwerer Fittige und den schweren Abstieg eines sich niederlassenden Adlers auf einem der nahen Bäume. Geräuschlos fasste ich meine Waffe und spannte den Hahn. Ein weiteres Geräusch zwischen den Zweigen und zwei dumpfe

Links oben: Robert Ruark hat das beste Buch geschrieben, das jemals über die Großwildjagd in Afrika erschienen ist: „Safari“.

Rechts oben: Der Schriftsteller Ruark hat jahrzehntelang in Afrika gejagt, aber trotzdem nur zwei Löwen erlegt.

Unten: Die Worte seines Großvaters, „vergiß nie, daß eine geladene Waffe aus dem, der mit ihr umgeht, einen Mörder machen kann“, hat Robert Ruark sein Leben lang nicht vergessen.

144

Schläge kündeten mir an, dass zwei grosse Raubvögel sich in der Nähe des ausgesetzten Aases befinden müssten. Vorsichtig lugte ich durch die natürliche Schiessscharte und gewahrte zu meiner Freude einen starken Seeadler und wenige Schritte weiter einen auffallend grossen Geier. Beide strebten dem Leckerbissen zu, aber kaum machte das eine Thier eine Bewegung danach, so sprang das andere ihm in den Weg und wehrte das weitere Vordringen ab. Es war ein komisches Schauspiel, den riesigen Geier mit vor Wuth gesträubtem Gefieder, geblähtem, dem eines Truthahnes ähnlichen bläulich-kahlen Halse auf- und niederhüpfen zu sehen. Das Gefieder des Seeadlers dagegen zog sich an dem Körper zusammen und der Vogel liess, den Kopf nach rückwärts gewendet, mit weit aufgesperrtem Schnabel sein wüthendes „Glik, Glik!" erschallen.

Rasch überblickte ich die Sachlage, eine Kugel flog nach dem Geier, das deutlich vernehmbare Aufschlagen der Kugel liess mich erkennen, dass ich getroffen hatte. Als der Pulverdampf sich verzog, sah ich den Geier in den letzten Zuckungen die mächtigen Flügel schlagen. Ich sprang aus meinem Verstecke, um ihn zu bergen; zwei andere Geier und der durch den Schuss verscheuchte Adler kreisten durch die klare Luft.

Den Geier, welcher schwer und ungewöhnlich gross war, schleppte ich nach meinem Platze und erwartete weiteren Besuch. Eine halbe Stunde später kündete mir das furchtsame Krächzen der inzwischen zurückgekehrten Raben abermals das Nahen eines Raubvogels an. Wenige Secunden darauf sah ich einen Adler sich auf eine Buche niederlassen. Einige Minuten blieb der Vogel unbeweglich dort

Samuel Graf Teleki: Der ungarische Magnat peitschte seine Karawane im wahrsten Sinn des Wortes im Eiltempo durch Busch und Savanne.

ruhen, dann liess er sich, die Raben verscheuchend, langsam vom Zweige herab.

Als ich das wuchtige Schlagen der Fittige vernahm und den Adler hart an der Lockspeise im hohen Grase erblickte, feuerte ich: Der Vogel sank zusammen. Ich eilte hinzu und fand einen prächtigen alten Kaiseradler. Noch umflatterten die Raben den begrenzten Raum; ich schoss nach ihnen mit Schrot, fehlte aber, da die Distanz zu bedeutend war.

Auch ein Geier zog hoch ober mir seine Kreise in der Luft, und da der Augenblick, wo ich aufbrechen musste, gekommen war, sandte ich dem Fliehendem rasch eine Kugel nach. Es scheint, dass die Kugel entweder seinen Flügel oder seinen Rücken gestreift hatte, denn der Vogel drehte sich in der Luft und sank eine Zeit lang erdwärts, so dass wir, ich und meine Jäger, glaubten, er sei bereits unser, aber der Geier schien sich wieder erholt zu haben, denn er flatterte wieder empor und flog in gerader Linie über den Bergen weiter.

Wir mussten nach Hause eilen, da noch für denselben Tag eine Fuchsjagd angesetzt war. Rasch war ein junger Baumstamm herbeigeschafft, um als Stange benützt zu werden; ich hing meine Beute über denselben, dann nahm mein Jäger das eine, ich das andere Ende auf die Schulter und wir schritten dem Thale zu.

Ich trug schon wiederholt Weisskopf- und andere Geier, einmal sogar einen Gypaetus Barbatus und alle Gattungen europäischer Adler. Aber nie schien mir ein Raubvogel schwerer als dieser Geier. – Ich war von meiner Beute sehr befriedigt.

An jenem Tage hatten mein Schwager und der Grossherzog wenig Glück; sie kehrten leider mit leeren Händen zurück."

Soweit Rudolf in seinem Jagdbericht. Es fällt sofort auf, daß der Kronprinz mehr als Dreiviertel des Berichtes dem Federwild widmet, zeigt damit, daß er diese „Jagdreise" eigentlich als ornithologische Expedition erlebt hat. Die Wildbeobachtung wesentlich ausführlicher beschreibend als die – wenigen – eigentlich jagdlichen Momente, läßt Rudolf ganz klar seine Prioritäten erkennen: Die Ornithologie steht für ihn an erster Stelle, gefolgt von den Natureindrücken, die er auf dieser Reise gewann, und erst dann, zum Schluß, kommt das Jagdliche.

Und doch: Aus den wenigen Sätzen, mit denen er sich als Jäger zu erkennen gibt, spricht deutlich eine gewisse jagdliche Passion. Der

Schütze kann die Freude nicht verhehlen, das ins Visier genommene Wild auch gestreckt zu haben. Und wenn er schreibt, daß seine Jagdkameraden an diesem Tag, an dem ihm ein Waidmannsheil beschieden war, „wenig Glück" hatten und mit „leeren Händen" zurückkehren mußten, so spricht daraus unverkennbar auch der Stolz eines Jägers, der Beute gemacht hat.

War der Kronprinz also doch ein richtiger Jäger? Um seiner komplexen Persönlichkeit gerecht zu werden, muß man diese Frage doch mit einem Ja beantworten. Er hat in den dreißig Jahren, die ihm zu leben vergönnt waren, viel, ja sogar sehr viel Zeit auf der Jagd verbracht. Wenn er auch an das hohe waidmännische Niveau seines Vaters nicht einmal ansatzweise herankommen konnte und als nur mittelmäßiger Schütze von der Treffsicherheit eines Franz Ferdinand nur träumen konnte, war er doch ein Waidmann, bemüht, das Waidwerk redlich auszuüben. Vielleicht sollte man – um der Wahrheit am ehesten gerecht werden zu können – es so formulieren: Kronprinz Rudolf war ein passionierter Ornithologe und Naturforscher, aber ein durchschnittlicher Jäger, der als solcher nur deshalb zu Ruhm gelangte, weil er der Sohn des Kaisers von Österreich und Königs von Ungarn war. Vom Glanz des vorbildlichen Jägers, in dem der Vater erstrahlte, fiel einiges auf den Sohn, weil niemand sich vorzustellen wagte, daß der Kronprinz nicht ein ebenso großer Jäger wie der Kaiser sein könnte. Allein einen solchen Gedanken gehabt zu haben, wäre damals einer Majestätsbeleidigung gleichgekommen. Und indem der Kronprinz sein Jagdschloß Mayerling wählte, um darin mit seiner Geliebten, der kleinen Baroness Mary Vetsera, in einer frostigen Jännernacht des Jahres 1889 einen Doppelselbstmord zu verüben, hat er selbst maßgeblich zur Entstehung des Mythos, ein großer Jäger gewesen zu sein, beigetragen.

Das tragische Ende des Kronprinzen hat aber auch dem Aberglauben der Jägerschaft Nahrung gegeben. Oskar Freiherr von Mitis schrieb: „Er selbst aber hat mit seinem eigenen Untergang für den Aberglauben der Grünen Gilde, wonach der Schütze die Erlegung eines weißen Wildes mit einem gewaltsamen Tod büßt, ein neues düsteres Beispiel geliefert. Auf Rudolfs Schußlisten prangt ein weißer Zehnender, den er im königlichen Wildpark bei Potsdam am 6. März 1878 erlegt hatte…"

Würde der Kronprinz heute als einfacher Rudolf Habsburg leben, wäre er mit einer an Sicherheit grenzenden Wahrscheinlichkeit ein renommierter Ornithologe. Ein Wissenschaftler vom Format eines Antal Festetics, der ja bekanntlich auch ein Nachfahre eines großen ungarischen Fürstengeschlechtes ist. Die Wahrscheinlichkeit, daß er, lebte er in unseren Tagen, auch ein Jäger sei, ist allerdings gering. Geringer jedenfalls, als daß er für seine ornithologischen Forschungen mit dem Nobelpreis ausgezeichnet worden wäre...

Nikolaus II.: Die Wölfe waren sein Schicksal

Trommelwirbel erfüllt den Schloßhof. Kurze, unverständlich gebrüllte Kommandos hallen von den Mauern wider. Stramm und völlig reglos sitzen die Garde-Ulanen, allesamt blutjunge Bauernburschen aus den westlichen Teilen des Riesenreiches, auf ihren Pferden, von denen manches gleichgültig schnaubt, ein anderes wiederum nervös mit den Hufen scharrt. Der Trommelwirbel bricht plötzlich ab, zwei kurze Fanfarenstöße erklingen. Auf der Freitreppe des Schlosses Peterhof, ganz in der Nähe der Haupt- und Residenzstadt St. Petersburg gelegen, erscheint Zar Nikolaus II. in Jagduniform, die den nur 1,70 Meter großen Mann noch kleiner und zierlicher aussehen läßt. Vielleicht liegt dies auch nur daran, weil der Herrscher aller Reußen von seinen Onkeln Alexej und Sergej begleitet wird, die beide große, stattliche Großfürsten sind und in ihren flaschengrünen Jagduniformen, darüber die knöchellangen Wolfspelzmäntel tragend, aussehen wie russische Bären in Menschengestalt.

Der Zar besteigt flink seinen Fuchswallach, Großfürst Konstantin, ein Großonkel Nikolaus', der eben erst zur Jagdgesellschaft gestoßen ist, läßt sich schwer in eine Kalesche fallen, in die auch Sergej und Alexej steigen. Trommelwirbel, heiser gebrüllte Kommandorufe, Pferdewiehern, Hufeklappern, und der Zar verläßt an der Spitze seiner Jagdgesellschaft den Schloßhof von Peterhof, eskortiert von einem Regiment der in St. Petersburg stationierten Garde-Ulanen, um nach Spala zu reiten, wo er im kaiserlichen Jagdrevier zwei Wochen lang waidwerken wird.

Schon Stunden zuvor sind in der Garnisonsstadt Grodno ein Regiment Husaren und eine Hundertschaft Kubankosaken sowie ein Bataillon der III. Garde-Infanteriedivision in Richtung Spala aufgebrochen, um da zu sein, wenn der allerhöchste Jagdherr und die Großfürsten ins Revier einreiten. Die anderen Jagdgäste des Zaren, ein Prinz aus Dänemark, einer aus Preußen, die Fürsten Galitzin und Orlow sowie zahlreiche Fürsten und Grafen aus dem Zarenreich, warten schon seit einem Tag in Spala auf das Eintreffen der

Romanows. Rund zweihundert Jäger allervornehmsten Geblüts werden sich vierzehn Tage lang in einem der besten Reviere Rußlands ein kaiserliches Jagdvergnügen gönnen. Die Soldaten wurden abkommandiert, um die hohen Herrschaften vor Anarchisten zu schützen, die in letzter Zeit auf alles, was hocharistokratisch oder gar zaristisch aussieht, mit Bomben werfen und Pistolen schießen; sie werden auch als Treiber herhalten müssen, denn der Zar mißtraut allem und jedem, was nicht militärisch ist.

Nikolaus II., der unumschränkte Alleinherrscher in seinem Riesenreich, interessiert sich nur für zwei Dinge: für die Jagd und das Militär. Das Regieren ist ihm lästig, die Politik zuwider. Seinen Ministern, die für ihn die Regierungsgeschäfte erledigen, bringt er tiefes Mißtrauen entgegen, für die Deputierten, die in der Duma palavern, hat er nur Verachtung übrig. Aber die Jäger und die Militärs liebt er, ihnen vertraut er, wahrscheinlich deshalb, weil das Militär seine (einzige?) Stütze und die Jagd sein einziges Vergnügen ist.

Alle Zaren waren – mehr oder weniger passioniert – Jäger. Aber Nikolaus II., der letzte Zar von Rußland, war der Jagdleidenschaft förmlich verfallen. Der französische Historiker Marc Ferro, der eine der besten Nikolaus-Biographien geschrieben hat, meint, alle Versuche, den Zaren davon abzuhalten, wochenlang durchgehend dem Waidwerk zu frönen, seien kläglich gescheitert: „Die Arbeit ruhte dann, selbst die Rapporte des Innenministers stapelten sich ungelesen. Im Jahre 1901 kam es sogar einmal vor, daß der Zar mit seinem Innenminister Sipjagin zur Jagd fuhr und beide eine wichtige Sitzung des Reichsrates vergaßen. Nikolaus war nicht zu halten, wenn es um die Jagd ging..."

Auch wenn der Zar nicht auf der Jagd war, beschäftigte er sich irgendwie immer mit jagdlichen Angelegenheiten. Entweder studierte er eingehend die Rapporte der Hofjägermeister, oder er ließ sich – oft bis ins kleinste Detail gehend – über die aktuellen Vorgänge in den kaiserlichen Revieren Bericht erstatten. Zudem konnte er Stunden, oft ganze Tage sogar, damit verbringen, Jagdbücher zu lesen. So darf es nicht wundernehmen, wie Ferro schreibt, daß Nikolaus II. sich nur „zwei bis drei Stunden täglich mit Staatsangelegenheiten, mit der Politik seines Reiches nach innen und außen also, und mit dem politischen Weltgeschehen" befaßte. In den

Staatskanzleien des Auslandes wußte man um die Jagdbesessenheit des Zaren und richtete sich danach. Der deutsche Kaiser Wilhelm II., ein Vetter des Herrschers in St.Petersburg, schrieb dem Herzog von Hessen, „Nicky darf man nicht mit Politischem überfallen, ein Gespräch entspinnt sich am besten, wenn man erst mal Jagdliches einbringt." Und der deutsche Reichskanzler Bernhard Fürst Bülow pflegte gegenüber dem russischen Botschafter scherzhaft anzumerken, in Nikolaus sei „der beste Weltjägermeister" verloren gegangen.

Die Jagd genoß am Hof von St.Petersburg absoluten Vorrang. Während seine eigenen Minister und die in der Hauptstadt des russischen Reiches akkreditierten Diplomaten oft wochenlang auf Audienzen beim Zaren warten mußten, hatten die Hofjägermeister stets direkten Zugang zum Zaren. Als einmal der Hofjägermeister mitten in eine Sitzung des Ministerrates platzte, um dem Zaren zu berichten, daß in einem der Reviere ein kapitaler Sechszehnender erlegt worden sei, brach Nikolaus die Sitzung unverzüglich ab, ließ die Minister stundenlang warten, weil er sich bis ins kleinste Detail vom Waidmannsheil des Großfürsten Nikolascha berichten ließ.

Schon bald nach dem Regierungsantritt des letzten Zaren machte in St. Petersburg die Anekdote die Runde, Seine Majestät wisse zwar ganz genau, wieviel Wild es in Rußland gebe, dafür aber habe er keine blaße Ahnung davon, was sein Ministerpräsident ihm zur Unterschrift vorlege. Graf Polowzew, ein Berater des Zaren, schrieb in seinen Erinnerungen: „Auf keinem Gebiet gibt es eine Politik der starken Hand oder einen sie inspirierenden zündenden Funken. Alles geschieht aufs Geratewohl, sei es durch eine zufällige persönliche Intervention oder aufgrund einer Intrige. Der junge Zar hält immer weniger von den Organen seiner Regierung und beginnt zu glauben, die Autokratie habe ihre guten Seiten. Er übt diese unumschränkte Macht sporadisch aus, ohne eine vorausgehende Diskussion und ohne jede Erkenntnis für die Gesamtheit der Probleme, die das Land bedrücken." Polowzew, der für die „Besessenheit des Zaren, alles Jagdliche betreffend", kein Verständnis aufzubringen vermochte, wußte nur zu gut, wo die Wurzel des Übels begraben war, und befürchtete schon sehr früh „enorme Katastrophen". Und Außenminister Sergej Dmitrijewitsch Sasonow meinte kurz vor Ausbruch des Ersten Weltkrieges gegenüber dem französischen Botschafter Maurice Georges Paléologue, er, Sasonow, müsse befürchten, daß der Zar „den bevorstehenden Krieg lediglich für eine große Treibjagd" halte. Sogar der Generaladjutant des Zaren, Fürst Galitzin, ein enger Vertrauter Nikolaus II. und ständiger Teilnehmer an den Hofjagden, hielt die Jagdleidenschaft des Herrschers für „bedenklich", zumal, so der Fürst, durch die „ständige Jägerei die Erledigung wichtiger Staatsgeschäfte hintangestellt" würde.

Nikolaus, der den Umgang mit Akten und Papieren haßte, ließ diese oft wochenlang unerledigt, verweigerte wichtigen Dokumenten oft deshalb seine Unterschrift, weil er dem Ruf des Jagdhorns folgte. Oft auch nur deshalb, weil er lieber stundenlang den im Schloßpark herumfliegenden Vögeln zusah.

Obwohl also die Erledigung von Schreibarbeiten für den Zaren eine Qual war, hielt er jagdliche Ereignisse penibel und oft in epischer Breite in seinem Tagebuch fest, wie folgender Auszug daraus beweist: „Um 8 Uhr fuhr ich mit Sergej im Schlitten los, um seine Jagdgäste abzuholen. Das Wetter war schier unübertrefflich: Das Thermometer zeigte Null Grad an, und es war praktisch windstill. Wir legten hinter dem Wildgehege zunächst auf Fasanen an; es war eine tolle Knallerei! Alle Pferche durchstreiften wir bis zum Gartenhaus von Lyssie Bugri, wo wir ein Frühstück einnahmen. Die Treibjagd ging erst nachmittags gegen 3 Uhr im Gorwitzer Wald zu Ende, als die Dunkelheit hereinbrach. Niemals zuvor habe ich eine solche enorme Anzahl von Auerhähnen auf einem Haufen gesehen. Es waren schätzungsweise 80 bis 100 Stück. Insgesamt betrug die Jagdausbeute 667 Stück Hochwild und Wild, die mit 1596 Büchsenschüssen erlegt worden waren. Ich für mein Teil hatte 17 Stück Vogelwild und 20 Hasen auf meiner Abschußliste. Nach der Rückkehr ins Schloß haben wir den Tee eingenommen. Mama ist nach Pawlowsk gefahren und von dort erst um 6 1/2 Uhr zurückgekehrt. Zum Diner waren präsent die Scheremetjews, Mlle. de Lescailles, Kutusow und P. Tscherewanin."

Diese Schilderung bezieht sich auf einen Jagdtag im Staatsforst von Beloweskaja Pusska, dem vom Zaren bevorzugten Revier, wo auch die meisten kaiserlichen Jagdgesellschaften stattfanden. Marc Ferro schreibt, daß der Urwald von Beloweskaja Pusska ein „geheiligtes Territorium" gewesen sei, wo, „einer Tradition gemäß, die noch aus der Epoche stammte, in der diese Region polnischen Königen gehörte", kein einziger Baum gefällt werden durfte.

Um Waldfrevel auszuschließen, hatte Zar Alexander I., der Urgroßvater des letzten Zaren, 1803 durch einen Ukas bei Todesstrafe verboten, diese Waldungen mit einer Axt zu betreten. 1860 hatte sich Alexander II., Nikolaus' Großvater, dort einen kleinen Palast bauen lassen. 1899 wurde die Fauna dieses Gebietes auf Anordnung Nikolaus II. aufgefrischt und ergänzt. Zur Erweiterung des Wildbestandes setzte man sibirische Hirsche aus, doch dafür wechselten die Elche das Revier, denn sie mochten den Dunst des Rotwildes nicht, berichtet Ferro und fügt dann, sehr anschaulich, eine Beschreibung des Jagdlebens dort an: „Das Jagdschloß war mit präparierten Auerochsenschädeln geschmückt. Hirschgeweihe zierten vor allem die Wände des hundertfünfzig Gäste fassenden Speisesaals. Das prächtigste Geweih stammte von einem bei einer der Zarenjagden erlegten Vierzehnender. Bei seinem Eintreffen im Jagdschloß hieß die Dienerschaft den Zaren jedesmal mit Brot und Schmalz willkommen, und die Zarin ritzte, einer anderen Tradition folgend, mit einem Diamanten das Datum der Ankunft in eine der zum Balkon hinausführenden Glastüren ein. Das Palais zählte vierzig Zimmer, hell und freundlich im Sommer, doch finster und ungemütlich in den Wintermonaten von Oktober an. Dazu war von draußen unablässig das Röhren der Hirsche und Geheul und Gebrüll von Tausenden von Tieren aller Art aus dem Urwalddickicht ringsum zu hören, was selbst den couragiertesten Jagdfreunden des Zaren den Schrecken in die Glieder trieb. Gewöhnlich traf der Zar im September zur Jagd ein, begleitet von seinem Generaladjutanten Fürst Galitzin und dem Hofjägermeister. Man reiste in zweispännigen Kaleschen an. Nikolaus kam in späteren Jahren mit dem Automobil. Zu Beginn der Jagd, die meist als Treibjagd veranstaltet wurde, marschierten die Jäger einen Waldweg entlang bis zur Schußlinie, wo man sich trennte und jeder Schütze den ihm zugewiesenen, nach Nummern ausgelosten Posten einnahm. Der Zar bezog den Standort in der Mitte des Schußfeldes; ihm waren zur Linken und Rechten die beiden besten Jäger beigegeben. Lakaien, die als Gewehrträger fungierten, nahmen hinter den Jägern Aufstellung."

Eine Zarenjagd war selbstverständlich ein gesellschaftliches Großereignis, das Hocharistokraten aus ganz Europa anzog, galt die Jagd in den unendlichen Weiten und tiefen Urwäldern des Riesenreiches doch als etwas ganz Exotisches: „Auf ein Handzeichen des Zaren hin eröffnete der Hofjägermeister mit einem Hornsignal die Jagd. Sogleich hallte der Wald von den Schreien der Treiber, dem Knacken der Zweige des Unterholzes und allen möglichen anderen Geräuschen wider. Die Treiber rückten reihenweise vor, während die Hetzjäger zu Pferde den korrekten Ablauf des Geschehens überwachten. Der Lärm kam allmählich näher, und Wildhüter schickten sich an, lange, aneinandergeknotete Seile, an denen in regelmäßigen Abstand Fähnchen befestigt waren, vom Waldboden hochzuziehen und heftig zu schwenken. Nach und nach eingekesselt, floh das Wild auf diese Weise in Richtung der wartenden Jäger.“

An diesem von Ferro beschriebenen Jagdtag kamen „als erstes die Hirsche wie ein Wirbelwind dahergefegt, auf ihrer Flucht alle anderen Tiere des Waldes aufschreckend. Ihnen folgten im beschleunigten Gänsemarsch ganze Wildschweinfamilien, die laut schnüffelten. Dann vernahm die zaristische Jagdgesellschaft einen merkwürdigen Lärm. Ein einsamer Auerochse überquerte die Lichtung mit gesenktem Kopf, den Schweif erhoben, wie ein Blitz. Ihm folgten erst zwei, dann drei weitere dieser seltenen Wildrinder. Diesmal schoß man sie nicht ab, denn eine Epidemie hatte sie dezimiert, und vom Zaren war Anweisung gegeben worden, sie zu verschonen“.

Der Zar und seine durchlauchten Jagdgäste „hatten auf dieser Jagd Hirsche und Wildschweine zur Strecke gebracht. Nikolaus selbst, ein ausgezeichneter Schütze, hatte fünf Hirsche erlegt. Am Abend, nachdem man ein Glas Madeira getrunken hatte, wurden die Geweihe und Hörner der erlegten Tiere ausgebreitet und mit Tannengrün geschmückt. Dann wurde in zwei großen Behältern Pech angezündet, und der Hornist blies ein Musikstück für jede erlegte Wildart: Eine fröhliche Weise zu Ehren der Hasen, eine getragene Melodie für die verschonten Auerochsen und ein reizvolles Volkslied für das Hirschwild“.

Edward VII., der König von Großbritannien und Kaiser von Indien, ein Onkel des Zaren, wollte, wenn er schrieb, „Nicky is fond of hunting bears and wolves“, damit nur zum Ausdruck bringen, sein

Neffe sei verrückt danach, Bären und Wölfe zu schießen. Der englische König vergaß aber hinzuzufügen, daß der Zar auch die Trappenjagd in der Ukraine über alles schätzte. Aber es war doch die Jagd auf den Wolf, die Nikolaus als ganz besondere jagdliche Herausforderung galt. Und in der Tat hatte eine zaristische Wolfsjagd ihren ganz besonderen Zauber. Zunächst mußten die Jäger bei eisiger Kälte im Pferdeschlitten riesige Distanzen zurücklegen, um dann, in dicke Pelze gehüllt, oft stundenlang in einer aus Schnee errichteten Kanzel auszuharren, bis die Wölfe den ausgelegten Köder witterten und bis auf zehn, zwanzig Meter an den fast steifgefrorenen Zaren und dessen Jagdkameraden herankamen. Sobald sich das Rudel über den Köder – meist einen Elch – hermachte, feuerten die Jäger aus vollen Rohren, schossen meist das ganze Rudel ab. Insgesamt hat Nikolaus II. über zehntausend Wölfe erlegt, darunter einige hundert Prachtexemplare von Polarwölfen.

In Rußland gibt es ein Sprichwort, das besagt, wer zum Wolf geht, wird vom Wolf gerissen. Der Zar ging oft zum Wolf und wäre einmal beinahe auch von einem solchen gerissen worden: Es war im Frühling und der Zar in der Taiga hinter Gevatter Wolf her. Nikolaus und zwei seiner Leibjäger ritten auf ihren kleinen, struppigen Kosakenpferden durch die Taiga, als plötzlich – aus dem Nichts auftauchend – ein Rudel Wölfe die Jäger anfiel. Das Pferd des ersten Leibjägers scheute, bäumte sich hoch auf, warf den Reiter ab und galoppierte in panischer Angst davon. Auch das Pferd des zweiten Leibjägers, der hinter dem in der Mitte reitenden Zaren ritt, brach rückwärts aus und galoppierte dem fliehenden Pferd des ersten Jägers nach. Der zweite Leibjäger konnte sich zwar im Sattel halten, sein flüchtendes Pferd jedoch nicht stoppen. Der Zar jedoch, der ein ausgezeichneter Reiter war, konnte sein Pferd, das ebenfalls scheute und auszubrechen suchte, in Zaum halten. Doch mittlerweile hatte sich der Leitwolf auf den am Boden liegenden ersten Leibjäger gestürzt; wild heulend und Zähne fletschend, fiel bald das ganze Rudel über den sich verzweifelt wehrenden Jäger her, riß diesen binnen weniger Sekunden förmlich in Stücke.

Dem Zaren, der völlig die Ruhe behielt, gelang es – mit einer Hand die Zügel des scheuenden Pferdes haltend –, zwei gezielte Schüsse auf das schlagende Rudel abzufeuern. Schon der erste Schuß traf sein Ziel, ebenso der zweite. Die Jäger hörten das Echo der Schüsse, aber da vom Zaren weit und breit nichts zu sehen war, wurden sie von panischer Angst erfaßt. Aber dann vernahmen sie den Hufschlag eines galoppierenden Pferdes: Es war der Zar, der da angaloppiert kam, die von ihm erlegten Wölfe vor sich im Sattel haltend.

Als im Juli des Jahres 1918 die Zarenfamilie in Jekaterinburg von den Bolschewisten ermordet wurde, starb nicht nur der letzte Zar, sondern auch der größte Jäger des alten Rußland. Von den Bolschewiken für immer aus seinem irdischen Revier verjagt...

Otto von Bismarck und Paul von Hindenburg: Ostpreußen war ihr Paradies

Otto von Bismarck, der Gründer des deutschen Kaiserreiches, und Paul von Hindenburg, der große Feldmarschall des Ersten Weltkrieges und Reichspräsident der Weimarer Republik, beide preußische Junker vom Scheitel bis zur Sohle, prägten als Politiker unser Jahrhundert. Der Fürst und der Feldmarschall, wo immer im Buch der Geschichte sie ihren Platz haben mögen, eines waren beide ohne jeden Zweifel: begeisterte Jäger. Bismarck waidwerkte primär im Sachsenwald, Hindenburg vor allem im Bayrischen Wald. Und alle zwei natürlich auch in Preußen, das den beiden ostelbischen Junkern seine besten Reviere öffnete.

Der erste Reichskanzler des Deutschen Reiches war als Nachkomme preußischer Gutsherrn von klein auf engstens mit der Natur verbunden. Wie Edith Eucken-Erdsiek schrieb, muß, „wer Bismarck verstehen will", diesen „auch von seinen naturhaften Seiten her sehen". Er, der nach Absolvierung der juristischen Studien auf zehn Jahre die Verwaltung des elterlichen Gutes Kniephof übernommen hatte, schrieb einmal, ihm sei „die Brust wie eingeschrumpft", wenn er sich nicht in freier Natur befände. Wohl deshalb war Bismarck ein so passionierter Jäger, konnte er als solcher doch die Natur pur erleben und dabei seinen Brustkorb heben: „Im Gebirge, wo gespenstige Leute das Feuer schürten, bis drei Uhr unaufhaltsam gestiegen, unter strömenden Regen, den schweren Mantel um, so steil, daß ich mit den Händen helfen mußte, so dunkel im Tannendickicht, daß ich den Jäger vor mir mit der Hand greifen, aber nicht sehen konnte... In purpurner Tiefe brauste der Waldbach herauf... und der Weg war schlüpfrig. Ich mußte dreimal anhalten, mehrmals war ich der Ohnmacht nahe vor Schwäche. Aber ich war fest entschlossen, den Auerhahn zu sehen... Nach drei Uhr wurde es klar und wunderschön. Der Uhu machte der Drossel Platz, und der Vogelchor wurde betäubend, als die Sonne aufging; die Bergtauben im Baß dabei", schrieb der junge Bismarck und ließ damit schon erahnen, wie er als Politiker später werden würde. Er selbst hat zugegeben, auf der Jagd jene Prinzipien gelernt zu haben, die er dann nur auf die Politik zu übertragen brauchte: Die Geduld, die nach allen Seiten gespannte Aufmerksamkeit, die dauernde Bereitschaft für das Unvermutete, die Entschlossenheit im Augenblick, die Ruhe im Zielen. „Der Jäger", sagt Ortega, „ist der wache Mensch", und Otto von Bismarck war ein sehr, sehr wacher Mensch.

Der Reichskanzler besaß mit dem Sachsenwald, der mit seinen rund 6000 Hektar das größte geschlossene Waldgebiet Schleswig-Holsteins ist, eines der schönsten Forst- und Jagdgebiete Deutschlands. Von jeher ein forstliches Kleinod, war der Sachsenwald für den Fürsten ein „einträgliches" Jagdrevier, in dem es reichlich Rot- und Schwarzwild gab. Um die Wildschäden zu reduzieren, ließ Bismarck den schon in dänischer Zeit (1841) errichteten Saupark auf 450 Hektar erweitern und 850 Hektar mit einem Rotwildgatter umzäunen. Bei den Jägern im ganzen Reich berühmt waren die winterlichen Drückjagden, zu denen der Reichskanzler die deutsche Nobilitas in den Sachsenwald lud.

Mit seiner Angewohnheit, die vielleicht eine bewußte Extravaganz war, Deutsche Doggen als Jagdhunde zu verwenden, sorgte der Fürst stets für Aufsehen. Schon damals auf der Jagd völlig außer Gebrauch gekommen, waren die riesigen Doggen, die über einen für Hunde außergewöhnlich unterentwickelten Geruchssinn verfügen, nur mehr als des Kanzlers Bewacher auf dessen ausgedehnten Pirschgängen durch Wald und Flur von einigem Nutzen. Doch niemand in der Umgebung des Reichskanzlers hätte sich gewagt, dem zu unkontrollierten Zornesausbrüchen neigenden Bismarck dies zu sagen. Im Gegenteil, einige Junker, die dem wahren Herrscher über das Deutsche Kaiserreich von besonderem Gefallen sein wollten, entblödeten sich nicht und legten sich auch Doggen als Jagdhunde zu. Bismarck, der um die Schwächen seiner gerne so zackig auftretenden Standesgenossen bestens Bescheid wußte, mag im stillen darüber milde gelächelt haben.

Otto von Bismarck war ein typischer preußischer „Rittergut-Jäger": Auch bei der Ausübung des Waidwerks blieb der Reichskanzler immer standesbewußt, hielt Distanz zu den gewöhnlichen Jägern, bevorzugte als Waidkameraden die Junker und betrachtete die Jagd als ein Vorrecht seines Standes. Diese Merkmale sind auch beim Jäger Paul von Hindenburg zu finden, doch nicht so ausgeprägt wie beim Reichskanzler. Vielleicht deshalb, weil der Preuße Bismarck fast ausschließlich nur in Preußen, der Preuße Hindenburg aber jahrelang auch in Bayern auf die Jagd gegangen ist, wo aus dem preußischen Herrenjäger schließlich ein bayerischer Gebirgsjäger geworden ist, doch nur für eine begrenzte Zeit. Später, als Reichspräsident, ging der Feldmarschall a.D. wieder ausschließlich in Preußen auf die Jagd, was zur Folge hatte, daß sich das Alpenjägerische bei ihm wieder völlig zurückbildete und dem Herrenjägertum Preußens Platz machte.

Hindenburg war und blieb – wie Otto von Bismarck – in erster Linie Preuße, vor allem auch als Jäger: „... eine durch nichts zu trübende Lebensfreude, eine nie erlahmende Vitalität und Intensität und die durch keines Gedankens Blässe angekränkelte Naturverbundenheit" wurden diesen beiden großen preußischen Nimroden von der Doyenne der deutschen Publizistik und gebürtigen Ostpreußin, Marion Gräfin Dönhoff, zuerkannt. Und wenn die Gräfin Dönhoff den Jagdzauber in dieser versunkenen deutschen Ost-Provinz beschreibt, kann man leicht erahnen, wie grandios das Umfeld gewesen sein muß, in dem Otto von Bismarck und Paul von Hindenburg dem Waidwerk frönen konnten: „... das ferne Klappern der Treiber, der Ruf aufgestörter Eichelhäher, das Summen einer späten Biene im Gras am Waldsaum, und lauter als alles andere der Ton des eigenen Herzschlages. Wie klar diese östliche Luft war und wie licht der Himmel über den leuchtend goldenen Wäldern, gesäumt vom Rot der Ebereschen: weithin schwang sich der Klang der Hornsignale, mit denen die Treiber von den Förstern dirigiert wurden: „Rechter Flügel vor – links zurückbleiben – das Ganze halt!" Und dann im Winter die große Einsamkeit der tiefverschneiten, lautlosen Wälder. Eine dicke Schneedecke ließ für Monate die kleinen, verstreuten Dörfer in der Weite der Landschaft verschwinden. Glitzernde, von den Schlittenkufen blankpolierte Wege, krachender Frost. Pelzmützen und Filzstiefel. Und so mancher Tag, an dem man auf Skiern über die Felder oder durch den Bestand einer Fuchsfährte folgte, die, einer Perlenschnur gleich, in den unberührten Schnee gelegt schien. Früh trat um diese Zeit die Dunkelheit ein. Schon um drei Uhr wurden die Lampen angezündet, und im Kamin fielen die Scheite funkenstiebend zusammen."

Wie leicht fällt es einem doch, sich bei diesen Sätzen vorzustellen, wie Otto von Bismarck in den „leuchtend goldenen Wäldern" des deutschen Ostens an einer Treibjagd teilnahm, wie der Feldmarschall in der „Einsamkeit der tiefverschneiten, lautlosen Wälder" der Fährte des Fuchses folgt, um dann irgendwo auf einem Rittergut vor dem Kamin zu sitzen, in dem die Scheite funkenstiebend zusammenfielen.

Alexander Fürst von Dohna-Schlobitten, der einem der berühmtesten ostpreußischen Aristokratengeschlechter entstammt, erzählt in seinen Memoiren von einer Entenjagd in Steinort, dem Stammsitz der Grafen Lehndorff in Masuren (gehört heute zu Polen), wobei der Fürst sehr anschaulich eine typische „Junker-Jagd" schildert, was an dieser Stelle insofern von Interesse ist, weil sowohl Bismarck als auch Hindenburg – der eine im vorigen Jahrhundert noch, der andere in den späten zwanziger Jahren dieses Jahrhunderts – bei den Grafen Lehndorff auf Enten jagten: „… Steinort lag auf einer Art Landzunge inmitten des Mauersees, des zweitgrößten der masurischen Seen. Die Ufer, zum großen Teil mit Schilf bewachsen, waren ein Eldorado für Wasservögel. Die Entenjagd wurde im Juli veranstaltet, und zwar immer über ein Wochenende: Am Sonnabend und Montag wurde gejagt, während man den ganzen Sonntag über „Jeute", das heißt Skat, spielte, denn der Hausherr, Carol Lehndorff, war ein leidenschaftlicher Skatspieler.

Bereits zum Frühstück vor der Jagd füllte einem der Hausherr, ehe man sich's versah, mit der kurzen Bemerkung „Du erlaubst wohl" die nur halbvolle Kaffeetasse bis an den Rand mit Schnaps. Das setzte sich bei allen Mahlzeiten bis zum Abend fort. Nach dem

Links oben: Für Tania Blixen, die Autorin des Bestsellers „Afrika dunkel lockende Welt", war die Großwildjagd „eine schöne und faszinierende Kunst."

Rechts oben: Auf ihrer ersten Safari hat Tania Blixen mit einhundert Patronen vierundvierzig Stück Wild erlegt.

Unten: Denys Finch Hatton führte auf seinen Safaris ständig ein Grammophon mit sich.

Frühstück fuhr die Jagdgesellschaft mit einem Dampfer hinaus auf den Mauersee. In Abständen stiegen die Schützen dann in kleine Kähne und wurden von den Treibern in die Schneisen gerudert, die man in das Schilf geschlagen hatte. Während sich die Damen noch bei ihrer Dampferfahrt vergnügten, erscholl über das Wasser weithin hörbar das Jagdsignal. Entlang dem Ufer erhob sich das laute Rufen der Treiber, die nun systematisch durch das Schilf wateten, manchmal bis zur Brust im Wasser, um die Enten aufzuscheuchen. Sobald die Enten die Schneisen überflogen, begann ein wildes Schießen. Da die Tiere oft sehr niedrig flogen, mußte man sich mitunter flach ins Boot legen, um nicht von dem Schrot der anderen Flinten getroffen zu werden. Auf diese Weise wurden täglich bis zu hundert Enten erlegt." Gut vorstellbar, wie Bismarck und Hindenburg, beide hervorragende Schützen, das gegen den lichten Himmel fliehende Flugwild herunterholten. Der eine, Bismarck, dabei wie immer finster dreinblickend, der andere, Hindenburg, gelassen die Flinte hochziehend.

Beide als Söhne von Junkern geboren, wurden Bismarck und Hindenburg Jäger, die Zeit ihres Lebens in der Jagdtradition des Ostens standen. Und berühmt, wie sie beide werden sollten, war ihnen später ganz Preußen ein einziges Revier. Hindenburg schrieb in einem Brief an seinen Sohn Oskar, er habe vor allem „durch die Ausübung des edlen Waidwerks unsere preußische Heimat mit ihren unvergleichlichen Naturschönheiten ganz besonders zu schätzen und lieben gelernt".

Otto von Bismarck hatte sich seinen Ruhm durch die Gründung des

Links oben: Grinsend, immer grinsend, so zog Teddy Roosevelt durch die Savanne und schoß alles, was ihm vor die Büchse kam.

Rechts oben: Bis auf zwanzig Meter ließ Roosevelt angreifende Elefanten an sich herankommen.

Unten: Auf der Büffeljagd hat sich der ehemalige US-Präsident „zum ersten und letzten Mal in meinem Leben in die Hosen geschissen."

deutschen Kaiserreiches verdient, Paul von Hindenburg als siegreicher Feldherr in der Schlacht von Tannenberg, als es ihm im Zuge des Ersten Weltkrieges gelang, dem russischen Heer eine vernichtende Niederlage beizubringen und die Russen in der Folge aus Ostpreußen zu verjagen. Durch diesen Sieg ist Hindenburg zum Kriegshelden geworden, der im ganzen Reich eine unvorstellbare Popularität genoß. Und als der Krieg vorüber war, mußte der Generalfeldmarschall zwar als geschlagener Oberkommandierender des deutschen Heeres in die Heimat zurückkehren, seine Beliebtheit im deutschen Volk litt darunter aber nicht im geringsten. Als er am 2. Mai 1919 seinen Abschied nimmt, wird Paul von Hindenburg von vielen Deutschen als der letzte Repräsentant der alten Ordnung bejubelt und verehrt, steht er – der Kaiser war schon im Exil – in dem ins Chaos stürzenden Reich wie ein unbezwingbarer preußischer Junker da. Wo immer sich der Generalfeldmarschall in Ruhe blicken läßt, fliegen ihm die Herzen der gedemütigten Deutschen zu, wird er von den Massen bejubelt, als hätte er für das Reich den Krieg gewonnen.

Hindenburg, dieses Rummels um seine Person schon bald müde, „flüchtet" sich in die Einsamkeit des oberbayrischen Waldes, wo er, nach den langen Jahren des Krieges und von den Massen unbelästigt, endlich wieder in aller Ruhe jagen kann. In Dietramszell, bei der mit den Hindenburgs eng befreundeten Familie von Schilcher, kann der Held von Tannenberg sich ungestört dem Waidwerk widmen, stundenlang in unberührter Natur pirschen, reiche Wildbestände beobachten, mit einfachen Revierjägern in primitiven Jagdhütten zusammensitzen und ab und zu einen Gamsbock oder Hirschen schießen.

Mehrmals in der Woche stieg der schon in den Siebzigern stehende Generalfeldmarschall – meist nur in Begleitung seines Gastgebers – in das Hochrevier auf, legte, ein geübter Marschierer, der er als Infanterist zwangsläufig war, Tagesstrecken von bis zu zehn Kilometern zurück.

Herzog Ludwig in Bayern, des öfteren Waidkamerad Hindenburgs auf Gamsjagden, konnte sich nur wundern, wie flink sich der Greis über Stock und Stein bewegte. Steile Gebirgspfade, die jüngere Jäger oft nur mit Mühe erklimmen konnten, nahm der alte Heerführer anscheinend mit Leichtigkeit. Mit dem Automobil ins Revier gebracht zu werden wäre für den alten preußischen Soldaten unvorstellbar gewesen: „Soldaten und Jäger müssen marschieren", lautete Hindenburgs Motto, der es auch strikte ablehnte, auf dem Rücken eines Pferdes in das bayrische Hochgebirge aufzubrechen.

Nach seiner Wahl zum Reichspräsidenten der Weimarer Republik im Jahre 1925 kam Hindenburg zunächst nur mehr selten, dann überhaupt nicht mehr nach Bayern zur Jagd. Der Reichspräsident ging wieder in Preußen, vor allem auf seinem Gut Neudeck, auf die Pirsch.

Beide, Bismarck und Hindenburg, konnten und wollten nie das Jägerische in ihnen verbergen. Der Reichskanzler drohte immer dann, wenn ihm die Opposition wieder einmal zu schaffen machte, damit, daß er im Reichstag zu Berlin eine Treibjagd veranstalten und die oppositionellen Spießer kurzerhand erlegen werde. Und der Reichspräsident ließ Bälle gerne mit dem Signal „Die Jagd ist aus!" beenden.

Prinz Charles:
Gott schütze den Fuchs!

Blenheim Palace, das in der Nähe von Oxford liegende prächtige Schloß der Herzöge von Marlborough, in dem Sir Winston Churchill geboren wurde, erstrahlt im matten Glanz der milden Novembersonne. Vor dem kleinen künstlichen See, Schmuckstück der überwältigend schönen Gartenanlage, tänzeln nervös edle englische Vollblüter, geritten ausschließlich von den vornehmsten Mitgliedern der ältesten Aristokratenfamilien des Vereinigten Königreiches. Der Herzog und die Herzogin von Kent, er ein Cousin der Queen, die Herzöge von Warwick und Bath, unzählige Viscounts, Earls und Barons sind der Einladung des Duke of Marlborough zur Fuchsjagd, die immer in der ersten Novemberwoche veranstaltet wird und als die vornehmste Jagd in ganz Britannien gilt, mit Vergnügen gefolgt.

Trotz Einladung nicht erschienen: Prinz Philip, Herzog von Edinburgh und Prinzgemahl Königin Elisabeth II., sowie Charles, Prince of Wales und Thronfolger. Keiner der erlauchten Fuchsjäger zeigt deshalb auch nur das geringste Erstaunen, denn im ganzen britannischen Königreich ist wohlbekannt, daß die beiden königlichen Prinzen aus dem Hause Windsor die traditionelle Parforcejagd auf lebende Füchse strikt ablehnen. Prinz Philip, der Präsident des Worldwide Fund of Nature (WWF) ist, verurteilt die Hetzjagd auf Füchse ebenso wie sein Sohn Charles, ein Aktivist in Sachen Tier- und Umweltschutz.

Obwohl beide Windsors begeisterte Jäger sind, haben sie sich schon vor Jahren von dieser in England und Schottland traditionellen Art des Jagens distanziert. Mit Pferden und Hunden lebende Füchse zu hetzen ist so gar nicht nach dem Geschmack der beiden Prinzen, die Mitglieder einer Familie sind, die als sehr tierliebend gilt. Charles, ein noch besserer Reiter als sein in dieser Sportart ohnedies schon exzellenter Vater, nimmt nur an Fuchsjagden teil, wo ein Reiter die Funktion des Fuchses übernimmt, die also eine rein reiterische Veranstaltung und als sogenannte „Schnitzeljagd" auch hierzulande bekannt ist.

164

Doch zurück zur Jagd auf Blenheim Palace in Woodstock. Die Jagdteilnehmer tragen die traditionelle Fox Hunting Uniform: schwarze Reitstiefel, weiße Hosen, knapp knielange schwarze Röcke, weiße Krawatten und schwarze Bowler-Hüte, vereinzelt auch einfache schwarze Reitkappen. Nur der Houndmaster, wie der Führer der Hundemeute genannt wird, und sein Helfer tragen scharlachrote Reitröcke.

Der Helfer des Masters holt jetzt die Meute aus dem Zwinger, zwanzig Paar prächtige Foxterrier, und übergibt sie dem Master, der mit seinem Jagdhorn das Signal zum Aufbruch gibt. Heulend und winselnd stürmen die Hunde voran, gefolgt vom Master und seinem „assistent". Direkt hinter den beiden reitet der Jagdherr selbst, in diesem Fall der Herzog von Marlborough, gefolgt von Mitgliedern seines Hauses und den anderen hochgestellten Jagdteilnehmern, die im leichten Trab vom Paradeplatz vor dem See ins zirka zehntausend Hektar große Revier reiten.

Am Abend und in der Nacht vor dem Jagdtag haben die Jäger und freiwillige Helfer des Herzogs sämtliche Fuchsbauten im Revier verstopft, so daß die Füchse sich nicht verkriechen konnten. Die Hunde laufen kreuz und quer über die Wiesen und Äcker, gefolgt von den Reitern im leichten Galopp. Jetzt, plötzlich, nimmt der Leithund Wittrung auf, beginnt wie verrückt zu bellen und rast der aufgespürten Fährte nach, von der Meute verfolgt, die, vom Jagdfieber gepackt, heulend und lechzend ihrem voranstürmenden Führer folgt.

Der Master gibt mit seinem Horn das Signal „Fährte aufgenommen", worauf die Jäger den Pferden die Sporen geben. Im gestreckten Galopp jagen die Reiter der Meute nach, nehmen in weiten Sprüngen alle Hindernisse, überspringen Bäche, Gräben und Weidezäune; manche Reiter halten mit einer Hand ihre Hüte fest, da, ein Pferd in der zweiten Reihe verweigert den Sprung über einen etwa drei Meter breiten Graben, wirft den Reiter im hohen Bogen ab, der wie ein Stein und ergo wenig elegant in den Graben plumpst. Ein anderes Pferd kracht in die Planken eines Weidezaunes, verletzt sich die rechte Vorderhand, worauf die Reiterin, eine Gräfin aus Schottland, aus der Hetzjagd ausscheiden muß.

Nun ertönt das Signal „Fuchs gesichtet"; als ob sie frei in der Luft schwebten, setzen die Hunde dem fliehenden Fuchs nach. Obwohl es unmöglich schien, legen auch die Pferde noch Tempo zu, rasen weitausholend dem roten Rock des Masters nach, der bereits einem Jockey gleich in den Steigbügeln steht.

Nicht mehr als eine gute halbe Stunde dauerte die wilde Hatz – mittlererweile sind weitere fünf Pferde ausgeschieden –, dann haben die Foxterrier den Fuchs gestellt. Die Hundemeute gerät vollkommen außer sich: bellt, heult, knurrt, fletscht die Zähne. Als der Houndmaster eintrifft, ist der Fuchs bereits erlegt. Mit seiner Pfeife gibt er das Signal „Hund zurück", worauf der Assistent Master die Hunde übernimmt und zu beruhigen versucht.

Nun nähern sich, im höllischen Galopp, die Jäger. Der Herzog von Warwick und ein Lord aus Yorkshire, im Zivilberuf einer der Vorstandsdirektoren der Bank of England, liefern sich ein halsbrecherisches Wettrennen, das schließlich Seine Lordschaft, der einen sechsjährigen Anglonormannen reitet, knapp gewinnt. Der Master steigt vom Pferd, zieht sein „fox knife", einen überlangen Knicker, und bricht damit dem Fuchs die Rute ab, um sie dann dem Lord als Trophäe zu überreichen. Hundegekläffe, Hornsignale, die Hatz geht weiter, und jeder Jäger hofft, als nächster Beute zu machen.

Prinz Charles hält, obwohl durch und durch ein traditionsverbundener englischer Sportsmann, diese Art zu jagen für „ziemlich barbarisch", und er zählt zu jenen immer zahlreicher werdenden Briten, die für ein gänzliches Verbot der Fuchsjagd eintreten. Bisher blieben aber alle diesbezüglichen Vorstöße ohne jedweden Erfolg: Denn weder im Unterhaus und schon gar nicht im House of Lords, der Oberkammer des britischen Parlaments, fand sich je eine Mehrheit, um diese Petitionen in den Rang einer Gesetzesvorlage zu bringen.

Wahrscheinlich verhält es sich wirklich so, wie der Herzog von Bedford, der von der Journalistin Margret Dünser als „groß, hager, mit blasiertem Zug um die genußfreudige Wölbung der Oberlippe, dem das Verrückte im Blut liegt", beschrieben worden ist, in einem Interview mit der „Daily Mail" meinte: „Was wollen diese Leute? Uns Engländern liegt die Fuchsjagd genauso im Blut wie den Spaniern der Stierkampf. Ich halte die Gegner der Fuchsjagd allesamt für Heuchler; das sind profilierungssüchtige Leute, die sich einen Dreck darum scheren, wenn in den Straßen Londons Menschen neben ihnen verrecken, die aber in entsetztes Palaver ausbrechen, wenn ein Jagdhund einen Fuchs schlägt. Wenn sie mich fragen, stimmen hier die gesetzten Prioritäten nicht. Ich lasse mir jedenfalls von ein paar Chaoten, die keinen Sinn für das traditionell Gewachsene haben und zudem die Gesetze der Natur gründlich mißverstanden haben, mein Jagdvergnügen nicht nehmen…"

Und Henry Frederick, der sechste Marquess of Bath, der seine Gärtner streng darauf achten läßt, daß die Privatchaussee zum vierhundert Jahre alten Hundert-Zimmer-Schloß ausschließlich von Blaublütigen passiert wird, hat über die Fuchsjagd eine noch einfachere Meinung als der Duke of Bedford: „Auf dem Kontinent krepieren die Füchse an Tollwut. Bei uns werden sie von Hunden und Pferden gejagt, was glauben sie wohl, was biologisch qualvoller ist?" Lord Henry, ein in Oxford graduierter Biologe, der auf seinem Herrensitz Longleat den größten Privatzoo von Großbritannien betreibt und mit Begeisterung Churchill-Zigarrenkippen sammelt, findet es einfach „shocking", wenn der zukünftige König von Großbritannien die Fuchsjagd schmäht und, der Schande noch nicht genug, diese sogar öffentlich verurteilt.

Prinz Charles weiß sehr genau, daß die britische „upper class" sich das Vergnügen des „fox huntings" nicht so leicht und vor allem nicht widerspruchslos nehmen lassen wird. Dennoch beendete der Prinz eine Rede, die er auf dem Kongreß der englischen Tierschützer in Liverpool hielt, mit den Worten: „God save the fox!", „Gott schütze den Fuchs!"

Die Fronten scheinen ziemlich verhärtet zu sein. George Mikes, BBC-Reporter und Autor des Buches „Oh, This England", ein genauer Beobachter der britischen Gesellschaft, glaubt zu wissen, warum: „Die Fuchsjagd ist ein höchst umstrittener Sport geworden. Demonstranten versuchen immer wieder, die Jagd mit der Begründung zu verhindern, sie sei grausam für den Fuchs. Der eigentliche Grund für den Protest ist eigentlich der, daß die Fuchsjagd ein Reicheleute-Sport ist, der Sport der feinen Gesellschaft, die sich in rote Jagdröcke kleidet, altmodische Kopfbedeckungen trägt und ziemlich eingebildet ist."

In Kanada, dem bevorzugten Jagdland des englischen Thronfolgers, hat Prinz Charles keine Hemmungen und frönt ungeniert auch der Fuchsjagd. Allerdings nicht zu Pferd hinter der Hundemeute hergaloppierend, sondern, wie überall sonst, wo dem Fuchs nach dem

Leben getrachtet wird, durch gewöhnliches Ansitzen. Doch der „fox" ist nicht des Prinzen Lieblingswild, er bevorzugt die Pirsch auf Bär und Elch bei weitem.

Da Kanada zum British Commonwealth gehört, also die faktische Oberhoheit der Englischen Krone anerkennt, stünde dem Prinzen of Wales das königliche Recht zu, nach freiem Belieben in den Weiten dieses nordamerikanischen Staates, dem flächenmäßig zweitgrößten der Welt, zu jagen. Der Prinz erwirbt jedoch, wie jeder andere Jagdgast in Kanada es auch muß, Jagdlizenzen und befolgt die Anweisungen seiner „guides" genauestens.

Aber auch in den Tropen, in Afrika, Indien und im Dschungel Amazoniens, trifft man den Prinzen, wehrhaftes Großwild jagend, an. Ganz White Hunter, einer königlichen Geblüts sogar, wie einst sein Großonkel, der legendäre Herzog von Windsor, hat Charles von den „Großen Fünf" abwärts schon so ziemlich alles erlegt, was lohnt gestreckt zu werden. Dennoch: Die kapitalsten Trophäen hat er von der Elchjagd in British Columbia nach Hause in den Buckingham-Palast gebracht.

Am liebsten aber betreibt der älteste Sohn der englischen Königin das „grouse shooting", die Jagd auf Moorhühner in den schottischen Hochmooren. Die „red grouse", das rote Moorhuhn, das nur in Großbritannien lebt und hauptsächlich in Nordengland und in den Scottish Highlands anzutreffen ist, zählt zum Feinsten vom Feinen, was es auf Gottes Erdboden zu jagen gibt. Da die Moorhuhn-Jagd immer noch fast ausschließlich der englischen und europäischen Hocharistokratie sowie einigen auserwählten Mitgliedern des internationalen Jet-set vorbehalten ist, übt sie auf die breite Jägerschaft starken Reiz aus, wie alles halt vom kleinen Mann bewundert und oft neidvoll beäugt wird, was nur den oberen Zehntausend vorbehalten ist.

Die Jagd auf Moorhühner beginnt jedes Jahr am 12. August, und Hunderte von reichen und superreichen Deutschen, Italienern, Griechen und vor allem auch Araber kommen nach England und Schottland, um gemeinsam mit der britischen High-Society diese kleinen, unscheinbaren Vögel abzuschießen.

Laut George Mikes findet „unter den Restaurants im Land ein richtiges Wettrennen statt: Wer kann am 12. August das erste Moorhuhn servieren?"

Die Briten, die für ihren höchst eigenen Humor bekannt sind, scheuen keinen Aufwand, die Moorhühner in den Süden des Landes zu bringen: Die ersten erlegten Vögel werden im Flugzeug nach London gebracht, dort in einen Hubschrauber umgeladen und in die renommiertesten Restaurants des Landes gebracht. In einem Fall springt sogar ein Fallschirmjäger mit einer Vogelladung ab, um ja der erste in einem bekannten Pub in Surrey zu sein.

„Meistens gewinnt er das Rennen", schreibt Mikes, „das im übrigen völlig witzlos ist: Frisches Moorhuhn schmeckt gar nicht gut, es sollte zwei Tage lang abgehangen sein, bevor es gegessen wird."

Wie auch immer: Prinz Charles liebt die Moorhuhnjagd über alles, ohne jedoch jemals am Wettlauf nach Süden teilgenommen zu haben. Das wäre dem britischen Thronfolger wohl doch ein bißchen zu wenig aristokratisch. Macht doch der Prinz in seinen braunen Schaftstiefeln, abgewetzten Breeches, dem etwas zu engen Glencheck-Sakko und der karierten Schottenmütze gerade beim „grouse shooting" einen besonders königlichen Eindruck.

Prinzregent Luitpold von Bayern: „Schiaß, sonst bischt a Depp!"

Was Kaiser Franz Joseph für die altösterreichische, das war Prinz Luitpold für die königlich bayrische Jägerschaft: der Erste und Beste. Beide, der Habsburger und der Wittelsbacher, waren noch Herrenjäger alten Schlags, Edelleute, die einerseits mit Passion der Hofjagd frönten, andererseits sich aber gerade in den Reihen uriger Gebirgsjäger am wohlsten fühlten. Regenten, die, wann immer die Regierungsgeschäfte es zuließen, aus ihren Residenzstädten flohen, um sich in ihren ausgedehnten Revieren als eifrige Hubertusjünger zu betätigen. Der alte Kaiser in Wien und der greise Prinzregent in München prägten wie kein anderer die Jagd in den Alpenländern. Was heute in der österreichischen und bayrischen Jägerschaft als „heilige Tradition" gilt, wurde von diesen beiden hocharistokratischen Nimroden begründet, deren hohen waidmännischen Idealen nachzueifern auch heutzutage noch oberstes Ziel nicht nur adeliger Jäger ist.

Unter Prinz Luitpold, der nach dem Tode König Ludwigs II. im Jahre 1886 die Regentschaft über das Königreich Bayern antrat, erreichte die Jagd in Bayern ihre Blütezeit. Der 1821 in Würzburg geborene Prinz war von Jugend an ein passionierter Nimrod und ausgezeichneter Bergsteiger. Vor seiner Regentenzeit frönte der Prinz vor allem der Pirsch, „als er aber, schon 66 Jahre alt, oberster Jagdherr wurde, verlegte er sich mehr auf die Treibjagd, auf Gams und Hirsch im Gebirge", schreibt Bernd Ergert in seinem Buch „Die Jagd in Bayern".

Prinz Luitpold konnte während seines 73 Jahre umfassenden Waidmannslebens jagdlich stets aus dem vollen schöpfen: Als Mitglied des bayrischen Königshauses standen ihm die königlichen Leitgehege, die insgesamt 130.000 Hektar umfaßten, stets offen. Fritz von Ostini beschrieb zum 80. Geburtstag des Prinzregenten diese riesigen wittelsbachischen Reviere in einem Aufsatz mit den Worten: „In den Leibgehegen um Berchtesgaden und um Hohenschwangau standen in diesem Jahr an den Futterplätzen rund 8500 Stück Rotwild, 8070 Stück Gemswild und 3890 Rehe. In den Jagden im

Allgäu tummelten sich etwa 1000 Hirsche und 2500 Gemsen." Wie haben sich die Zeiten innerhalb eines halben Jahrhunderts geändert: Nach der Revolution von 1848 wurde im Königreich Bayern das Wild „als verhaßtes Symbol der Obrigkeit schonungslos verfolgt und nahezu ausgerottet. Besonders die Rotwildbestände des Oberlandes wurden fast völlig vernichtet", beschreibt Bernd Ergert, der Direktor des Deutschen Jagd- und Fischereimuseums in München, die Zustände der damaligen Zeit. Die Rettung der restlichen Wildbestände war unzweifelhaft das Verdienst des Prinzen Luitpold, der, mit Erlaubnis des Königs, im Forstenrieder Wildpark bei München Hirsche fangen ließ, um diese sodann in den Allgäuer Revieren auszusetzen. Und der Sohn des Prinzregenten, Prinz Leopold von Bayern, der mit Erzherzogin Gisela, der Tochter Kaiser Franz Josephs, verheiratet war, schreibt in seinem Buch „Aus dem Leben zweier Herrenjäger": „Es war im Jahr 1850, als Prinz Luitpold die völlig ausgeschossene Allgäuer Jagd übernahm, die so ziemlich das ganze Quellgebiet der Iller umfaßte. Hochwild gab es keines, und die Gamsstrecken waren äußerst bescheiden." Rund 70 Jahre lang hat Luitpold in diesen Revieren „angewandte Wildbiologie" betrieben und damit sichergestellt, daß der Jäger und Naturfreund auch heute noch in den bayrischen Bergen Rotwild in freier Wildbahn beobachten kann.

Luitpold, der als Prinzregent von 1886 bis zu seinem Tod im Jahre 1912 das Königreich Bayern regiert hat, war ein „Hundenarr", der in seiner Liebe zu den Jagdhunden keine Grenzen kannte, wie folgende Jagdepisode zeigt, die Arthur Achleitner in seinem 1913 erschienenen Buch „Jagdparadiese" festgehalten hat: „Der allerhöchste Jagdherr hatte an jenem Tage einen guten Bock krank geschossen, der in das wild zerklüftete Terrain zog und verloren gegeben werden mußte. Prinz Luitpold war über den schlechten Schuß sehr verstimmt, dem Tierfreunde tat es wehe, daß der Gams noch lange leiden und schließlich unauffindbar verludern werde. Nun hatte einer der Hofkavaliere, Graf W. (vermutlich Wolfskeel, Anm. d. Autors), einen vorzüglichen, in praktischer Arbeit erprobten Schweißhund bei sich, den er zur Dienstleistung und Verfolgung des Bockes anbot. Mit Zustimmung des allerhöchsten Jagdherrn wurde der Hund auf die Fährte gesetzt.

Alsbald begann die laute Jagd, die besonders Prinz Luitpold mit größtem Interesse und wachsender Hoffnung verfolgte. Die Jagd verzog sich aber in ein entferntes Revier, das Geläute wurde immer schwächer, und dann war der Hund nicht mehr zu hören. Jetzt bedauerte der Regent, die Einwilligung zur Schnallung gegeben zu haben; er befürchtete nun auch den Verlust des wertvollen Hundes. Graf W. aber versicherte, daß der erprobt tüchtige Hund erfolgreich arbeiten und sicher zurückkommen würde. Ein Druck lastete auf der Jagdgesellschaft. Doppelt verstimmt war Prinz Luitpold. Programmgemäß wurde der Marsch über die Sagereckeralm zum Tauernhause am Funtensee angetreten, wo genächtigt werden sollte. Der steinige Weg führte in die Nähe des kleinen Grünsees (1475 m), der wegen seines selbst im Hochsommer eiskalten Wassers bekannt ist. Unweit des Sees erscholl plötzlich das helle Geläut eines Hundes. Eilig wurde der Stelle zugestrebt, die einen Blick in die Tiefe ermöglichte. Ein überraschendes und interessantes Schauspiel bot sich dem Jagdherrn und Gefolge: im See schwammen der Gamsbock und der eifrig jagende Schweißhund!

Mit größtem Interesse verfolgte Prinz Luitpold diese Jagd im Grünsee. Immer näher kam der brave Hund dem eifrig rudernden Bock. Doch plötzlich schien es, als ermatte der Hund. Der Abstand vergrößerte sich. Im allerhöchsten Herrn regte sich der Tierfreund. Laut bewegt sprach er die Befürchtung aus, daß der sichtlich ermattete Hund ein Opfer der Treue und untergehen werde. Das könne er nicht ansehen und nicht dulden. „Der brave Hund muß gerettet werden!" rief der hohe Herr und jäh zog er die Joppe aus. „Ich hole den Hund schwimmend aus dem See heraus!"

Des Gefolges bemächtigte sich große Bestürzung. Der hohe Herr wiederholte seinen festen Entschluß, das arme, dem Tode geweihte Tier zu retten! Mit aller Eindringlichkeit bemühte sich nun das bestürzte Gefolge, den hohen Herrn von dem wegen der Eiseskälte des Grünsees geradezu lebensgefährlichen Vorhaben abzuhalten.

In wachsender Erregung und banger Sorge um das Tier wehrte der Regent alle Warnungen und Ermahnung der Herren ab. „Der arme Hund muß gerettet werden, ich will ihn herausholen! Ich bin ein guter Schwimmer! Ich bin abgehärtet, an kaltes Wasser gewöhnt! Der arme Hund, er ist bereits stumm geworden! Vorwärts! Ich will ihn retten!"

Mit aller durch die das hohe Leben gefährdende Absicht des

Regenten erzwungenen Bestimmtheit erklärte jetzt der Eigentümer des Hundes, daß dieser Situation ein Ende gemacht werden müsse. Graf W. machte den Kugelstutzen schußfertig.

„Was soll das?" fragte bebend der Regent.

Bestimmt klang die Antwort: „Lieber erschieße ich meinen braven Hund im Wasser, als daß Königliche Hoheit des Hundes wegen Ihr Leben im eiskalten Wasser gefährden! Das kann und will ich nicht verantworten!" Kaum waren diese Worte fest und bestimmt gesprochen, setzte Graf W. die Büchse an.

Rufe ertönten. Die Erregung stieg aufs höchste. Alle Blicke waren auf den See gerichtet. Mit letzter und äußerster Anstrengung erreichte der brave Hund fast am Seeufer den Gams, die Zähne schlugen in die Drossel. Und der Hund zog den verendeten Bock aus dem Wasser. Und mit geschwächter Kraft verbellte er den Gams tot. Der Regent jubelte vor Freude über die Rettung des Hundes, über diese brave Leistung."

Von einer anderen „hündischen" Begebenheit berichtet Dr. Oskar Krembs, der dem Kronprinzen Rupprecht (1869–1955) als Jagdleiter gedient hat: „Große Hirschjagd im Berchtesgadener Land, der Regent kommt durch die Ramsau nach Hintersee und dort empfängt ihn das ganze Forst- und Jagdpersonal – man kann ruhig sagen „herzlich und freudestrahlend". Das kann gar nicht anders sein, denn dieser königliche Jagdherr strahlt Herzenswärme neben seiner Liebe zum Waidwerk aus. Für jeden, ob Forstmeister, Förster oder Treiber hat der Regent bei der Begrüßung ein gutes Wort und ohne Unterschied des Standes eine großartige Brasilzigarre, die damals den sagenhaften Preis von 60 Pfennigen kostete. Bevor man aufbricht zum Berg für den ersten Trieb, läßt der Regent seine drei Schweißjäger zu sich kommen und schickt seinen Kutscher zum Jagdwagen. Der bringt drei kleine Körbe und aus jedem entnimmt der Regent ganz geheimnisvoll je einen roten Kurzhaardackelwelpen, mit den Worten: „Meine Förster, ich hätt eine Bitt. Tuts mir die Hundl gut halten. Ihr sollts wissen: es sind Wittelsbacher Prinzen und Prinzessinnen auf der Seelenwanderung". Einer der drei beschenkten Förster war mein Vater Ludwig Krembs."

Genauso wie Kaiser Franz Joseph liebte auch der bayrische Prinzregent die einfache Jägertracht. Wann immer er auf die Jagd ging – und das war oft –, kleidete sich der freundliche und volksnahe

Greis mit dem üppigen „Patriarchenbart" in die echte Oberländer Tracht: grün-graue Joppe, Wadenstrümpfe und kurze Lederhose. Selbst bei kaltem Wetter im Herbst und bei der Gamsjagd im Hochgebirge ließ sich der schon greise, aber abgehärtete Prinzregent von seinem Gefolge nur widerstrebend dazu bewegen, seine heißgeliebte Lederhose gegen warme Kleidung auszutauschen. Er war eben noch – wieder ganz wie Franz Joseph – ein Jäger von altem Schrot und Korn.

Und wie der alte Kaiser in Wien, so hatte auch der alte Prinzregent in München ein Faible für besonders „urige Jaga". Luitpolds Lieblingsjäger war Leo Dorn, eine urige Gestalt mit weißem Zaushaar und verwittertem Filzhut, dessen aufgebogene Krempe stets von einer langen Adlerfeder durchstoßen war. Ludwig Ganghofer verewigte den Oberjäger des Prinzregenten in seinem Buch „Von Böcken, Dackeln und allerlei Waidwerk" mit den Worten: „Jahraus und jahrein, bei Schnee oder Hitze, geht Leo Dorn in der gleichen Lodenjoppe, in der kurzen Lederhose mit entblößten Knien. Und die Füße stecken in den schweren Nagelschuhen. „Denn, weißt, i bin zu viel zartli (empfindlich) an die Füß", versicherte er mir, „wollenen Söckeln vertrag i nit, die beißen mi allweil gar so viel!" Noch heute erzählen die Jäger in Oberbayern von einer Hofjagd im Allgäu, auf der Leo Dorn seinen Prinzregenten einen „Deppen" geschimpft haben soll. Bernd Ergert schildert diese Episode wie folgt: „Jener königliche Oberjäger mit der scharf gekrümmten Hakennase stand bei einer Treibjagd hinter dem Regenten im Stand. Ruhig zog Luitpold an seiner Zigarre, während ein starker Hirsch versuchte, sich – in guter Deckung und immer wieder sichernd – aus dem Trieb zu drücken. Dorn – wegen seiner Jagderfolge auf den Wappenvogel auch „Adlerjäger" genannt – verfolgte jede Bewegung des Tieres und zischte seinem Herrn aus seinem schneeweißen Vollbart zu: „Schiaß, schiaß!"

Doch der hohe Jagdherr blieb ruhig, verfolgte jede Bewegung des sichernden Hirsches. Er stand wie versteinert, nur langsam bewegte sich seine Hand nach unten, um die dicke Zigarre abzulegen. „Schiaß, schiaß, Regent!" flehte der Oberjäger jetzt schon beinahe von hinten aus dem Stand.

Nur noch wenige Schritte war das Wild von der schützenden Deckung entfernt, als der Oberjäger herausplatzte: „Schiaß, schiaß

Regent, sonst bischt a Depp!" Der greise Jagdherr soll den Hirsch erlegt haben, noch ehe Dorn seine letzte Aufforderung beendet hatte. Nehmen wir also an, daß der „Depp" weitgehend im Büchsenknall untergegangen ist."

Mit besonderer Begeisterung frönte der Prinzregent der Saujagd. In seinem rund 5000 Hektar großen Saupark im Spessart – die enormen Kosten für die Fütterung der Wildschweine und die Treiberkosten kamen aus der Privatkasse des Regenten – hatte Luitpold eines der besten Wildschweingehege Europas. Jahr für Jahr kam er Ende November in den Spessart zur Saujagd, zum letzten Mal im Jahr 1911, ein Jahr vor seinem Tod. Obwohl Luitpold damals schon 90 Jahre alt war, hat er von der 432 Wildschweine zählenden Strecke 133 Sauen selbst gestreckt.

Prinz Leopold, der seinen Vater jedes zweite Jahr zu den Saujagden im Spessart begleiten durfte, schreibt in seinen Jagderinnerungen: „Von der ersten Hälfte der sechziger Jahre des vorigen Jahrhunderts bis zum Jahre 1911, dem Jahre vor seinem Ableben, besuchte mein Vater fast alljährlich auf vierzehn Tage diese Reviere in den Monaten November oder Dezember, um auf Sauen zu jagen und lud stets meinen älteren Bruder ein (den späteren König Ludwig III., Anm. d. Autors), sowie meist noch zwei nähere Bekannte; auch ich durfte ihn so ziemlich alle zwei Jahre begleiten. Die Aufmachung war äußerst einfach. Von Aschaffenburg fuhr man in einer offenen Bracke auf der großen Chaussee gegen Markt Heidenfeld mit einem Lohnkutscher, der infolge der meist unbedeutenden Steigung einen großen Teil des Weges seine Pferde nur Schritt gehen ließ, so daß man oft erst bei sinkender Nacht in Rohbrunn ankam. Mein Vater mit einem seiner Herren und mein Bruder stiegen in dem Dienstgebäude des Oberförsters ab, in ziemlich beschränkten Räumen; ich fand Unterkunft beim Förster im Thorhaus Diana, wohl eine Viertelstunde weit entfernt. Zwischen beiden Häusern lag das aus Hauffs Dichtungen wohlbekannte Wirtshaus im Spessart, wohin allabendlich mein Vater uns mit einigen Forstbeamten zu dem einfachen, nicht besonders zubereiteten Mahle der Wirtsküche einlud. Man verblieb dann auch den Abend dort. Danach mußte ich auf der einsamen Chaussee bei Dunkelheit nach Diana zurückmarschieren, was bei Regen und Schneegestöber mitunter seine Schattenseiten hatte.

In dem gleichen, wenig bequemen Fuhrwerk, in dem wir von Aschaffenburg gekommen, wurde stets morgens auf die Jagd gefahren; wenn genügend Schnee lag, wurde ein Schlitten benutzt. Auf dem oft weit entfernten Rendezvous erwartete meinen Vater das Forst- und Jagdpersonal, sowie die Treiber, meist Waldarbeiter aus einer der benachbarten Ortschaften, brave Leute, die in ihren abgenützten Anzügen einen recht ärmlichen Eindruck machten, aber doch fröhlich und zufrieden schienen. Vom Treffpunkte weg ging es zu Fuß den ganzen Tag ununterbrochen von einem Triebe zum anderen, bergauf, bergab, auf manchmal nicht ganz unbeschwerlichem Wege. Da niemand außer meinem Vater einen Büchsenspanner hatte, trug jeder seine Patronen und sein Frühstück im Rucksack, das man in gegebenen Augenblick für sich allein verzehrte.
Die einzelnen Triebe dauerten je nach dem Gelände, das sehr abwechslungsreich war, länger oder kürzer. Es wurde stets laut getrieben, da die Sau bei gutem Wind leicht vorwärts zu treiben ist und meist den Wechsel hält. Nur in richtige Fichtendickungen stecken sie sich gerne, und sind dann oft schwer an den Schützen zu bringen."
In der ersten Dezemberwoche endeten die Jagden im Spessart, und der Prinzregent kehrte in die Residenzstadt München zurück, in deren näheren Umgebung nun Treibjagd auf Fasanen und Hasen gemacht wurde. Bei diesen Streifjagden konnte es vorkommen, daß nur sieben Jäger 1210 Hasen erlegten, es trug sich aber auch zu, daß Luitpold nur ein einziges Mal zum Schuß auf einen Hasen kam, wie beispielsweise bei der Streifjagd im Jahr 1901. Dazu Bernd Ergert: „Das Wildbret auf den Tischen der Münchener stammte damals zum größten Teil von Hofjagden, deren Strecke im königlichen Zerwirkgewölbe (sprich „Zwürchg'wölb") zum Verkauf geboten wurden. Auch der Dienstmann und Trambahnschaffner konnten sich also zuweilen rühmen, sie hätten ihren Sonntagsbraten vom Prinzregenten selber schießen lassen."
Das Jagdjahr des Prinzen Luitpold – das von der königlichen bayerischen Hofjagdintendanz vom 1. April bis zum 31. März des nächsten Jahres eingeteilt wurde – begann im Frühjahr mit dem Schnepfenstrich und der Spielhahnjagd in der Hirschau bei München. Im Juli begann dann die Entenjagd in den zahlreichen Tümpeln und Altwassern an der Isar, die dem Prinzregenten besondere Freude bereitete, war er doch ein exzellenter Flugwildschütze.

Aber auch im Englischen Garten in München holte Luitpold Vögel vom Himmel. Mit Sommerbeginn begann dann die Pirsch auf das Rehwild, die dem Prinzregenten aber nicht besonders lag. Im August begannen dann die Jagden im königlichen Leibgehege Vorderriß und bei Hohenschwangau. Danach begab sich der Prinzregent – meistens am 6. oder 7. September – auf seine Allgäuer Jagden, wo er sich von seinem Lieblingsjäger Leo Dorn anführen ließ. Zum Münchner Oktoberfest fuhr der Regent zurück in die königliche Landeshauptstadt, vertauschte die Lodenjoppe mit dem ordenfunkelnden Waffenrock, damit, wie Ergert schreibt, „das Volk den Landesvater und seinen Hof beim Umzug und den Festveranstaltungen auch einmal mit fürstlichem Gepränge sehen konnte." War das Oktoberfest vorüber, wurde sogleich im Berchtesgadener Land das königliche Hofjagdlager errichtet. Dort, in den wilden, romantischen Revieren des bayrischen Hochgebirges, ging der Prinzregent auf Gamsjagd. Ganz im Gegensatz zu Erzherzog-Thronfolger Franz Ferdinand von Österreich-Este, der bekanntlich die Gemsen gleich rudelweise abzuschießen beliebte, lehnte der bayrische Prinzregent die großen Gamstreibjagden strikt ab. Ergert: „Meist jagte er nur mit einem möglichst kleinen Kreis von persönlichen Jagdfreunden, der über Jahrzehnte gleich blieb." Und im Gamswildbuch des königlich-bayerischen Oberförsters Hauber aus Berchtesgaden kann man nachlesen, „daß der Landesherr von ganzem Herzen jede künstliche Steigerung bei der Jagd verabscheute". Es kam ihm nicht auf die Strecke an, ergänzt Ergert, „sondern auf das einzelne, richtig erlegte Stück". So ließ Luitpold beispielsweise nur solche „Triebe" jagen, in denen primär Böcke vorkamen. Gebiete, in denen vornehmlich Rudelgams (weibliches Wild mit Kitzen und zu junge Böcke) vorkamen, ließ der Prinzregent prinzipiell nicht bejagen. Oberförster Hauber, der ein Vierteljahrhundert lang die Gamstreibjagden Luitpolds in Berchtesgaden leitete, schreibt in seinem schon zitierten „Gamsbuch": „Prinzregent Luitpold hätte am liebsten ganz allein mit Hilfe von nur wenigen auf einzelne Gamsböcke geriegelt. Die Verpflichtungen als Landesfürst aber brachten es mit sich, daß die Jagden mit größerem Gefolge abgehalten wurden und es außerdem auch seine Herzensgüte verbot, seine Waidmannsfreuden nicht auch mit den Herren seiner Begleitung zu teilen!"

Dazu Bernd Ergert in seinem Buch „Die Jagd in Bayern": „Ein kleines Notizbuch, das etwa um das Jahr 1904 entstanden ist und das vermutlich vom Hofjagdintendanten Franz von Hörmann stammt, zeigt die fast militärische Planung der großen Hofjagden in den Bergen. Haargenau sind in sauber gezeichneten kleinen Lageplänen die Stände der Schützen eingezeichnet und die Aufstellung der Treiberketten festgelegt. Die gegenüberliegende Textseite enthält den genauen Zeitplan für das gezeichnete Treiben. Angaben über Zeit, die für das Erreichen verschiedener Punkte – zu Pferd, mit dem Schlitten oder zu Fuß – gebraucht wurde und andere wichtige organisatorische Einzelheiten sind angegeben. Dieses Dokument, das im Forstamt von Berchtesgaden aufbewahrt wird, zählt zu den wenigen noch erhaltenen Schriftstücken der Hofjagdzeit."

Mitte November, wenn der Schnee immer tiefer in die Täler kroch, nahmen die Bergjagden ihr Ende, und der Prinzregent kehrte nach München zurück, um dann die Jagd auf Niederwild in den Revieren rund um die Residenzstadt aufzunehmen.

An den Prinzregenten Luitpold erinnern heute in München noch die „Prinzregentenstraße", das „Prinzregententheater" oder die „Prinzregententorte". Vor allem aber im bayrischen Oberland, schreibt Ergert, „verehrt man noch heute den nüchternen Staatslenker, der sogar auf den königlichen Briefmarken mit Lodenjoppe und Jägerhut abgebildet ist. Dabei war diesem besonnenen, unaufdringlichen und gütigen Regenten die Rolle des geliebten Landesvaters nicht vorgezeichnet". In der Tat, denn wäre König Ludwig II., der bereits wegen geistiger Verwirrung entmündigt worden war, nicht am 13. Jänner 1886 im Starnberger See bei Schloß Berg ertrunken, und dessen Bruder und Nachfolger, König Otto, wegen einer seelisch-geistigen Erkrankung nicht außerstande gewesen, die Herrschaft in Bayern nicht nur als formeller König anzutreten, wäre Prinz Luitpold nicht Prinzregent geworden. Der Vater des Prinzregenten, König Ludwig I., hat aber schon im Jahr 1838 geahnt, daß sein nachgeborener Sohn Luitpold möglicherweise zu Höherem berufen ist, denn an den Erzieher des damals siebzehnjährigen Prinzen schrieb der König: „Zum Soldaten soll sich mein Sohn Luitpold bilden, aber auch, daß er Herrscher sein kann… Gottes Fügung kennt niemand; auch mein Vater wurde, ein Nachgeborener, König!"

Robert Ruark:
Wenn der Büffel zur Bestie wird

Er war der höchstbezahlte amerikanische Journalist seiner Zeit und als Schriftsteller ein Bestsellerautor, dessen Afrika-Bücher Millionenauflagen erzielten. Seine bekanntesten Werke – „Uhuru", „Die schwarze Haut" und „Safari" – sind nicht nur ins Deutsche, sondern auch in das Französische, Spanische, Italienische, Portugiesische, Dänische, Holländische, Schwedische, Norwegische, Finnische, Arabische, Griechische, Türkische sowie in Afrikaans und Suaheli übersetzt worden. Vor allem mit „Uhuru", dem zweiten seiner drei Bücher über Afrika, wurde Robert Lester Ruark weltweit bekannt. Bekannt auch als ein Schriftsteller, der genau wußte, worüber er schrieb, denn er war ein intimer Kenner Afrikas und ein hochgradiger Jagdexperte. Von allen Schriftstellern, die über die Großwildjagd geschrieben haben – Ernest Hemingway eingeschlossen –, hat er ohne jeden Zweifel von der Materie am meisten verstanden. Dies befähigte ihn, realistische Bücher zu schreiben, die alle stark autobiographische Züge tragen. Ruark, ein blendender Schreiber, verbreitet knisternde Spannung und pralle Exotik. Und bei den Afrikajägern in seinen Romanen kann man sicher sein, daß diese nie vom Schnee am Kilimandscharo phantasieren, sondern nur das tun, was Jäger tun sollten: sich an das Wild anpirschen, diesem auf der Fährte bleiben und es schlußendlich erlegen.

Ruark, der zu den großen amerikanischen Erzählern des 20. Jahrhunderts gezählt wird, lebte zwölf Jahre lang, von 1951 bis 1963, in Afrika. Diese Zeit hat der 1915 in New York geborene Autor hauptsächlich jagend verbracht. Und wenn er schrieb, dann schrieb er Bestseller. Wie beispielsweise „Uhuru", ein stark autobiographisches Buch, in dem der Held, der Großwildjäger Brian Dermott, in beinahe allem, was er erlebt, das Leben des Autors widerspiegelt: „Im letzten Dutzend Jahre bin ich möglicherweise auf zwanzig Safaris gewesen. Das heißt, ich habe zweimal in Indien gejagt, einmal in Alaska, viermal in Mozambique, einmal in Australien, einmal in Neuseeland und etwa zehnmal in Uganda, Kenia und Tanganjika. Ich habe drei Elephanten mit Stoßzähnen von je über hundert Pfund geschossen, zwei Löwen erlegt und war beim Verenden eines Dutzends dabei. Ich vergaß die Zahl der Leoparden – vielleicht zwanzig – und habe keine Ahnung mehr, wie viele Büffel; vielleicht hundert. Das kleinere Wild – Zebra, Impala, Thompsongazelle, Grantgazelle, Wildebeest, Gerenuk, Oryx- und Duikerantilopen – im allgemeinen Frischfleisch fürs Lager – muß in die tausend gehen. Ich habe drei Tiger geschossen, bin von einem Leoparden schwer zugerichtet worden, schoß Gaur, ostindische Wildstiere mit kurzen, konischen Hörnern, und asiatische Wasserbüffel, Geparden und Cheetalrehe, wilde Hunde, Hyänen, Perlhühner, Sandhühner, Trappgänse und Frankoline (alles weißes Fleisch, selbst die Beine, ein hübscher Vogel, der Frankolin), habe Gehirnmalaria, infektiöse Mononucleose gehabt und bin von Tsetsefliegen infiziert und von Moskitos wahnsinnig gemacht worden. Ich bin tausend Meilen weit gelaufen, habe im Jeep hunderttausend zurückgelegt und bin noch mal hunderttausend in Kleinflugzeugen von selbstangelegten Pisten im tiefen Busch aus geflogen. Ich habe in Zelten und Eingeborenenbandas und auf dem Erdboden in strömendem Regen geschlafen. Ich habe Elephantenfleisch, Schlangen und gebratene Würmer gegessen", verrät der Romanheld Brian Dermott und erzählt damit eins zu eins das Leben des Robert Ruark.

In „Safari", dem wohl spannendsten Buch, das jemals über die Jagd in Afrika geschrieben worden ist, berichtet Ruark, diesmal deklariert autobiographisch, von seinen oft lebensgefährlichen Begegnungen mit Löwen, Büffeln und Elephanten: „In Tanganjika kroch ich eines Tages hinter einem Büffel her, dem großen, wilden Ochsen mit seinen drahtseilstarken Muskeln und stahlträgerharten Hörnern, bei dessen Anblick einem das Blut gerinnt... Ich betete nur im Stillen und hoffte, daß ich nicht zu weit zu kriechen haben würde, nur um mich zu Tode zu erschrecken. Ich weiß nicht, was mich an den Büffeln so erschreckt. Löwen, Leoparden und Nashörner erregen mich, aber ich fürchte mich nicht vor ihnen. Aber der Büffel ist so groß, gemein, häßlich und schwer zum Halten zu bringen, so rachsüchtig, grausam, grob und charakterlos. Er sieht aus, als haßte er einen persönlich. Er sieht aus, als schulde man ihm Geld. Er sieht aus, als jage „er" einen. Ich hatte mir inzwischen aus der Nähe ein paar tausend von ihnen angesehen – und hatte mehr

Angst als je. Der Magen dreht sich mir um, wenn ich ihn sehe, meine Hände schwitzen, Kehle und Lippen werden trocken.

Ein Büffel aus nächster Nähe sieht nicht gut aus. Sein Körper ist massig, er hat kurze Beine und ist zu lang, um ebenmäßig zu sein. Er riecht nach Schlamm, Dung und saurer Milch. Sein geflecktes Fell ist grindig und voller Zecken. Reste seiner eigenen Exkremente kleben an ihm. Schmutziges Moos wächst auf seinen Hörnern, die massig genug sind, einen nur durch einen sanften Schlag mit der flachen Klinge aufzureißen, scharf genug, um ein Loch in einen zu stoßen, in dem man einen Baseballschläger verstecken könnte, und schmutzig genug, um eine ganze Armee zu infizieren. Er hat die gespaltenen Hufe des großen Bullen, denn er ist ein echter, unverfälschter Stier und der Vorfahr des spanischen Kampfstiers, und es ist ihm eine Wonne, auf Ihrem Kadaver rumzutanzen, bis nicht viel mehr davon übrig ist als Blutspritzer und Fleischfetzen. Selbst seine Zunge ist eine Waffe. Sie ist so rauh und herb wie eine Holzraspel. Wenn man vor dem Mbogo (Büffel auf Suaheli, Anm.d.Autors) auf einen Baum oder einen Termitenhügel klettert, wird er seinen häßlichen Kopf recken und einem das Fleisch vom Leib lecken, so weit er hinaufreichen kann. Seine Zunge schabt Ihr Fleisch so leicht weg, wie ein Kind die Spitze einer Eiskremtüte ableckt."

Und dennoch: Ruark war vom Büffel fasziniert. Angeführt von Harry Selby – nach dem großen, alten Mann der Großwildjäger, Philip Percival, damals der bedeutendste Berufsjäger in Ostafrika –, folgte Ruark dem Mbogo über Stock und Stein, durch Elefantengras und über Dornenbüsche hinweg. Ruark fürchtete den Büffel, er haßte ihn abgrundtief, aber er jagte ihn mit Leidenschaft: „… ich wußte, wieviel Blei sie in den Leib kriegen können, ohne an Angriffslust einzubüßen, womöglich noch aggressiver durch ihre Verwundung. Man kann den Büffel leicht mit einer Kugel töten; gelingt's aber nicht, wirken die nächsten vierzehn aus einer .470 allenfalls als kleinere Reizmittel. Und man kann vor einem verwundeten Büffel nicht wegrennen. Man muß standhalten und ihn annehmen, wie er ist, auf seine Nase zielen, wenn er mit hoch erhobenem Kopf, zurückgelegten Hörnern, gestrecktem Hals und kalten, starren Augen auf einen zustürmt. Man schießt auf die Nase und hofft, daß ihm die Kugel ins Hirn dringt, denn wenn man zu hoch hält, prallen die Kugeln von seinem massiven Hornbuckel ab wie Gummibälle von einer Wand."

Robert Ruark, der von den Schwarzen ehrfurchtsvoll „Bwana Mbogo" – „Herr des Büffels" – genannt worden war, entging einmal nur ganz knapp dem Schicksal, von einer Büffelherde überrannt zu werden: „Dort draußen im hohen Gras stehen zweihundert Büffel. Sie weiden zum Ausläufer des Sumpfes hinunter. Wir müssen genauso zurück, wie wir hergekommen sind. Es ist naß und klebrig da drin. Wir werden etwa fünfhundert Meter rennen müssen. Wir müssen rennen, weil wir an zweihundert Büffeln vorbei müssen, um an den großen Bullen heranzukommen. Wenn der Wind sich dreht und sie uns wittern, kann es sein, daß sie von Panik ergriffen werden. Angreifen werden sie uns nicht. Aber wenn sie in diesem hohen Gras zu laufen anfangen, können sie uns nicht sehen, bis sie über uns sind.

„Was passiert, wenn sie wirklich loslaufen?" frage ich Harry. „Was tun Sie, wenn zweihundert Büffel auf Sie zugaloppieren?"

„Ich würde versuchen, einen zu schießen", antwortete Harry. „Ich würde versuchen, einen zu schießen, damit wir auf ihn klettern und die anderen uns sehen und um uns herumlaufen könnten. Es würde natürlich ein bißchen Glück dazu gehören, einen sofort mausetot zu schießen, daß wir ihn in der Eile benutzen könnten. Sie haben selbst gesehen, wie schwer sie zu stoppen sind."

Wir machten gute Fortschritte und waren fast aus dem schenkelhohen Wasser heraus und im Dreck, als wir direkt hinter einem grasenden Büffelbullen herauskamen. Er ließ einen gewaltigen Beller los und galoppierte davon, preschte unbeholfen dahin, war darauf aus, die Tiere aufzuschrecken und das Ganze in Alarm zu versetzen. Man konnte das plötzliche laute, scharfe Rascheln im Ried hören, als die Herde in Alarm versetzt wurde.

„Laufen Sie", sagte Selby mit der leisesten und klarsten Stimme, die ich je bei einem Mann gehört hatte. „Laufen Sie. Dort rüber."

Wir liefen. Wir liefen durch den stinkenden Schlamm, strauchelten über die langen Gräser, das Herz klopfte uns bis zum Hals, und der Atem kam röchelnd, und drüben rechts rannten noch andere Dinger. Zweihundert Büffel rannten. Sie witterten uns nicht, weil der Wind noch auf uns zustand, aber der alte Onkel Wilbur mit den knorrigen Hörnern hatte die Losung ausgegeben, und zweihundert

Büffel galoppierten wie die Stürmerreihe auf einem Fußballfeld. Sie rannten, wir rannten. Man konnte sie nicht laufen sehen, weil das Gras doppelt so hoch war wie sie, aber man konnte sie es niedertrampeln hören, während sie unerschütterlich durchstampften.

Wir erreichten eine etwas höhere Stelle und etwas kürzeres Gras, und gleich darauf brausten kaum fünfzehn Meter hinter uns fünfzig Büffel, der rechte Flügel des Verbandes, in gestrecktem Galopp vorbei. Ich war völlig außer Atem. Auch Harry hatte keine Puste mehr. Die schwarzen Boys waren noch bei uns.

„Großer Gott!" sagte Harry.

Ich sagte nichts. Kidogo sagte etwas auf Nandi. Adam sagte etwas auf Kikamba.

„Das möcht' ich nicht noch einmal tun müssen", sagte Harry. „War am Schluß eine verdammt kitzlige Sache." Wir gingen aufs andere Ufer zu. Ich trottete langsam dahin. Harry ging sechs Meter voraus. Plötzlich blieb er stehen und winkte mich zu sich. Darauf war ich nun wirklich nicht scharf.

Die verdammten Büffel waren die ganze Länge des Sumpfes entlanggerast, hatten in Schlachtordnung gewendet und griffen von neuem an, diesmal direkt in unsere Witterung. Sie standen wie ein römisches Bataillon, Füße fest in den Boden gestemmt, Köpfe stolz erhoben, mit schnüffelnden Nüstern keine zwanzig Meter vor Selby. Ich lief im Laufschritt zu ihm.

„Den links, neben der Kuh", sagte Selby. „Den da. Den guten. Nicht den ersten, den zweiten Bullen."

Ich schnappte wie ein ins Boot gezogener Fisch nach Luft, während ich die .470 hochriß, genau in dem Augenblick, in dem das ganze Bataillon kehrtmachte, um in die andere Richtung zu laufen. Ich zielte auf das Hinterteil des großen Burschen, da ich irgendwo gelesen hatte, wenn man auf die Schwanzwurzel ziele, breche man ihm entweder das Rückgrat oder täte seinen Nieren etwas Unangenehmes an. Die Flinte machte päng, und der Büffel verschwand, und nach dem Schuß war kein Aufschlag zu hören gewesen. Es war jetzt fast dunkel.

„Gott sei Dank", sagte Selby andächtig.

„Wieso Gott sei Dank?" fragte ich mürrisch.

„Gott sei Dank, daß sie ihn nicht getroffen haben", sagte Selby. „Sonst müßten wir ihn jetzt im Dunkeln suchen."

Robert Ruark war ein begnadeter Büffel-, aber ein ehrgeiziger Elefantenjäger. Büffel haßte er, die Elefanten aber liebte er: „Harry sah eine Weile durch und reichte mir dann den Feldstecher. Ich schaute durch. Es waren drei Elephanten. Der eine war ein großer Bulle mit anscheinend stattlichen Stoßzähnen. Die anderen beiden waren kleiner – Askari-Bullen, die den alten Burschen begleiten, wenn er von der Herde vertrieben wird, um alles zu lernen, was der alte Junge weiß, damit sie fünfzehn oder zwanzig Jahre später zurückkehren und sich den neuen Leitbullen aufs Korn nehmen können.
Der erste Bulle brach aus einem Buschdickicht. Er war von kleiner Gestalt, hatte aber einen anständigen Stoßzahn, der andere war kurz abgebrochen... Dann kam der andere kleine Bulle, dessen Stoßzähne nicht größer als Baseballschläger waren. Und endlich erschien mein Knabe. Seine Stoßzähne waren Klötze, lang wie Telegrafenstangen. Im Umfang konnten sie's mit Öltanks aufnehmen, und sie waren nicht ganz so lang wie ein Fußballplatz. Jedenfalls kamen sie mir in diesem Augenblick so vor.
Jetzt hatte der Bulle seinen Motor angelassen und kam auf die freie Stelle heraus. Es war schon unser Knabe, kein Zweifel;... Seine Stoßzähne waren jetzt so groß wie zwei Obelisken. Dann drehte sich der Wind... Sein Kopf fuhr empor, der Rüssel streckte sich, seine riesigen Zelte von zerfetzten Ohren klappten nach vorn, und er stieß einen Schrei aus, der Tote hätte erwecken können. Er hatte jetzt unsere Witterung, und da er nur etwa sechzig Meter entfernt war, hatte er uns auch mit seinen Augen und Ohren erfaßt. Er war ein hinterhältiger alter Halunke mit einem wunden Fuß und Zahnschmerzen. Er haßte den Regen, vermute ich, und Menschen mochte er auch nicht.
Er kam an – wie ein Eisenbahnzug. Sein Rüssel war gerade vorgestreckt, die Stoßzähne waren gehoben, die Ohren zurückgeschlagen und die Füße hoch wie bei einem Pferd im Stechschritt. Merkwürdig, das einzige, woran ich denken konnte, waren die kolossalen Füße, mit Nägeln größer als Eßteller, die da durch den Busch stampften, die Nägel vom Regen sauber und weiß gewaschen – ein blauer Elephant durch schwarzen Busch donnernd, und meine Augen waren voll Wasser, und die Flinte lag kalt und schlüpfrig in meiner Hand. Und kein Ziel, worauf man halten konnte, weil er uns direkt, Kopf voran angriff.

Ganz kurz ging mir der Gedanke durch den Kopf, daß dies ein verdammt schlechter Neujahrsanfang sei. Hinter uns waren Geräusche zu hören, als einige unserer Gefolgsleute abschwirrten, was sehr klug von ihnen war, aber für Mr. Selby und mich gab es keine Möglichkeit zu fliehen. Wir standen mit gespreizten Beinen da und erwarteten den Bullen. Wir warteten auf den Bullen, und wir warteten auf den Bullen, und es dauerte zehntausend Jahre. Er war ungefährt fünfundzwanzig Meter entfernt, erzählte Selby später – ich hatte keine Ahnung –, als er gegen einen Felsbrocken oder sonst etwas stieß und vom Kurs abwich. Viel nicht, aber immerhin genügend, um mir ein Stück Schulter darzubieten, auf das ich schießen konnte. Ich rief mir ins Gedächtnis zurück, daß ich zuerst auf den hinteren Abzugsbügel des linken Laufs drücken mußte (die Flinte hatte einen unzuverlässigen Bolzen und die schlechte Angewohnheit, beide Läufe abzufeuern, wenn man mit dem rechten anfing), brannte ihm zwei in der Gegend seines rechten Ellbogens auf und hörte beide Kugeln treffen, und weg war er, im Busch verschwunden. Dann setzte ich mich auf den Boden und atmete schwer durch den Mund. Meine Hände waren naß, aber nicht vom Regen. Mein Mund war trocken, aber nicht von der Sonne. Ich war leichenblaß, aber nicht von wegen Krankheit. In meinem ganzen Leben hatte ich noch nie solche Angst gehabt! Ich sah immer noch die Füße, breiter, als meine Gewehrläufe lang waren, und Stoßzähne, dick wie Pipelines.
„Ich hätte gerne eine Zigarette", sagte ich, „aber Sie müssen sie mir anzünden. Mir zittern die Hände."
Wir hörten, wie das Krachen im Busch aufhörte, wir hörten den Bauch rumpeln und eine Art qualvollen Stöhnens. Aus. Der Bulle lag etwa hundert Meter weit weg tot am Boden. Ein Zahn hatte sich tief in den Grund gebohrt. Anscheinend war er auf der Flucht verendet."
Der Schriftsteller ging mit seinem Jagdführer zum verendeten Elefanten, weil Selby gemeint hatte, „tote Elephanten stehen manchmal auf und trampeln auf einem rum". Der Elefantenjäger ging in die Hocke, zielte, die Ellbogen auf die Knie stützend, auf die Basis des Gehirns und drückte ab: „Ich schlug einen kompletten Purzelbaum rückwärts und fand mich, halb betäubt, in einem Dornbusch wieder. Der Bwana mit den eiskalten Nerven hatte es wieder fertig-

gebracht, genau wie bei dem Büffel. Der kaltblütige, stählerne alte Ruark, das unerschütterliche Bollwerk gegen angreifende Elephanten, Ruark, der nie vergißt, den hinteren Abzug zu drücken, schießt auf einen mausetoten Elephanten und zieht zuerst am vorderen. Beide Läufe gehen los, und der alte Admiral-auf-der-Brücke-Ruark schlägt einen großartigen Purzelbaum und endet mit dem Hintern in den Dornen. Dem Elephanten war's wurscht. Der war längst tot."

Robert Ruark, der berühmte und erfolgreiche Großwildjäger, erlernte das Waidwerk bei der Jagd auf Wachteln, die so ziemlich zum Kleinsten gehören, was St. Hubertus seinen Jüngern vor die Flinte treibt. Aber der Großvater des Schriftstellers, der als junger Mann ebenfalls in Afrika und Indien Jagd auf wehrhaftes Großwild gemacht und später seinem Enkel das Jagen beigebracht hatte, war der festen Überzeugung gewesen, daß die Wachteljagd ganz hervorragend dazu geeignet sei, aus dem kleinen Bobby einen großen Jäger zu machen: „Diese kleine Baumwachtel, sagte der alte Mann zu mir, sei ein Gentleman, und man müsse sich ihr auch wie ein Gentleman nähern. Man müsse sie hegen und pflegen und ihr das Gefühl der Wichtigkeit geben, das sei ihr Geburtsrecht, weil es hier gar nicht mehr viele von ihrer Sorte gebe, und sie sei es wert, mit Achtung geschossen zu werden. So wie man mit Wachteln umgehe, so sei man auch von Charakter.

Der kleine Bursche wiegt nicht mehr als knappe hundertfünfzig Gramm, aber jedes einzelne Gramm ist erste Klasse. Er ist munter und gerissen, und jedesmal, wenn man auf die Jagd nach ihm geht, verrät man ein bißchen von sich selbst. Ich hab' noch keinen Mann gekannt, der auf Wachteljagd ging und hinterher nicht `ne Kleinigkeit höflicher zurückkam."

Als der Schriftsteller viel später, als er schon längst der gefeierte Autor und Großwildjäger war, gefragt wurde, welches Jagderlebnis ihm am besten in Erinnerung geblieben sei, antwortete Ruark, der unzählige Jagdabenteuer in Afrika und Indien erlebt hatte, wie aus der Pistole geschossen: „Meine erste Jagd mit meinem Großvater!"

Den Tag, an dem er zum ersten Mal ein Gewehr in Händen hielt, beschrieb der Amerikaner später so: „In einer Minute", sagte er, „pfeif' ich die Hunde heran und lass' dich das Ding da benutzen, so gut du's eben kannst. Ehe wir aber in den Wald gehen, möcht'ich dir eins sagen: du hältst jetzt meinen guten Ruf in deinen Händen.

Deine Mutter hält mich für einen verdammten alten Idioten, weil ich einem Dreikäsehoch ein Gewehr in die Hand gebe, das fast ebenso groß ist wie er selbst. Ich hab' ihr versprochen, die persönliche Verantwortung für dich, die Flinte und wie du mit ihr umgehst, zu übernehmen. Ich hab' ihr gesagt, wann immer ein Junge so weit sei, daß er schießen lernen möchte, dann sei es die richtige Zeit, ganz gleich, wie jung er ist, und man könne nie früh genug lernen, vorsichtig zu sein. Was du da in den Händen hältst, ist eine gefährliche Waffe. Sie kann dich töten oder mich oder einen Hund. Vergiß nie, daß eine geladene Waffe aus dem, der mit ihr umgeht, einen Mörder machen kann. Vergiß das ja nie!"

Drei harte Jahre lang ging Robert Ruark bei seinem Großvater in die „Jagdlehre": „Der alte Mann hat ständig an mir herumgemeckert und er hat mich mit dem Stock verprügelt, aber er hat mich auch gelehrt, wie ein Gentleman auf Wachteln zu schießen. Und das blieb, und nur das zählt."

Noch Jahrzehnte später erinnerte sich Robert Ruark in allen Einzelheiten an jenen Tag, an dem er von seinem Großvater aus der Waidmannslehre entlassen wurde: „Als ich elf war, stahl mir der alte Mann meine kleine Kaliber 20. Dabei grinste er irgendwie hinterhältig und erklärte mir, er tue mir damit nur einen Gefallen. Ich stand vor einem Rätsel, aber andererseits sagte ich mir, daß der alte Mann ein vertrackter Bursche sei, der alles indirekt, durch die Hintertür tat. Später, als ich in mein Zimmer kam, lag auf meinem Bett eine Doppelbüchse Kaliber 16 in einem Lederfutteral mit meinem Namen drauf. An den Seiten waren Silbergravuren von Wachteln und Hunden, und mein Name stand auf der silbernen Kolbenplatte. Der alte Mann nahm gerade einen Drink gegen seinen empfindlichen Magen, als ich mit dem neuen Gewehr in der Hand in sein Zimmer stürmte. Er grinste mich über den Glasrand an. „Das is' dein Prüfungsgeschenk", sagte er. „Vor drei Jahren haben wir mit der Lehre angefangen, und du hast mich nicht erschossen, dich nicht und die Hunde auch nicht. Nehme daher an, daß man dich jetzt auf die Menschheit loslassen kann. Aber das sag'ich dir, ich nehm' dir die Flinte wieder ab, wenn du leichtsinnig wirst und mit dem Ding unvorsichtig rumfuchtelst."

Robert Ruark, der nur fünfzig Jahre alt geworden war, davon aber zweiundvierzig mit den verschiedensten Waffen in der Hand, hatte die Worte seines Großvaters nie vergessen. Er blieb im Umgang mit Waffen zeitlebens ein äußerst vorsichtiger Jäger. In seinem Buch „Safari" schrieb er: „Jetzt bin ich groß genug zum Fluchen und hab' 'ne Menge verdammter Idioten getroffen, die nicht mit Gewehren umgehen konnten und anderen Leuten einen Todesschrecken einjagten. Aber natürlich – sie hatten keinen alten Mann als Lehrer. Tja, es gibt eben Leute, die sind glücklicher dran als andere."

Samuel Graf Teleki: Ein Magnat erobert die Savanne

In den letzten Jahrzehnten des vorigen Jahrhunderts waren Jagdexpeditionen nach Schwarzafrika das größte Abenteuer, das der Mensch von damals finden konnte. Verbunden mit heute nicht mehr vorstellbaren Strapazen, Gefahren ausgesetzt, die dem Großwildjäger zu jeder Zeit das Leben kosten konnten, war eine Afrika-Safari das Nonplusultra für jene betuchten Abenteurer, die weder Geld noch Mühen scheuten, um auf dem schwarzen Kontinent ihr eigenes Leben zu riskieren. Einer dieser – meist sehr reichen – Abenteurer war der ungarische Magnat Samuel Graf Teleki, ein enger Freund des österreichisch-ungarischen Kronprinzen Rudolf, ein exzellenter Jäger und großer Geograph, der 1887 den heute als „Lake Turkana" bekannten See entdeckte und – wie der Graf in seinen Erinnerungen schrieb – dieses inmitten einer kargen Sand- und Steinwüste liegende riesige Binnengewässer, den zweitgrößten See Kenyas, „in tief gefühlter Dankbarkeit für das hohe Interesse, welches weil. S.k. Hoheit Erzherzog Kronprinz Rudolf unserer Forschungsreise entgegenbrachte", Rudolf-See taufte.
Wer war nun dieser Mann, der die größte Karawane, die bis dahin in das Innere Schwarzafrikas aufgebrochen ist, ausgerüstet hat und mit dreihundert Trägern, dreihundert Gewehren, zweiundsiebzig Kisten, darin 2500 Kilogramm Glasperlen und 900 Ballen Stoff als Tauschgut für Lebensmittel zur Versorgung der gewaltigen Karawane, 50.000 Schuß Munition, Feldbetten, Stoffzelten und Faltbooten sowie karthographischen und wissenschaftlichen Instrumenten, inklusive Kameraausrüstung und Labormaterial, viel ungarischem Wein und Konservenvorräten, die zwei Mann fünfzig Tage am Leben erhalten konnten, auf Expedition in die Steinzeit ging?
Samuel Teleki, von seinen Freunden nur „Samu" gerufen, entstammt einem uralten ungarischen Magnatengeschlecht, das 1408 erstmals urkundlich erwähnt wird. Das Grafengeschlecht Teleki war im siebenbürgischen Sáromberke ansässig, das bis zum Ende des Ersten Weltkrieges zum Königreich Ungarn gehörte und erst durch den Vertrag von Trianon zu Rumänien kam. Dort besaßen die

Telekis riesige Ländereien und eines der größten Schlösser Ungarns. Im Laufe der Jahrhunderte zu märchenhaftem Reichtum gelangt, konnten sie es sich leisten, ein feudales Magnaten-Leben zu führen, wobei die männlichen Mitglieder der Familie sich traditionell für Pferde, Jagd und Politik interessierten.

Als Samuel Teleki 1845 zur Welt kam, herrschte auf Schloß Sáromberke noch Ferencz Graf Teleki, der Großvater des späteren Afrikareisenden, ein bis in die Knochen königstreuer Magnat, der, wie sich sein Enkel Ernst Graf Wurmbrand in seinen Memoiren „Ein Leben für Altösterreich" erinnert, „nie anders angezogen als in Militärkleidern" ging „und immer die Offiziersmütze auf" hatte. Der alte Graf besaß, wie von Wurmbrand zu erfahren ist, „ein berühmtes arabisches Gestüt, das beste im ganzen Lande". Tagtäglich, bei Sonne und Regen, ritt der reiche Magnat „seine fünf bis sechs Pferde, im Winter in der großen gedeckten Reitschule, im Sommer auch viel im Freien über alles hinweg" und erwarb sich damit den Ruf, der eleganteste und bravouröseste Reiter der alten Monarchie gewesen zu sein.

Der Sohn des alten Grandseigneurs, Samuel Teleki der Ältere, der Vater des Großwildjägers und Forschungsreisenden, war, ganz im Gegensatz zu seinem Vater, der stets ein überzeugter Kosmopolit war, ein glühender magyarischer Nationalist, der in den Revolutionsjahren 1848/49 auf der Seite des Rebellen Lajos Kossuth stand. In „Samu" steckte sowohl das Erbe des Großvaters als auch des Vaters: Vom alten Grafen erbte er das elegante, weltoffene Wesen und vor allem die Liebe zu den Pferden, vom jungen den ungarischen Nationalstolz, von beiden zu gleichen Teilen die Passion für die Jagd. Aufgewachsen ist der junge Teleki in einer Zeit großer Afrikareisender wie David Livingstone, Henry Morton Stanley, R. Burton und J. Speke, deren phantastische Abenteuer seine Phantasie beflügelten. Schon im Knabenalter brannte der Wunsch in ihm, nach Schwarzafrika zu gehen und es den großen Forschungsreisenden gleich zu tun. Doch bevor es so weit war, mußte er zunächst einmal die für einen Magnaten-Sproß standesgemäße Ausbildung absolvieren: Nach dem Gymnasium – wie es sich für einen ungarischen Aristokraten gehörte – wurde er Husaren-Offizier und studierte später an den Universitäten von Göttingen und Berlin Rechts- und Staatswissenschaften, Geschichte, Philosophie sowie

Agrarwissenschaften. Nach Abschluß des Studiums kehrte Teleki nach Siebenbürgen zurück, um auf Sáromberke die Verwaltung der gräflichen Güter zu übernehmen.

Bald schon stand der junge Teleki im Ruf, ein tüchtiger Landwirt zu sein. Was beinahe einem Wunder gleichkam, war doch in ganz Ungarn bekannt, daß der junge Magnat ganz seinem Großvater nachgeraten war und die meiste Zeit auf dem Rücken seiner Araberpferde oder auf der Jagd verbrachte. Bis spät in die Nacht hinein saß er in der Bibliothek und las, verschlang geographische, jagd- und völkerkundliche Fachliteratur. Vor allem alles, was nur irgendwie mit Afrika zu tun hatte.

Im Jahre 1881 zog Samuel Teleki in das Oberhaus des ungarischen Parlaments ein, um an der sogenannten Magnatentafel Platz zu nehmen. Für die hohe Politik des Königreichs blieb ihm aber nicht allzuviel Zeit, da er sich gerade in jenen Jahren intensiv der Ausübung des Waidwerks widmete. Ein Meisterschütze, der dem Erzherzog Franz Ferdinand um nichts nachstand, verbrachte er seine Zeit lieber in den Wäldern als im Budapester Parlament.

Statt große Parlamentsreden zu halten, lud er lieber Jagdgäste zu sich nach Sáromberke ein und erwarb sich dabei den Ruf, der beste Gastgeber Ungarns zu sein. Als echter Ungar verstand er es, einen Mulatschag nach dem anderen zu feiern. Mit seinen Jagdkameraden feierte er bei Zigeunermusik und schwerem Wein den Schüsseltrieb, bei dem die feurigen Nimrode die schönsten Weiber Transsylvaniens oft gleich streckenweise „erlegten".

Zur Jahreswende 1886/87 war es dann endlich so weit: Der schon im 42. Lebensjahr stehende Magnat ging mit seinem Freund Ludwig Ritter von Höhnel, einem aus Preßburg (Bratislava) stammenden k.u.k. Seeoffizier, genialen Kartographen und Geographen, nach Afrika, das damals von wohlhabenden Abenteurern förmlich gestürmt wurde. Wie Teleki und Höhnel bis an die Zähne bewaffnet, drängten sie sich am Zoll von Sansibar, wo innerhalb eines knappen halben Jahres rund 37.000 Gewehre, eine Million Kugeln, drei Millionen Zündkapseln und fast 70.000 Pfund Schießpulver geschleust wurden. Dieses gewaltige Arsenal diente ausschließlich jagdlichen Zwecken, wurde vor allem auf der Elefantenjagd ge- und verbraucht. Die Jagd auf die großen Fünf – Elefant, Löwe, Büffel, Nashorn und Leopard – war im späten 19. Jahrhundert zum mondänsten Sport geworden. Daß viele dieser Großwildjäger, die damals dem Lockruf Afrikas folgten, ihre Abenteuerlust mit dem Leben bezahlten, schreckte andere nicht davon ab, sich in die verseuchte, von Wilden bevölkerte Hölle Ostafrikas zu begeben, um darin ein einmaliges Jagdabenteuer zu erleben. Die meisten von ihnen gaben zweistellige Millionenbeträge dafür aus, nur die wenigsten kehrten – wenn überhaupt – wohlbehalten aus dem Busch zurück. Durch Tropenkrankheiten, gegen die es damals kaum noch Medikamente gab, dezimiert, von den kriegerischen Eingeborenenstämmen überfallen und oft auf bestialische Art und Weise umgebracht oder von angeschweißtem Großwild getötet, schlug diesen jagenden Desperados in der Savanne die letzte Stunde, fanden sie im Busch ihr Grab. Das Afrika, in das Samuel Teleki aufbrach, hat mit dem heutigen nichts mehr zu tun.

Und dann, am 31. Jänner 1887, nahm das große Abenteuer seinen Anfang. Die riesige Karawane des Grafen verließ Pangani und zog entlang des Flusses Ruwu in eine noch kaum entdeckte Wildnis. Teleki, der das Kommando innehatte, bildete die Spitze des gewaltigen Expeditionsheeres, sein Gefährte Höhnel das Schlußlicht. Der sportlich durchtrainierte Magnat brannte förmlich vor Abenteuerlust und trieb die Träger gnadenlos voran, was allerdings zur Folge hatte, daß schon in den ersten Marschtagen mehrere Eingeborene desertierten. Darunter fatalerweise auch jener Mann, der die Kartenkiste schleppte, so daß, wie Teleki in sein Tagebuch schrieb, „wir jetzt nicht einmal mehr ein handgroßes Kärtchen von Afrika zur Verfügung haben". Teleki hatte es nur Höhnel zu verdanken, daß er die Expedition nicht abbrechen hat müssen, denn der geniale Kartograph hatte die Karten im Kopf.

Während Höhnel, der Forscher, ständig Aufzeichnungen machte, schoß Teleki, der Jäger, alles Wild, das den Weg der Karawane kreuzte, was die Schwarzen, deren Töpfe der magyarische Bwana auf diese Art leicht füllen konnte, mit ihrem Herrn wieder versöhnte. Der Graf peitschte die Karawane im wahrsten Sinn des Wortes im Eiltempo durch Busch und Savanne. Rast gewährte er erst, als das Expeditionsheer den Südostfuß des Kilimandscharo erreicht hatte. Teleki ließ ein Camp errichten und machte sich allein vom Sattelplateau aus auf, um als erster Mensch den Kibo bis auf zirka 5000 Meter Höhe zu besteigen. Von seiner Bergtour zurück, führte der

Ungar die Karawane nach Ngongo, um von dort durch das völlig unerschlossene und gefürchtete Kikuyu-Land in Richtung des Mount Kenya aufzubrechen. Die riesigen Wildtierherden, auf die der Magnat dort stieß, entfesselten in ihm eine Jagdleidenschaft, so daß er – wie in Trance geraten – an einem einzigen Tag mehrere Elefanten, Löwen, Leoparden und Büffel schoß und darüber hinaus noch ein Dutzend Kudus, Antilopen und einen kapitalen Gnu-Bock zur Strecke brachte. In seinem Jagdeifer hatte der Graf aber übersehen, daß er von Kikuyu-Kriegern verfolgt wurde, die alsbald die Karawane angriffen. Es war nur der taktischen und strategischen Erfahrung der Offiziere Teleki und Höhnel zu verdanken, daß das Expeditonsheer von den feindlichen Stämmen nicht vollkommen überrannt und niedergemacht wurde. Den beiden k.u.k. Offizieren gelang es schon bald, zum Gegenangriff überzugehen, den Teleki schließlich aber abbrechen mußte, weil die Desertionen der Schwarzen gefährlich zunahmen und er nur durch ein vollkommenes Einstellen der Kämpfe eine Massenflucht seiner Träger verhindern konnte.

Also sammelten der Husar und der Marine-Offizier die ihnen verbliebenen Kräfte und zogen weiter. Doch die Wilden blieben den Ungarn auf der Fährte. Als die Karawane am 8. Oktober 1887 endlich den Mount Kenya erreichte, hatte sie insgesamt schon drei Kikuyu-Überfälle überstanden. Der Graf ließ wieder ein Lager errichten – weniger, um seinen Leuten, die übermenschliche Anstrengungen durchzumachen hatten, endlich Ruhe und Rast zu gönnen, als vielmehr deshalb, weil er den zweiten afrikanischen Schneeriesen besteigen wollte. Höhnel, bei weitem nicht so gut in Form wie Teleki und von den ständigen Kämpfen mit den Kikuyus vor allem psychisch arg mitgenommen, blieb im Lager zurück. Aber auch der Graf mußte seinen Besteigungsversuch schon bald – in einer Höhe von immerhin 4680 Metern – mangels geeigneter Ausrüstung abbrechen und ins Camp zurückkehren.

Dann teilte sich die Expedition: Teleki zog nordwärts weiter nach Njemess, Höhnel brach nach Guasso Njiro auf, mit der Absicht, das Rätsel des Lorian-Sees zu lösen. Als er in dieser, wie er später schrieb, „unbekannten, unbewohnten und schauderhaft schwierigen Wildnis" nicht weiterkam, brach er das Unternehmen ab und begab sich zu Teleki nach Njemes, von wo aus die nunmehr wiedervereinigte Karawane in Richtung des Njioro-Berges zog, wo die beiden Ungarn dann, unter Führung eines eingeborenen Führers, am 5. März 1888 den „Basso Narok", den fünftgrößten See, entdeckten: „Ein Anblick, wie er schöner und überraschender nicht leicht geträumt zu werden vermag. Tief zu unseren Füßen, von felsigen Ufern umschlossen, lag ein dunkler, blauer See, dessen Oberfläche vom herrschenden Südostwinde leicht gekräuselt in der Nachmittagssonne in allen Farben glitzerte. Unser Auge schweifte gierig und flüchtig zugleich über die nächsten Details hinweg, dem Ufer entlang, bis dieses in unabsehbarer Ferne im Norden verschwand", beschrieb Höhnel in seinen Erinnerungen die Entdeckung des Rudolf-Sees.

Nach einer Woche Fußmarsch entdeckten Teleki und Höhnel den „Basso Ebor", einen weit kleineren See, den der siebenbürgische Graf nach Kronprinzessin Stephanie, der Frau Rudolfs, in „Stephanie-See" benannte.

Jetzt war Samuel Graf Teleki ein weltberühmter Mann, der als großer Forscher in die Geschichte der Entdeckungsreisen einging. Er mußte aber einen hohen Preis dafür bezahlen: Als er am 25. Oktober 1888 in Mombassa seinen Marsch durch Ostafrika beendete, war sein Trägerheer um siebzig Mann geschrumpft, sechsunddreißig Schwarze fanden den Tod, vierunddreißig desertierten. Der Graf selbst war gesundheitlich schwer angeschlagen; als er sich in Sansibar in Richtung Heimat einschiffen wollte, war Teleki bereits so erschöpft und schwer erkrankt, daß er die Heimreise um Monate verschieben mußte.

Sechs Jahre später zog es den Magnaten noch einmal nach Afrika, weil er unbedingt den Kilimandscharo bezwingen wollte. Aber auch der zweite Versuch mißlang, und der Graf konnte den Schnee auf dem Kilimandscharo nicht greifen. Dadurch blieb Teleki genügend Zeit für die Großwildjagd, der er ausgiebig frönte. Mit Rekord-Trophäen kehrte er nach Sáromberke zurück, wo er sich bis zu seinem Tod im Jahr 1916 der Verwaltung seiner gräflichen Domänen widmete, täglich seine edlen Pferde ritt und die Reize der Niederwildjagd zu schätzen lernte. In der Aristokratie Österreich-Ungarns wurde der Graf aus Transsylvanien nach Kaiser Franz Joseph und Erzherzog Frand Ferdinand als der bedeutendste Jäger der alten Donaumonarchie verehrt.

Tania Blixen und Denys Finch Hatton: Sie jagten jenseits von Afrika

Ein junger Engländer, der im Busch auf Jagd war, kam in ein Camp und fragte den schwarzen Boy: „Was für einen Bwana hast du denn bei dir?" Worauf der Schwarze dem weißen Jäger voller Stolz antwortete: „Ich habe überhaupt keinen Bwana, sondern eine Memsahib aus einem fernen Land. Und die schießt nie vorbei!" Der schwarze Boy hieß Farah, die Memsahib Tania Blixen, nach deren Buch „Afrika dunkel lockende Welt" der Film „Jenseits von Afrika", mit Robert Redfort, Merryl Streep und Klaus Maria Brandauer in den Hauptrollen, gedreht wurde. Seit diesem Film, der ein Kassenschlager geworden war, ist die dänische Schriftstellerin eine Symbolfigur der versunkenen Welt des kolonialen Afrikas.

In ihrem Buch „Schatten wandern übers Gras" legte die Blixen, die als erste Großwildjägerin in die Geschichte der Jagd einging, ihr Bekenntnis zum Waidwerk mit den Worten ab: „Überhaupt kann man sagen, daß Jagen stets eine Liebesangelegenheit ist. Der Jäger ist verliebt in das Wild; echte Jäger sind wirkliche Tierfreunde. Während der Stunden der Jagd aber ist der Waidmann mehr als das; er ist vernarrt in das Stück Wild, das er anpirscht und sich zur Beute machen will – nichts anderes sonst existiert für ihn auf der Welt. Nur wird die Vernarrtheit im allgemeinen etwas einseitig sein. Die Gazellen und Antilopen und das Zebra, die du auf einer Safari schießt, um Fleisch für deine Träger zu bekommen, sind allesamt scheue Tiere; sie machen sich rar und haben eine ganz eigene Art, einem vor den Augen in Nichts zu vergehen, so daß der Jäger Wind und Gelände mit in Rechnung stellen und sich langsam und lautlos an sie anschleichen muß, ohne daß sie die Gefahr gewahr werden. Es ist eine schöne und faszinierende Kunst…"

Die im Jahre 1885 im dänischen Rungstedlund geborene und 1962 ebendort verstorbene Schriftstellerin entstammte einer wohlhabenden Gutsbesitzerfamilie und war, was die Jagd betraf, erblich vorbelastet. Ihre Vorfahren väterlicherseits waren allesamt passionierte Jäger. Vor allem der Vater, Wilhelm Dinesen, der fast sein ganzes Leben damit zubrachte, auf die Jagd zu gehen. Doch solange die spätere Afrikajägerin noch auf dem väterlichen Gut lebte, stand sie allem Jagdlichen negativ gegenüber. Von der alles beherrschenden Jagdleidenschaft des Vaters abgestoßen, waren Jäger, die stets in großer Zahl auf Rungstedlund anwesend waren, für die junge Kunststudentin kein grünes, sondern ein rotes Tuch.

Erst als sie den schwedischen Baron Bror von Blixen ehelichte, änderte sich allmählich ihre Einstellung zur Jagd. Blixen war ein leidenschaftlicher Jäger, der im damaligen britischen Protektorat Kenia ein Leben als gefeierter Großwildjäger führte. Er führte seine Frau behutsam in das Waidwerk ein, so daß diese schon bald bekannte: „Ich leiste aufrichtige Abbitte bei den Jägern, deren Leidenschaft für die Jagd ich nicht verstanden habe. Es gibt in der Welt nichts Vergleichbares."

Von ihrem ersten Jagderlebnis tief beeindruckt, schrieb die Baronin an ihren ebenfalls jagdbegeisterten Bruder Thomas nach Dänemark: „Ich habe vier Wochen in den glücklichen Jagdgründen verbracht und komme direkt aus der Herrlichkeit der großen, wilden Natur, aus dem Leben der Urzeit, das heute so ist wie vor tausend Jahren, von der Begegnung mit den großen Raubtieren, die einen verzaubern und einem den Kopf verdrehen, daß man denkt, es gäbe nichts anderes mehr, was das Leben lebenswert macht, als Löwen…"

Bror Blixen, der mit seiner Frau am Fuße der Ngong-Berge eine Kaffeeplantage führte, hatte das geschafft, was dem Vater der Schriftstellerin nie gelungen war: Tania eine Waffe in die Hand zu drücken und sie für das Schießen auf Lebewesen zu begeistern: „… Bror hat mir ein 265er Gewehr mit Fernrohr geschenkt, eine herrliche Waffe. Zunächst hatte ich fürchterliche Angst, sie abzufeuern, aber jetzt habe ich allmählich gelernt, sie zu handhaben. Bror ist ein ausgezeichneter Lehrmeister. Gleich den ersten Tag habe ich eine Schachtel Patronen verloren, und weil ich ohnehin zu wenige bei mir hatte, wachte ich ängstlich über meine Schüsse; mit einhundert Patronen habe ich vierundvierzig Stück Wild erlegt." Für eine soeben erst ins Waidwerk eingeführte Jungjägerin eine ganz beachtliche Strecke.

Sukzessive führte der Baron die Baronin an das afrikanische Großwild heran, nahm ihr die Angst und lehrte sie, aus nicht zu großer Entfernung zu schießen: „Noch immer sitzt mir ein großer Leopard wie ein Dorn im Herzen: Ich sah ihn an einem frühen

Morgen über einen Berg heraufkommen und keine zehn Schritte von mir entfernt ruhig und majestätisch vorbeigehen; wenn ich nicht so ein Dummkopf gewesen wäre, hätte ich ihn erwischt, so aber dachte ich, er würde sich auf einen Köder setzen, der vor mir lag, und schoß gar nicht, und durch eine Bewegung oder ein Geräusch war er dann plötzlich verschwunden." Aber sie hatte ihre Lektionen gelernt und machte bald schon Fortschritte: „Ich habe auch zwei Löwen im Mondschein aus fünf Meter Entfernung beobachtet und gehört, wie sie mit ohrenbetäubendem Lärm ein Zebra auffraßen."

Bror schien ein ausgezeichneter Lehrmeister gewesen zu sein, denn auf ihrer ersten Safari schoß die Blixen nicht weniger als „zwanzig verschiedene Wildarten – alle gewöhnlichen Hirscharten, Zebras, Gnus, Elen-Antilopen, Antilopen, Marabus, Schakale, Wildschweine, einen Löwen, einen Leoparden und eine Menge großer Vögel".

In „Schatten wandern übers Gras" schrieb sie: „Als ich nach Afrika kam, konnte ich anfangs nicht leben, ohne von jeder einzelnen Gattung Jagdwild dort ein schönes Exemplar zu schießen." Besonders Löwen: „Eines Nachmittags waren wir unterwegs, um etwas zum Essen zu schießen. Der Pferdepfleger sollte mit den Pferden nachkommen. Er holte uns ungemein aufgeregt ein; ein großer Simba habe an einem Flußübergang gelegen und sich nicht gerührt, als er vorbeigegangen sei, ihn nur furchterregend angestarrt. Wir hatten wenig Hoffnung, ihn an der Stelle zu finden, gingen aber doch unter Führung des Pferdepflegers zurück und durchsuchten mit einem großen Aufgebot die Umgebung der Furt nach allen Seiten – da sah ich plötzlich ein gewaltiges Tier im Gras liegen, ungefähr hundert Meter von uns entfernt, ich stieß Bror an, er nahm das Fernglas vor die Augen und sagte schnell: „It's a lion", wechselte das Gewehr und schoß – der Löwe lag mit dem Kopf auf den Pranken und sah uns an. Der Schuß traf ihn mitten in die Brust, und er fiel ohne einen Laut um. Es war ein großer, männlicher Löwe. Ich ging ganz nah zu ihm hin und sah das Leben aus seinen Augen schwinden; das war meine erste Begegnung mit einem Löwen, und ich werde sie nie vergessen."

Kurz danach schoß die Schriftstellerin selbst ihren ersten Löwen. Ihrem Bruder Thomas schrieb sie: „... ich habe einen Löwen geschossen, den wir am Tage aufgespürt und mit den Pferden verfolgt haben.

Es war sehr aufregend, weil ich ihn erst angeschossen hatte und er über eine Anhöhe hinweg verschwand und wir… hinterhergaloppierten und ihn nicht sehen konnten, das Terrain mit kleinen Hügeln und dichtem Gebüsch war schwierig, und plötzlich scheuten unsere Pferde, da saß er in einem Dornengebüsch in einer kleinen Kluft, keine fünf Yards von uns entfernt! Ich wäre ihm fast auf den Kopf gefallen, denn dort hatte ich ihn am wenigsten vermutet, und das Pferd war außer sich vor Angst. Im Nu saßen wir ab und sahen ihn in dem Dornengesträuch umherrasen, hörten ihn knurren, konnten aber seine genaue Position nicht ausmachen; man will ja nicht zu viel riskieren, indem man auf gut Glück schießt; schließlich meinte ich, seine Silhouette mit schwingendem Schwanz im Gebüsch zu sehen, schoß und traf ihn an der Schulter – aber es war eine zu kleine Kugel für ein so großes Tier, und er kam wie ein Blitz auf uns zugeschossen, und du kannst mir glauben, daß Löwen, die angreifen, einen gefährlichen Gesichtsausdruck haben. Ich konnte ihm eine Kugel direkt auf die Brust verpassen, er fiel fast auf unsere Füße. Es ist kein besonders gutes Fell; ich wollte dich schon fragen, ob du den Kopf haben willst, aber du willst wahrscheinlich nur deine eigenen Löwen sammeln." Die Schriftstellerin gestand später: „Nur die Löwenjagd war für mich unwiderstehlich; ich habe meinen letzten Löwen geschossen, ganz kurz bevor ich Afrika verließ." Einmal war es der Baronin sogar vergönnt, ein wahres Prachtexemplar zu strecken: „Wie ich also damals an dem Neujahrsmorgen, so lautlos ich konnte, aus dem Auto stieg und durch das hohe nasse Gras, das mir Hände, Büchse und Gesicht benetzte, langsam auf den Löwen zutrat, fuhr er zusammen, richtete sich auf und stand unbeweglich da, seine Schulter mir zugewandt, ein Schußziel, wie du es schöner dein ganzes Leben nicht wieder finden würdest. Die Sonne stand inzwischen dicht unterm Horizont, der Morgenhimmel hinter dem dunklen Körperumriß war hell wie flüssiges Gold. Mich überfiel das Empfinden: dich hab ich schon einmal gesehen, dich kenne ich gut. Aber woher? Da war auch schon die Antwort: es ist ein Löwe aus unserem dänischen Königswappen – einer von unseren drei dunkelblauen Löwen auf goldenem Grund. „Lion posant or", heißt es in der Sprache der Heraldik; das weiß auch er ganz genau. Indem ich dies dachte und mich niederließ... und zielte, faßte ich diesen Entschluß: wenn ich diesen Löwen kriege, soll der König von Dänemark das Fell bekommen. Der Schuß fiel, er krachte überlaut in der Morgenstille und hallte wider von den Bergen, und für mich sah es aus, als würfe es den Löwen ein paar Fuß hoch senkrecht in die Luft, bevor er niederstürzte und zusammenbrach. Er war ins Herz getroffen; es war, wie es hatte sein sollen."

Diana war Tania hold, denn „es stellte sich heraus, daß der Löwe ein ungewöhnlich schönes Exemplar war, was man dortzulande einen Schwarzmähnenlöwen nennt, mit dicker dunkelhaariger Mähne, die weit über die Schulterblätter zurück wächst". Da die Baronin in diesem Jahr nach Europa reiste, nahm sie das Fell mit und ließ es bei der Firma „Rowland Ward" in London fachmännisch zubereiten. Dann machte sie das Versprechen, das sie sich selbst gegeben hatte, wahr und schenkte das Fell König Christian X. von Dänemark, und „nach meiner Rückkehr auf die Farm erhielt ich einen liebenswürdigen Brief von ihm, worin er sich für das Löwenfell bedankte". Im königlichen Schloß zu Amalienborg gab der König dem Blixenschen Schwarzmähnenlöwen einen Ehrenplatz.

Nachdem ihre Ehe mit Bror Blixen in die Brüche gegangen war, fand die Schriftstellerin im englischen Großwildjäger Denys Finch Hatton (1887–1931) die große Liebe ihres Lebens. Der Engländer war der Sohn des Grafen von Winchilsea und Nottingham, ein in Eton und Oxford ausgebildeter Hocharistokrat, der durch und durch ein schöngeistiger Mensch gewesen ist: Finch Hatton liebte die Musik und besaß eine große Bibliothek; auf seinen Safaris führte der Großwildjäger ständig ein Grammophon mit, auf dem er Musik von Mozart spielte. Er las die griechischen und lateinischen Klassiker im Original und war auf dem Gebiet der Literatur eine anerkannte Kapazität. Der Engländer war das genaue Gegenteil von Bror Blixen, der es sein ganzes Leben lang nicht schaffte, das Wort „Rind" zu buchstabieren. Nur als Jäger waren die beiden vergleichbar und in ihrer unbändigen Freiheitsliebe.

Tania Blixens literarisches Werk wurde von diesem britischen Schöngeist ganz entscheidend beeinflußt. Finch Hatton prägte die Dänin aber mindestens ebenso stark auch als Jägerin. Während ihr von Bror Blixen das jagdliche Handwerk beigebracht worden war, führte sie Denys Finch Hatton in die hohe Kunst des Waidwerks ein. Nächtelang philosophierte der Engländer mit der Dänin vor dem lodernden Kaminfeuer über die essentiellen Dinge der Jagd, führte sie in die jagdliche Ethik ein und schärfte den Geist der Baronin, indem er versuchte, ihr das Waidwerk auch in dessen ästhetischen Dimensionen begreifbar zu machen. Was der Baron an ihr so gründlich begann, vollendete der Earl umso trefflicher.

Denys Finch Hatton muß in der Tat ein ganz außergewöhnlicher Mensch und Jäger gewesen sein. Als er am 14. Mai 1931 mit einem von ihm selbst pilotierten Flugzeug über der kenianischen Savanne abstürzte und dabei ums Leben kam, würdigte ihn die Londoner „Times" mit den Worten: „Für viele Menschen aller Art und jeden Standes bedeutet der Tod von Denys Finch Hatton den Verlust eines Menschen, der unersetzbar ist. Sein ganzes Leben hindurch war er eine Persönlichkeit von verblüffender Anziehungskraft. Keiner von denen, die ihn jemals kennengelernt haben, ob Mann oder Frau, ob weiß oder schwarz, ob alt oder jung, konnte sich seinem Zauber entziehen, und alle waren stolz darauf, ihn zu kennen. Er war anders als alle anderen Menschen. Immer und überall allein er selbst, war er weder ein Egoist noch ein Egozentriker; trotzdem schien er immer nur das zu tun, wozu er Lust verspürte. Bei einem anderen Menschen hätte ein solches Leben zu einem moralischen Zerfall geführt, aber er behielt seine Rücksicht, seine Einfühlungsfähigkeit, seinen Humor und seine Kultur. Auf die eine oder andere Weise hatte er immer Zeit für eine freundliche Geste, den unwahrscheinlichsten Menschen jeden Alters und jeder Art gegenüber. Er war der ideale Begleiter für einen Theaterabend und der ideale Partner für eine Partie Schach, genauso wie er bei Schwierigkeiten oder Gefahr in freier Wildbahn absolut überlegen, ohne zu zögern, Herr der Lage wurde.

Was bei anderen merkwürdig oder unecht wirkte, war bei ihm absolut natürlich, einfach und echt. Von irgendwoher aus der afrikanischen Wildnis mit einem unaussprechlichen und unlesbaren Absender versehen, schrieb er lange Briefe, insbesondere über Bücher, die er gerade las. Er war ein geschickter Mechaniker und liebte die Dichtung und die Musik. Sein weites Wissen über Vögel und Tiere stammte aus erster Hand, und er war ein kluger Beobachter der Menschen. Er konnte stundenlang über die Bräuche und das Leben der Afrikaner, an denen er sehr interessiert war, erzählen. Sein großes Wissen und seine Erfahrung mit dem Land und seinen Einwohnern, zusammen mit seinen äußerst praktischen Ideen waren der englischen Regierung oft von Nutzen gewesen. Immer hinterließ er einen Eindruck von Größe – es gibt kein besseres Wort dafür – und weckte wie kein anderer das Interesse seiner Mitmenschen. Es waren nicht nur seine hervorragende Erscheinung und sein gutes Aussehen; er besaß eine schnelle Intuition und Einfühlung in Menschen aller Art, einen prachtvollen Sinn für Humor, war frei von jeglicher Art von Hochmut, nicht an Konventionen gebunden, hatte einen gesunden Machtinstinkt und besaß große Entschlossenheit: Und doch hatte man bei all dem, undefinierbar, jedoch immer zugegen, ein Gefühl von Verschwendung. Von einem Menschen, der mit solchen Gaben gesegnet war, mußte etwas mehr kommen – und das tat es auch auf seine Art, denn niemand hat je bei seinen Mitmenschen größere Liebe und Bewunderung geweckt, echtere oder tiefere Vertraulichkeit und Freundschaft.

Er starb, wie er es sich gewünscht hätte. Unter offenem Himmel, in den großen Weiten, die er so liebte, furchtlos und frei bis zum Letzten. Und der Zauber dieser einmaligen Persönlichkeit und die Tatsache, sie eine Strecke des Weges begleitet zu haben, wird für alle, die ihn gekannt haben, Zeit ihres Lebens von unschätzbarem Wert sein."

Finch Hatton hat auf die Jägerin Tania Blixen einen nicht zu unterschätzenden Einfluß ausgeübt. Konnte sie Bror Blixen, ein solider Waidwerker, ganz unkritisch für die Jagd begeistern, weckte der „Jagdphilosoph" Finch Hatton in der Künstlerin die Skepsis, indem er sie die jagdliche Selbstreflexion lehrte. War für sie, als sie noch mit dem Baron verheiratet war, das „Jagen stets eine Liebesangelegenheit", eine „schöne und faszinierende Kunst", die dem „Jäger auf seine Weise Augenblicke dramatischer Spannung und Gelegenheit zur Anwendung von List und Geschicklichkeit und zur Selbstzufriedenheit" schenkt, ließ der Geliebte die erste Großwildjägerin später wieder große Zweifel an allem Jagdlichem hegen. Aus unerfindlichen Gründen gelang es Finch Hatton, der selbst ein passionierter und schießfreudiger Berufsjäger gewesen war, die Ansicht der Baronin über die Großwildjagd fast vollkommen zu revidieren, so daß sie schließlich behauptete: „Trotzdem ist für mich diese Art von Jagd nie das Richtige gewesen. Auch das Großwild übrigens, das man nur unter Gefahren jagt, der Büffel etwa oder das Rhinozeros, greift äußerst selten an, wenn es nicht angegriffen wird oder sich angegriffen glaubt."

Die Elefantenjagd empfand die Schriftstellerin plötzlich als „Sport ganz eigener Art". Und Ablehnung klingt deutlich durch, wenn sie schreibt: „Der Wanderobo mit seinen vergifteten Pfeilen, der arabische Elfenbeinjäger mit seinem langen silberbeschlagenen Vorderlader, und der professionelle weiße Elefantentöter mit seiner schweren Büchse. Die lebende Offenbarung von Gottes Ehre ward umgewandelt in ein Ausbeutungsobjekt." Schließlich wurde für die Blixen wieder alles Jagen „ein Ding der Unvernunft". Die einst begeisterte Jägerin fand die Jagd schlußendlich „geradezu häßlich und vulgär", so daß es nicht wundert, wenn sie es ablehnte, „um einiger Stunden Aufregung willen ein Leben auszulöschen, das in die große Landschaft hineingehörte und in ihr zehn oder zwanzig – und im Fall von Büffeln und Elefanten sogar fünfzig oder hundert Jahre herangewachsen war". In ihren letzten zehn Jahren in Kenia hat sie dann auch „keinen Schuß abgegeben, außer wenn ich Fleisch für meine Eingeborenen brauchte". Das entspricht aber nicht ganz den Tatsachen, denn sie selbst hat geschrieben, die Löwenjagd sei für sie stets „unwiderstehlich" geblieben, und erst kurz bevor sie Afrika für immer verließ, hat sie bekanntlich noch einen Löwen geschossen.

Im Jahre 1914, noch vor Ausbruch des Ersten Weltkrieges, kam sie mit großen Hoffnungen nach Kenia. 1931 kehrte sie enttäuscht in ihre Heimat zurück. Ihre Ehe mit dem schwedischen Baron war in die Brüche gegangen, mit ihrer Kaffeeplantage machte sie pleite und die große Liebe ihres Lebens, Denys Finch Hatton, war tödlich verunglückt. Es gab nichts mehr, was sie in Afrika hätte halten können. Tania Blixen lebte aber noch 31 Jahre als erfolgreiche Schriftstellerin auf dem Familiengut in Dänemark, wo sie am 7. September 1962 verstarb. Die Autorin des Buches „Afrika dunkel lockende Welt", von dem Ernest Hemingway meinte, es hätte den Nobelpreis verdient, ist, nachdem sie Afrika verlassen hatte, nie mehr in ihrem Leben auf die Jagd gegangen. Die erste Großwildjägerin hatte sich in Europa dem Waidwerk wieder völlig entfremdet.

Theodore Roosevelt: Die Buschtrommeln warnten vor Bwana Teddy

Als der Onkel des späteren Präsidenten der Vereinigten Staaten, Franklin Delano Roosevelt, mit Philip Percival, einem damals noch jungen Berufsjäger und Jagdführer, der später, vor allem durch die Bücher Ernest Hemingways, zu Weltruhm gelangte, in Ostafrika auf Safari ging, hatten die Buschtrommeln nur eine Nachricht zu verbreiten: „Weißer Jäger schießt, und alles Wild ist tot!" Theodore „Teddy" Roosevelt, vor kurzem noch Präsident der Vereinigten Staaten, fegte wie ein Wirbelwind über die damals britische Kolonie Kenia. Berühmt, wie er schon war, und schußfreudig, wie sich bald zeigte, wurde der „Bwana aus Amerika" zur Legende.

Für seinen Jagdführer, Philip Percival, war er „ein begnadeter Jäger, wie es sie selten gibt", für die Fauna Afrikas wurde er zum Schrecken: Elefanten, Nashörner, Löwen, Leoparden, Geparden, Büffel, Gnus, Springböcke, alle möglichen Antilopen-Arten, Warzenschweine, Geier und Zebrahengste streckte der Ex-Präsident in solcher Zahl nieder, daß selbst den Engländern, die im Kenia von damals bedeutende Großwildjäger stellten, der Mund offen blieb. Und sein schwarzer Gewehrträger trug seine Waffen mit allergrößter Ehrfurcht, glaubte er doch, diese seien Zauberstäbe, mit denen sein immer grinsender Bwana eine göttliche Magie ausübte und jedes Wild, auf das er zielte, erlegen könne.

Wo Teddy Roosevelt marschierte, zog sich eine Schweißspur durch die Savanne, füllte er die Kochtöpfe der Schwarzen reichlich mit Fleisch und sammelte Trophäen, die heute noch zum Größten zählen, was ein Weißer Jäger jemals auf dem Schwarzen Kontinent erbeuten konnte.

Mit unglaublicher Ausdauer heftete sich der Ex-Präsident der USA an die Fährten des Großwildes, das er, oft mehr als dreißig Kilometer am Tag zurücklegend, durch Dornen und Dickicht verfolgte, um es dann – kaum je mehr als eine Kugel verwendend – zu strecken. Nicht nur auf der Elefantenjagd zeigte Roosevelt die Tugenden eines Kavalleristen: Zunächst attackierte er, einem Ritter ohne Furcht und Tadel gleich, das Wild; dann, wenn sich dieses wehrte, stellte er sich mit Todesverachtung dem Kampf. Einmal ließ Roosevelt eine mächtige Elefantenkuh bis auf zwanzig Meter an sich herankommen, und als das mächtige Tier, von der Kugel des „Bwana Teddy" ins Leben getroffen, zusammenbrach, war der Jäger in die Staubwolke gehüllt, die vom verendenden Tier aufgewirbelt worden war. Die schwarzen Träger hatten die Flucht ergriffen, und Philip Percival, der damals zwar noch ein junger, aber schon sehr erfahrener Großwildjäger war, gestand später, er habe – im Schock erstarrt – seinen berühmten Jagdgast von der wütend angreifenden Elefantenkuh schon in den Boden der Savanne gestampft gesehen. Doch Roosevelt habe ihm, über das ganze Gesicht grinsend, zugerufen: „Jetzt hätte mich die alte Hure beinahe gefickt..."

Für den ehemaligen Kavallerie-Offizier war die Großwildjagd nichts anderes als Krieg, eine Schlacht, die zwischen Mensch und Tier ausgetragen werden mußte: „Der afrikanische Büffel, das gefährlichste, hinterhältigste und gemeinste Biest, das mir je in freier Wildbahn gegenübergestanden, hat die Kampfeskraft einer Reiter-Schwadron. Wer Jagd auf ihn macht, sollte Soldat mit Kriegserfahrung sein. Denn jeder Jäger, der sich dem Kampf mit diesem stinkenden Monster stellt, muß damit rechnen, daß er auf diesem Schlachtfeld sein Leben lassen muß", schrieb Roosevelt und fügte hinzu: „Ich habe als US-Kavallerist viele Attacken geritten und im Kampf gegen die Spanier mehr als ein einziges Mal Kopf und Kragen riskiert. Aber nur auf der Büffeljagd habe ich – darauf gebe ich mein Ehrenwort – mir zum ersten und letzten Mal in meinem Leben in die Hosen geschissen".

Wenn einer wie Roosevelt das zugibt, dann will das was heißen. Er, der Furchtlose, der stets schwer bewaffnet wie ein Söldnerführer auf die Großwildjagd ging, den Tropenhelm tief in die Stirn gezogen, die kleinen Augen hinter den runden Nickelbrillen vor Jagdleidenschaft funkelnd. Ein Jäger, der die Läufe seiner Gewehre ständig heiß schoß, so daß er diese andauernd wechseln mußte. Ein Meisterschütze, der von Abschuß zu Abschuß eilte, den Abdeckern kaum Zeit lassend, ihrer Aufgabe nachzukommen.

Und Teddy Roosevelt war ein ruheloser Jäger, einer, der früh aufstand und spät schlafen ging, der, mit übermenschlichen Kraftreserven ausgestattet, nur ein Ziel verfolgte: das Abenteuer einer Safari voll auszukosten. Dabei darf nicht übersehen werden, daß Roosevelt, als er zum ersten Mal afrikanischen Boden betrat, das fünfzigste Lebensjahr schon überschritten hatte. Es war wohl der Kombination aus hervorragender körperlicher Kondition und fiebernder Jagdleidenschaft, über die er verfügte, zuzuschreiben, daß er zu solchen Leistungen fähig war. Der Ex-Präsident schaffte es, anscheinend mühelos, Tagesmärsche zurückzulegen, die einem jungen Infantristen die Puste geraubt hätten, in zehn Monaten mehr Wild zu erlegen als ein Berufsjäger und Abend für Abend im Schein einer Petroleumlampe ein Jagdtagebuch zu schreiben, das unter dem Titel „African Games" ein Bestseller werden sollte und den Ruhm Teddy Roosevelts als Großwildjäger begründete.

Nach Abschluß seiner Safari machte der Ex-Präsident eine Europa-Reise, die ihn auch nach Wien führte, wo er von Kaiser Franz Joseph in Audienz empfangen wurde. Daß sich die beiden passionierten Jäger fast ausschließlich über die Jagd unterhalten haben, kann nicht verwundern.

Für Ernest Hemingway war er „der größte Jäger, den es je gab, eine Heldenfigur meiner Bubenträume von den abenteuerlichen Jagden in Afrika". Und Robert Ruark wurde durch die Lektüre seines Buches „African Games", das er laut eigener Aussage als junger Mann förmlich verschlang, „von einer großen Sehnsucht nach Afrika gepackt". Den beiden großen Jägern erging es dabei nicht anders als Tausenden anderen amerikanischen Jägern auch, für die Theodore „Teddy" Roosevelt ein Jäger-Idol war und ist.

Der 26. Präsident der Vereinigten Staaten, Roosevelt amtierte von 1901 bis 1909, wurde am 27. Oktober 1858 auf dem Familiensitz Sagamore Hill im Bundesstaat New York geboren. Einer reichen und gesellschaftlich hoch angesehenen Familie entstammend, studierte Teddy an der renommierten Harvard University Rechtswissenschaften, übte aber den Beruf eines Juristen nie aus, weil er sich schon bald der Schriftstellerei widmete und vor allem historische Monographien schrieb. Obwohl er sich ab seinem 31. Lebensjahr im öffentlichen Leben zu engagieren begann, wurde Roosevelt dennoch einer der produktivsten amerikanischen Schriftsteller: Mehr als zweitausend Werke – Bücher und Zeitungsartikel über Geschichte, Politik, Reisen, Jagd und Naturgeschichte – hat er im Laufe seines Lebens verfaßt, wovon einige, wie beispielsweise die berühmten „African Games", Bestseller wurden.

Am Tag war er ein leidenschaftlicher Politiker, in der Nacht ein besessen schreibender Schriftsteller. Als Mitglied der Kommission für den öffentlichen Dienst (1889–95) reorganisierte er das Beamtentum seines Heimatstaates, und als Polizeichef von New York (1895–97) führte er „law and order" in der schon damals hart gegen die Kriminalität ankämpfenden Millionen-Metropole am Hudson River ein. Es war dann nur noch eine Frage der Zeit, bis an den energischen und erfolgreichen „Super-Bullen" von New York höhere Aufgaben herangetragen wurden: 1897 als Unterstaatssekretär für die Marine nach Washington berufen, wurde der Republikaner Roosevelt bald ein Vertreter der amerikanischen Großmachtpolitik, ein überzeugter Imperialist, der den Spaniern im amerikanisch-spanischen Krieg die Philippinen raubte. Dadurch wurde er im Volk unglaublich populär und, als er als Unterstaatssekretär zurücktrat, um die „1st Volunteer Cavalry", ein Elite-Reiterregiment, zu gründen, mit dem er in die damalige spanische Kolonie Kuba übersetzte und von Sieg zu Sieg eilte, war aus ihm ein Volksheld geworden. An der Spitze seiner „rough riders" bereitete Roosevelt den Spaniern in der Schlacht von Santiago eine vernichtende Niederlage, wurde nach seiner Rückkehr aus Kuba in den ganzen Vereinigten Staaten enthusiastisch gefeiert, bewarb sich als republikanischer Kandidat um das Amt des Gouverneurs von New York, in das er – wie zu erwarten war – mit überwältigender Mehrheit gewählt wurde. Obwohl nur ein Jahr Gouverneur, erzielte Roosevelt in seinem Kampf gegen die Korruption erstaunliche Erfolge, legte sich mit dem „Gottvater" aller Kapitalisten, John D. Rockefeller, an und brachte einige „industrielle Raubritter" hinter schwedische Gardinen. Diesen Kampf konnte er nicht mehr fortsetzen, weil er als Vizepräsident unter Präsident W. McKinley nach Washington gerufen wurde. Von der Machtlosigkeit im neuen Amt bald frustriert, hatte Roosevelt Glück im Unglück: Der Präsident wurde bei einem Attentat ermordet, und der Vize rückte ins höchste Amt des Staates auf.

Als Präsident kannte Roosevelt nur ein Ziel: die USA groß und mächtig zu machen, mehr noch, schon damals wollte er Amerika zur „Supermacht" aufbauen. In einem Brief an seinen Neffen dritten Grades, Franklin Delano Roosevelt (US-Präsident von 1933-44) schrieb er im Jahre 1906: „Der Abstieg der europäischen

Mächte wird nicht aufzuhalten sein. Übrigbleiben werden das riesige Russische Reich und: die Vereinigten Staaten von Amerika! Im Osten wird der russische Bär, im Westen der amerikanische Adler herrschen…"

Im Jahre 1905 wurde der deklarierte Imperialist für seine Vermittlungstätigkeit im russisch-japanischen Krieg, die zum Frieden von Portsmouth führte, mit dem Friedensnobelpreis ausgezeichnet. Bei den Präsidentschaftswahlen von 1912 trat Roosevelt als Kandidat der „Progressive Party" gegen seinen Nachfolger und Amtsinhaber, William Howard Taft, an, spaltete dadurch die Republikanische Partei und verhalf so dem Demokraten Woodrow Wilson zum Sieg. Theodore Roosevelt starb völlig unerwartet am 6. Jänner 1919 in New York. Er blieb bis zuletzt ein passionierter Jäger.

Literaturverzeichnis

BUFFALO BILL: Jack Andrews, „Buffalo Bill", New York, 1969; David Nevin, „Dream West", New York, 1983 / CHARLES BRONSON: Anthony Perkins, „They call him hunter", Los Angeles, 1980; Karl Weber, „. . . doch Jäger waren da", Graz, 1989 / EDOUARD DE ROTHSCHILD: Guy de Rothschild, „Geld ist nicht alles", Hamburg, 1984; Anthony Armstrong-Jones, „Edward Duke of Windsor", London, 1977 / ERNEST HEMINGWAY: Ernest Hemingway, „Die grünen Hügel Afrikas", Hamburg, 1989; Ernest Hemingway, „Schnee auf dem Kilimandscharo", Hamburg, 1989; Georges-Albert Astre, „Hemingway", Hamburg, 1992; Kenneth S. Lynn, „Hemingway", Reinbek bei Hamburg, 1989 / ERNST ALEXANDER ZWILLING: Ernst A. Zwilling, „Der Wildnis verfallen", Graz, 1991 / ERZHERZOG FRANZ FERDINAND: Bruno Brehm, „Die Throne stürzen", München, 1992; Gerd Holler, „Franz Ferdinand von Österreich-Este", Wien – Heidelberg, 1982; Friedrich Weißensteiner, „Franz Ferdinand – der verhinderte Herrscher", Wien, 1983 / ERZHERZOG JOHANN: Hannes Lambauer, „Erzherzog Johann – Ein Leben in den Bergen"; Ausstellungskatalog, Graz, 1979 / FRANZ JOSEF STRAUSS: Franz Josef Strauß, „Ein Leben für die Politik", München, 1983 / GEORGE BUSH: David Abercrombie, „Hunting in Texas", Dallas, 1992; Mike de Niro, „George Bush and his turkeys", New York, 1988 / GILBERT COLVILE: Anthony Armstrong-Jones, „Once in Africa", London, 1974; Franklin Fairchild, „Lord Delamere", London, 1955; James Fox, „Weißes Verhängnis", Zürich, 1988; Elspeth Huxley, „In der Hitze des Mittags", Bergisch Gladbach, 1989; Jomo Kawongo, „Nyasore", unveröffentlichte Diss., Nairobi, 1981; Beryl Markham, „Rivalen der Wüste", München, 1988; Conrad Tilton, „Last days in a lost world", London, 1970; Mirella Ricciardi, „African Saga"; New York, 1986 / JOHN HUSTON: Katharine Hepburn, „African Queen", München, 1987; Peter Viertel, „Weißer Jäger, schwarzes Herz", Zürich, 1990 / JUAN CARLOS: Francoise Laot, „Juan Carlos und Sofia", München, 1988; Juan-Pablo Morales y Hernandez, „Juan Carlos – un hombre español", Madrid, 1985; Alfons Wunschheim, „Diana war mir nicht immer hold", Graz, 1988 / KAISER FRANZ JOSEPH: A. V. Margutti, „Vom alten Kaiser", Wien, 1921; Armand Chaffron, „Francois-Joseph", Paris, 1967; Georg Markus, „Kaiser Franz Joseph und sein Hof", Wien, 1986 / KAISER WILHELM II.: Virginia Cowles, „Wilhelm II.", München, 1976; Alexander Fürst zu Dohna-Schlobitten, „Erinnerungen eines alten Ostpreußen", Berlin, 1989; Hans Graf von Lehndorff, „Menschen, Pferde, weites Land", München, 1990; Emil Ludwig, „Wilhelm II.", Berlin, 1926 / KRONPRINZ RUDOLF: Fritz Judtmann, „Mayerling ohne Mythos", Wien, 1982; Oskar v. Mitis, „Kronprinz Rudolf", Wien, 1923; Brigitte Hamann, „Kronprinz Rudolf", Wien, 1980 / NIKOLAUS II.: Marc Ferro, „Nikolaus II.", Zürich, 1991; Elisabeth Heresch, „Nikolaus II.", München, 1992 / OTTO VON BISMARCK UND PAUL VON HINDENBURG: Edith Eucken-Erdsiek, „Sie prägten unser Jahrhundert", Freiburg i. Br., 1980; Werner Maser, „Hindenburg", Rastatt, 1989; Eckardt Opitz, „Die Bismarcks", Hamburg, 1990 / PRINZ CHARLES: George Mikes, „England", Luzern, 1980; Henry N. Warwick, „Prince Charles – A Sportsman", London, 1991 / PRINZREGENT LUITPOLD VON BAYERN: Bernd Ergert, „Die Jagd in Bayern", Rosenheim, 1984; Hans und Marga Roll, „Die Wittelsbacher", Graz, 1986 / ROBERT RUARK: Robert Ruark, „Safari", Berlin, 1968; Robert Ruark, „Uhuru", München, 1962 / SAMUEL GRAF TELEKI: „Abenteuer Ostafrika", Katalog zur burgenländischen Landesausstellung 1988; Miklos Nemeth, „Teleki und Höhnel", Preßburg, 1917 / TANIA BLIXEN UND DENYS FINCH HATTON: Tania Blixen, „Afrika – dunkel lockende Welt", Hamburg, 1981; Tania Blixen, „Briefe aus Afrika", Stuttgart, 1988; Tania Blixen, „Schatten wandern übers Gras", Reinbek bei Hamburg, 1992; Ronald L. O'Connor, „Denys Finch Hatton – Big games and music", Dublin, 1935; Beryl Markham, „Westwärts mit der Nacht", Zug, 1987; Frans Lasson/Clara Selborn, „Tania Blixen", Stuttgart, 1987 / THEODORE ROOSEVELT: Alistair Cooke, „Amerika", Stuttgart, 1975; Theodore Roosevelt, „Big Games", New York, 1911.